GLEICHHEIT VOR DEM GESETZ GERECHTIGKEIT UND RECHT

ENTWICKELT AN DER FRAGE:
WELCHE GEWALTEN BINDET DER GLEICHHEITSSATZ
IN ART. 109 I RV?

VON

DR. OTTO MAINZER
FRANKFURT A. M.

SPRINGER-VERLAG BERLIN HEIDELBERG GMBH 1929

ISBN 978-3-662-32124-9 ISBN 978-3-662-32951-1 (eBook)
DOI 10.1007/978-3-662-32951-1

URSPRÜNGLICH ERSCHIENEN BEI JULIUS SPRINGER IN BERLIN 1929

ABGESCHLOSSEN IM JUNI 1928 / FORTGEFÜHRT BIS 1. JULI 1929

Vorwort.

Die Behandlung unserer Frage leidet an Unsicherheiten in der Methode, die jeden Fortschritt zu gefährden scheinen. Deshalb habe ich zunächst versucht, den Weg zu bestimmen und, soweit es der Rahmen der Arbeit zuläßt, die tieferen Gegensätze sichtbar zu machen, von denen der Methodenstreit wie der Kampf um den Gleichheitssatz nur Auswirkungen sind. Dabei begegnete ich der bekannten Zerrüttung der Sprache, jenen unmerklichen Begriffsumbildungen und Begriffsvertauschungen unter dem gleichen Worte, welche die Verständigung schier unmöglich machen. Gegenüber einer verwirrenden Rhetorik blieb manchmal kein anderes Mittel, als einzelne Sätze auf ihre sprachliche Reinheit zu prüfen, um das Mißverhältnis von Begriffen und Worten an den Tag zu bringen; daß gewisse Behauptungen ausführlicher gewürdigt sind, als ihrer Bedeutung für die Sache angemessen scheint, danken sie ihrer suggestiven Dunkelheit und zeitweiligen Verbreitung: es sind nur Zeichen einer modischen „Geisteshaltung“, die der Wissenschaft schlechthin gefährlich ist, oft beiläufige Äußerungen, die zwar im einzelnen mangels Begründung nichts beweisen, deren massenweises Auftreten in stetig wechselnder Form jedoch einen Dunstkreis schafft, in dem kein Gegner mehr zu fassen ist. Daß aber die Erkenntnis eines herausgegriffenen Mißgedankens den Denker trifft, ist unvermeidliche Folge jeder Kritik, nicht Absicht. Der Kampf gilt nicht Personen, sondern jenem allgemeinen Begriffsnebel, dem zwar kein Einzelner gewachsen ist, den aber doch jeder an der Stelle bekämpfen muß, an der er sehen will.

Wenn das Streben nach Klarheit bisweilen die Form geschärft hat, so soll doch Niemandem, der sich im selben Sinne müht, der gute Glaube abgesprochen sein.

In Fragen der Forschung, unter dem Zweck der Erkenntnis, gibt es nur *eine* Sittlichkeit: Was man für wahr hält, so klar wie möglich sagen.

Vor dem Gesetz der Wissenschaft sind alle Menschen gleich.

Inhaltsübersicht.

Einleitung

Ausführung

Abkürzungen

(im allgemeinen nach den „Vorschlägen des Deutschen Juristentags“ (2), Berlin: Guttentag 1910).

Die unter „Schrifttum“ mit einer Schrift Verzeichneten werden mit bloßem Namen, die Seitenzahlen mit bloßer Ziffer angeführt.

AöR.	= Archiv des öffentlichen Rechts
ArchzivPrax.	= Archiv für zivilistische Praxis
BayVerwBl.	= Bayerische Verwaltungsblätter
DJZ.	= Deutsche Juristenzeitung
DRZ.	= Deutsche Richterzeitung
Fischers Z.	= Fischers Zeitschrift für Praxis der Gesetzgebung und Verwaltung
HansRZ.	= Hanseatische Rechtszeitschrift
JherJahrb.	= Jherings Jahrbücher für die Dogmatik des bürgerlichen Rechts
JöR.	= Jahrbuch des öffentlichen Rechts
JW.	= Juristische Wochenschrift
NF.	= neue Folge
OVG.	= Entscheidungen des Oberverwaltungsgerichts
PrVBl.	= Preußisches Verwaltungsblatt
RG.	= Entscheidungen des Reichsgerichts in Zivilsachen
RGSt.	= Entscheidungen des Reichsgerichts in Strafsachen
RV.	= Reichsverfassung
Staatsrl.	= Veröffentlichungen der Vereinigung der Deutschen Staatsrechtslehrer
StGH.	= Staatsgerichtshof
VerwArch.	= Verwaltungsarchiv
ZöR.	= Zeitschrift für öffentliches Recht.

Alle Anführungen enthalten die ursprünglichen Hervorhebungen; an wenigen Stellen — wo die Urheberschaft der Hervorhebung unwesentlich oder aus dem Zusammenhange erkennbar ist — habe ich einzelne Worte hervorgehoben, ohne den störenden Vermerk „Hervorhebung von mir“ aufzunehmen.

Einleitung.

I. Die Aufgabe.

Die bekannte Frage, ob der Satz: „Alle Deutschen sind vor dem Gesetze gleich" (Art. 109 I RV.) den „Rechtsanwender", den „Gesetzgeber" oder beide binde, geht von bestimmten Lehren aus. Das mag unschädlich sein, wenn die vorausgesetzten Meinungen alle denkbaren Möglichkeiten erschöpfen, verstößt jedoch gegen die Regeln der Forschung. Ist eine Frage aus Bestandteilen möglicher Antworten gebildet, so liegt der Verdacht nicht fern, daß die Frage für eine Antwort ‚gestellt' sei. Die Bedenken wachsen, wenn die Worte, die zunächst eine Einteilung zu geben schienen, als mehrdeutig erwiesen werden. „Rechtsanwendung" und „Gesetzgebung" dienen aber — wie ein Blick ins Schrifttum zeigt — zum Ausdruck verschiedener Begriffe. Die der „Rechtsanwendung" bisweilen beigegebene Klammer „(Justiz und Verwaltung)" klärt keineswegs, da die in der Klammer gebrauchten Worte selbst eine Erklärung nötig hätten. Eine genauere Bestimmung der Elemente ihrer Frage versuchen die Fragesteller nicht; falls sie es versuchten, würden sie sich gar bald im Hauptteil ihrer Aufgabe finden, die ja darin besteht, den Begriff für den Gebotsempfänger des Art. 109 I zu schaffen.

Deshalb ist die Frage so zu stellen, daß sie auf keine Antwort hinweist und ohne Vorwegnahme von Lösungsversuchen umschrieben werden kann.

Unter Fassungen, die dieser Forderung genügen, ist der Vorzug der engsten zu geben, die das Problem noch in sich aufnimmt. Was nicht zu seiner Lösung beiträgt, die Behandlung von allerlei Nebenfragen der Auslegung des Art. 109, die ausführende Darstellung der Anwendungsfälle des Gleichheitssatzes, die ein Teil der früheren Bearbeiter sich auferlegt hat, muß bei dem Anwachsen der Streitfrage wegbleiben.

Die Frage nach dem Gebotsempfänger des Art. 109 I richtet sich in Wahrheit auf den Inhalt des Gebots. Daß der Inhalt der Bindung mit den Aufgaben der gebundenen Organe „zusammenhängt", leuchtet ein. Die Art des Zusammenhanges jedoch bedarf, zur Verhütung einer naheliegenden und meist begangenen petitio principii[1], eindeutiger Feststellung: Der Inhalt des Gebots ist aber die ursprüngliche Unbekannte, von welcher der Begriff der von dem Gebote betroffenen Staatsfunktion abhängt. Nun kann die abhängige Unbekannte nicht vor der ursprünglichen und unabhängig von ihr, sondern die ursprüngliche muß vor der abhängigen und ohne Hinblick auf sie aus dem Stoff der Verfassung gewonnen werden. Daher ist nicht etwa der Inhalt des Gebots nach der Funktion gewisser Staatsorgane zu bestimmen, denen man es zudenkt[2], sondern der gesuchte Begriff der betroffenen Staatsfunktionen ist gemäß dem vorher festzustellenden Inhalt des Gleichheitsgebots zu bilden. So ergibt sich die Aufgabe: Den Inhalt des Gleichheitssatzes soweit zu untersuchen, wie zur Bestimmung der ihm unterworfenen Gewalten nötig ist.

[1] Nachweis 27f.

[2] Im Sinne des Wunsches, bestimmte Gewaltträger dem Gebote zu unterwerfen, wie im Sinne des auf die gewünschte Bindung dieser Gewaltträger hin Zurechtdenkens (s. insb. 29).

In Auslegungsfragen[1] gehen die Wege auseinander, wenn die Ziele verschiedene sind. Eine systematische Kritik der Methode ist hier nicht am Platze: Sie könnte den Zugang zu jeder größeren Auslegungsfrage sperren. Dagegen erscheint die Rechtfertigung[2] des eigenen Zieles und Weges geboten. Denn einmal dürfte die „Prüfung der Waffen", „mit denen der Kampf um die Tragweite des Art. 109"[3] zu führen ist, unvermeidlich sein, soweit ihre Tauglichkeit bestritten wird. Zum andern kommen, wie zu zeigen ist, in den Meinungen über Art. 109 I nur dieselben Gegensätze zum Ausdruck, die den Methodenstreit kennzeichnen.

II. Ziel und Weg.

1. Das Ziel der rechtswissenschaftlichen Auslegung.

„Auslegen" bedeutet nach der Vorstellung, die in diesem Worte sprachlichen Ausdruck sucht, eine Tätigkeit, die aus ihrem „Gegenstande" etwas „herausholt" (und hinlegt)[4]. „Herausgeholt" wird, was dem Auslegenden zum Erreichen seines Auslegungszieles „wesentlich", d. h. nötig scheint. Die Ziele (Zwecke) der Ausleger aber sind durch Willenselemente gegeben[5].

Das Lebensziel, für das die wissenschaftliche[6] Auslegung des geltenden Rechts[7]

---

[1] Daß man vor einer solchen steht, ist allgemein erkannt (vgl. ALDAG 1, E. v. HIPPEL: AöR. NF. 10, 125), wird indes bei der Ausführung nur zu oft wieder vergessen.

[2] Diese Rechtfertigung muß freilich von gewissen Grundbegriffen ausgehen, deren Untersuchung zur Lösung der Aufgabe nicht nötig ist. Denn im einzelnen Methodenstreitfalle ist der Aufbau aus den Grundbegriffen nur von der Begriffsstufe ab zu erneuern, auf der die Streitenden zusammenkommen oder eine Verschiedenheit des Wollens bekennen müssen, welche die Erkenntnisgemeinschaft aufhebt, — die Voraussetzungen der Auslegung, der Wissenschaft, der die gegenwärtige Fragestellung dient, können nicht selbst in Frage gestellt werden. — Um aber die Verhältnisse der im rechtswissenschaftlichen Bannkreis vorgetragenen Gedanken ermessen zu lassen, muß man ihren weltanschaulichen Ursprung wenigstens andeuten. Zu diesem Zwecke sind vor allem die unvermeidlichen vieldeutigen Worte zum Ausdruck allgemeinerer Begriffe wenigstens so weit zu erklären, daß die Begriffe des Verfassers auf ihr Verhältnis zu anderen Begriffen geprüft werden können. Eine wissenschaftliche Abhandlung stellt sich nicht dadurch auf „rechtsphilosophische Grundlage", daß sie im philosophischen Jargon kommt, sondern dadurch, daß sie ihre Begriffe in die letzten weltanschaulichen Bestandteile zerlegt. Die Klagen über die „babylonische Sprachverwirrung der Rechtswissenschaft" (HECK), die „förmliche Sprachverwirrungswut der Rechtsphilosophen" (BERGBOHM 52 Anm. u. 364 Anm.; vgl. auch GOETHE: Gespräch mit ECKERMANN v. 2. 3. 1827 zumal gegen HEGEL, von dessen Schule ein Teil der neuesten Verwirrungen auszugehen scheint) werden nicht eher ein Ende nehmen, als ein jeder die Zeichen von Sinn, die er gibt, augenblicks zu erklären gehalten wird. — Mehr indes als Analyse der eigenen Begriffe, eine Kritik der Begriffsbildung, kann nicht gelegentlich der Behandlung von Sonderfragen, sondern nur unter Fragestellungen versucht werden, die sich auf dieses Ziel richten.

[3] NAWIASKY: Staatsrl. 3, 28.

[4] Ähnlich schon v. SAVIGNY: System I, 216; ausführlich BIERLING: Prinzipienlehre IV, 197—200.

[5] Die Willenselemente selbst sind nicht logisch ableitbar, sondern nur psychologisch erklärbar. Erst wo ein Willenselement ist oder angenommen wird, kann über die Tauglichkeit aller Begriffe für den gegebenen Willen (Denkzweck) geurteilt werden. Weiteres 51 f.

[6] Die „wunderliche" (E. BELING: Rechtswissenschaft und Rechtsphilosophie 20 Anm. 1) Frage, ob die Rechts„wissenschaft" als „Wissenschaft" der Auslegung des geltenden Rechts unter den (heimlich wertbetonten!) Begriff der Wissenschaft falle, erklärt sich nur aus Bemühungen um Herabsetzung des sog. Positivismus (der die Auslegung des geltenden „positiven" [s. folg. Anm.] Rechts als Hauptaufgabe behandelt) zur bloßen „Technik" (ähnlich BAUMGARTEN I, 220). Denn der Begriff der Wissenschaft ist unabhängig von der Beschaffenheit des Gegenstandes, sofern dieser nur der „Wirklichkeit" (folg. Anm.) angehört. Wissenschaft heißt die Organisation der Erkenntnis (dazu Anm. 1 S. 4), die auf vollständige, durch Ordnung gesicherte Ergebnisse ausgeht. Dem genügt auch die Wissenschaft vom geltenden Recht.

[7] Recht bedeutet zum Unterschied von „Gerechtigkeit" = „Recht" im „idealistischen Laiensinne" (s. Anm. 3 S. 27) schon für sich allein nur „geltendes" = „wirkliches" Recht. Von einer hier

sich entfaltet — mögen auch einzelne Forscher Sonderziele verfolgen —, ist die Rechts-Anwendung.

Ob dem Richter dieses Ziel gesetzt, ob und wieweit er zur „Rechtsschöpfung" berufen ist, ist nach dem geltenden Organisationsrechte, der Gerichtsverfassung des Staates zu beurteilen, in dessen Funktion der Richter seine Gewalt ausübt, und wird für unsere Streitfrage noch von Bedeutung werden[1]. Hier jedenfalls ist mit der Frage nach der Tragweite eines gegebenen Satzes (Art. 109 I RV.) eine Aufgabe „reiner"[2], die Anwendung dieses Satzes vorbereitender Auslegung gestellt.

Einen Rechtssatz anwenden, heißt: die in ihm gegebene Willensentscheidung (Wertung[3]) dem Leben[4] überordnen. Die der Rechtsanwendung dienende Aus-

unausführbaren Kritik des neuerdings wieder verwirrten Wirklichkeitsbegriffs nur so viel, wie zur Vorbereitung der Unterscheidung von wirklichem Recht und bloß gewünschtem unerläßlich erscheint: Ein Gedanke, ein Wollen ist wirklich als psychischer Vorgang oder Inhalt, ohne daß damit „das" Gedachte, Gewollte wirklich sein müßte. Z. B.: Die Vorstellungen eines rächenden Geistes, einer Strafdrohung, der Willensfreiheit, eines absolut Gerechten, Guten, Wahren, Schönen wirken (= leben = sind wirklich): Der Abergläubische flieht, der Putativdelinquent macht einen Schaden gut, der vermeintlich Willensfreie beherrscht sich, der Gläubige predigt, — aber deshalb muß noch nicht der „rächende Geist", die „Strafdrohung", der „freie Wille", das „absolut Gerechte" usw. wirklich sein, mit anderen Worten: Das Leben oder die Wirklichkeit einer Vorstellung erlaubt noch keinen Schluß auf die Wirklichkeit ihres „Gegenstandes" („Inhaltes"). (Fehlschluß z. B. bei KAUFMANN: Staatsrl. H. 3, 11, zurückgehend auf den sog. ontologischen Beweis von Gottes Dasein aus der Vorstellung, dem Glauben daran.) Die Auslegungswissenschaft hat es nun aber nicht mit allen möglichen gedachten oder denkbaren, — mit welcher geistigen Autorität und philosophisch vielleicht begründeten „Gültigkeits"-Ansprüchen immer auftretenden, — Inhalten zu tun, sondern nur mit dem „Wollen", das in der Welt des Wirklichen zu der allein dem „geltenden Rechte" eigentümlichen herrschenden Wirkung der potentiellen Sanktion durch die Staatsgewalt (Rechtsgeltung) gelangt ist (begriffsbestimmende Eigenschaft der „Rechtsnorm", dazu vgl. BERGBOHM 79, 80, insb. 80 Z. 6—1 v. unt. u. Anm. sowie BAUMGARTEN I, 172—177). Die tautologische Bildung „geltendes Recht" (als ob ein „nichtgeltendes" = unwirkliches „Recht" Recht genannt werden dürfte!) ist aus dem Versuche hervorgegangen, den Gegenstand des Juristen von allerlei zu unterscheiden, das ihm als „Recht" vorgestellt wird, ohne wirkliches Recht zu sein. „Unvermeidlich" wird sie, „wo es sich gerade um ein in Gegensatz zum ‚positiven' gedachtes sonstiges ‚Recht' handelt, um die Rechtfertigung der Annahme eines solchen, seines juristisch klingenden Namens usw. Es hat bei den Leuten denselben Namen, also, schließt man unbewußt und aller Vorsicht zum Trotz unter dem bekannten Einfluß der Sprache auf das Denken, ist es auch das nämliche Ding" (BERGBOHM 50/51, Ableitung 43f., insb. auch 49 Anm.). — Zur heute wie je verworrenen (s. BERGBOHM 40, 502—507, insb. Anm. 31; 512 Anm. 39) Lehre von den „Quellen" oder der Geltung des Rechts, insb. zur Bedeutung des „Juristenrechts" wird auf BERGBOHM 521f. und BIERLING IV (1911), 323f. verwiesen.

[1] Einstweilen vgl. BIERLING IV, 201; W. JELLINEK: Gesetz, Gesetzesanwendung usw. 158; HECK: Gesetzesauslegung und Interessenjurisprudenz 10.

[2] Ähnliche Nötigung zu einem für sauberen Sprachgebrauch überflüssigen Beiwort wie die in Anm. 7 S. 2 bemerkte: „Unreine" Auslegung wäre keine Auslegung; wer die gemischten Aufgaben des Richters (als des typischen Auslegers) unter „Auslegung" faßt, setzt partem pro toto und stiftet Verwirrung.

[3] Wertung ist uns die intellektuelle Erscheinung des Willens. — „Wille des Gesetzgebers" verweist nicht etwa auf eine erdichtete Person „Gesetzgeber", sondern ist Ausdrucksverkürzung oder Fiktion, in beiden Fällen kaum zu vermeiden und wohl verständlich. (Vgl. insb. BIERLING IV, 258/59.) (Allerdings ist, wer sich dieser Ausdrucksverkürzung oder Fiktion bedient, schuldig, ihren Inhalt bereit zu haben, auf daß Allegorie nicht doch wieder zu Mythus werde.) Wir verstehen unter Wille des Gesetzgebers — a) in concreto (als Ausdrucksverkürzung): Die im einzelnen Rechtssatz zur Rechtsgeltung (d. h. eben zu Recht) erhobene Strebung derjenigen Macht, als deren Werk die Rechtsschöpfung aufzufassen ist, weil ihre Wertung in diesem Satze zur Herrschaft gelangt ist (Rechtsschöpfungsmacht); zur Herrschaft gelangt etwa bei einer beschließenden Körperschaft — abgesehen von der Möglichkeit einer Willensdivergenz — entweder ein Kompromiß-Wollen (internes Kompromiß) der beschließenden Macht oder das Wollen eines Machtteils, das von den andern Machtteilen aus welchen Gründen immer geteilt und zum Sieg geführt wird. (Externes Kompromiß: Fraktion 1 stimmt für einen Antrag der Fraktion 2, damit Fraktion 2 für einen andern Antrag der Fraktion 1 stimme — maßgebend jede Strebung für sich; Kompromißwollen dagegen: gemeinsamer Antrag: maßgebend die Resultante der Strebungsvereinbarung; vgl. WINDSCHEID: Pand. 83, HECK: Gesetzesauslegung usw. 64/65, ENNECCERUS: Allg. T. d. bürg. Rechts § 49 [1923] 109) — b) in abstracto (als Fiktion): Das

legungswissenschaft zielt daher auf Erkenntnis[1] der im geltenden Rechte zur Herrschaft gelangten Wertungen in ihrer Rangordnung.

Diese Wertordnung des geltenden Rechts ist das Ergebnis des Kampfes der Wertungen um die Macht, ruhend auf der Übermacht eines wertenden Willens[2].

Zeichen der Einheit des Rechtssystems, der notwendigen Ordnung aller rechtlichen Wertungen, bezogen auf die Einheit des Staates und des von seiner Grundgewalt legitimierten Gesetzgebungsorgans. — Daß der „Wille des Gesetzgebers" in gewissen Juristenkreisen „eine heute nicht mehr sehr beliebte Denkfigur" (MORSTEIN-MARX: Zeitschr. f. d. ges. Staatswiss. Bd. 86, 549) ist, beweist nicht das Geringste gegen den Wert dieses Begriffs, sondern zeigt nur, wie das politische Ressentiment gegen den Staatsinhalt (der Demokratie) selbst die formalsten Symbole staatlicher Willensbildung unbrauchbar zu machen sucht.

[4] D. i. die „Wirklichkeit" als Totalität, aus der erst durch den Griff des Willens „Fälle", „Sachverhalte" usw. abgegrenzt werden. Näheres 32f.

[1] Hier zwingt der Stand der Frage, unsere Anschauung vom Wesen der Erkenntnis in einer Richtung anzudeuten, die für die Aufgabe von praktischer Bedeutung werden wird. — Die Zusammenhänge der Meinungsbildung, zu beobachten an der Geschichte der Doktrinen wie am Spiele der Kinder, lassen „Erkenntnis" als die Funktion eines menschlichen Organs erscheinen, das — so besonders es sein mag — wie jedes andere der Lebenseinheit seines Organismus' dient. Da nun die Lebenseinheit (als von anderen „getrennte" Organisation des Werdens), der das Erkenntnisorgan zugehört, der einzelne Mensch ist, so steht Erkenntnis notwendig im Dienste des Einzelnen, genauer: dessen, was aus den Kämpfen innerhalb seiner Organisation als „Wille", als das Werden augenblicklich bestimmende Strebung hervorgeht, bei einer bestimmten Ordnung der Kräfte: des „Charakters", eines Willens im engeren Sinne. Hierdurch sind die elementaren Unterschiede der Denkziele und Fragestellungen, der Arten des Begreifens gegeben. Weitere Unterschiede bewirkt die Beschaffenheit des Denkorgans. — Diese Anschauung erlaubt zwar nicht mehr, unter den berühmten, mit „heit" und „keit" gebildeten Worten (Wahrheit, Schönheit, Gerechtigkeit usw.) „absolute" Gegenstände der Erkenntnis zu denken, führt aber dennoch zu einem der Wissenschaft genügenden Begriff von Objektivität. Denn, indem der Einzelne der Gattung angehört, teilt er die Bedingungen ihres Werdens und also Ziele und Arten ihres Denkens. Wie die Verschiedenheiten der Menschen untereinander unbeträchtlich erscheinen, sobald man eine andere Art daneben hält, wie „Unterscheidungen", die für eine Rangordnung der menschlichen Gesellschaft von höchster Bedeutung sein mögen, für den Arzt, für den Techniker verschwinden, weil er es mit Daseinsbedingungen von Gattungseigenschaften zu tun hat, so erscheint die Mannigfaltigkeit individueller Denkziele unbedeutend im Verhältnis zu den Strebungen der Gattung. Und wie die Augen der Einzelnen zwar nach Stärke der Farbempfindung, Schärfe des Umrisses usw. verschiedene Bilder der Umwelt geben, aber doch so ähnliche, daß ein gemeinsames „Begreifen" des Wahrgenommenen, die Bildung eines Begriffs, der jene Unterschiede vernachlässigt, möglich ist, so haben gattungsmäßige Strebungen eine Art der Vorstellungsverbindung (Logik) geschaffen, neben der Besonderheiten der einzelnen Denkorgane — abgesehen von mangelhafter, d. h. strebungswidriger Funktion — nicht in Betracht kommen. (Erheblichere Unterschiede machen die engeren Gattungen innerhalb der menschlichen Art, z. B. Rassen und Sprachgemeinschaften.) — Hierauf allein beruht mit der Sprache das wissenschaftliche Verfahren, das den Einzelnen nötigt, einen durch Abstraktion, d. h. durch Ausscheidung aller für den Denkzweck der wissenschaftlichen Gemeinschaft unwesentlichen Merkmale, gebildeten Begriff mit dem vereinbarten Ausdrucke festzuhalten. Hierauf gründet sich schließlich jeder Anspruch auf überindividuelle (gattungsmäßig absolute) Geltung einer Erkenntnis. Und wie das gemeinsame Begreifen einer Gattung die Sprache, die Wissenschaft, die „Kultur" erzeugt, so verfällt mit ihrer Sprache die Kultur, mit ihrer Ausdruckssicherheit („Terminologie"!) die Wissenschaft. Sprachsünden zerstören endlich jede geistige Gemeinschaft.

Die Lehre von der Dienstbarkeit des Verstandes für den Willen ist vornehmlich durch SCHOPENHAUER und NIETZSCHE entwickelt, die Lehre von der Beschränkung der Erkenntnis auf die „Erscheinung" der Dinge, d. h. das, was unsere Werkzeuge uns „vermitteln" = daraus für uns machen, kann, trotz aller Unterschiede der Entwicklung, als eiserner Bestand der Erkenntnistheorie KANTS, SCHOPENHAUERS und NIETZSCHES gelten. Versuch einer Zusammenfassung: VAIHINGERS „Philosophie des Als-Ob". — Über den „Zusammenfall von Sprache und Denken" (genauer: für den Ausdruck zur Wirkung auf die Umwelt arbeitendem Denken) vgl. statt vieler STAMMLER: Theorie 602, auch etwa NIETZSCHE: Wille zur Macht; NIETZSCHES Werke, Kröner 1922, X, 391 Nr. 522: „Wir hören auf zu denken, wenn wir es nicht in dem sprachlichen Zwange tun wollen."

[2] Insofern wird die Rechtswissenschaft als Wissenschaft zur Auslegung des geltenden Rechts Geschichte der Politik zum Gegenstande nehmen (und bedeutet die oft berufene Rektoratsrede TRIEPELS 1926 „Staatsrecht und Politik" [s. insb. 19] keine Kursänderung). Aber Wissenschaft von der Politik und Politik ist zweierlei, und die Einsicht, daß über „Erkennen" und „Gestalten" derselbe Wille herrscht, zwingt den „Erkennenden" zu verschärfter Achtsamkeit auf die

Greift die Auslegung in den Kampf ein, ändert sie sein Ergebnis, so verliert sie ihr Wesen und wird Politik. Denn als der Anwendung gegebenen Rechtes dienende Wissenschaft ist sie auf die Erkenntnis der Willensverhältnisse beschränkt, in denen die Rechtsgemeinschaft jeweils ihre Friedensordnung findet[1].

Grenzen seiner Funktion. — Daß der politische Wille und seine Ideologie unbewußt oder bewußt unter dem Vorwande der Erkenntnis politischer Zusammenhänge arbeitet, aus denen der Sinn von Rechtssätzen ersehen werden soll, ist im Zeitalter des Erkenntnis-Nihilismus eine Gefahr, die zum Untergange der Wissenschaft vom geltenden Rechte führen kann. Daß diese Gefahr bei Auslegung der Verfassung am größten ist (eindringlich BERGBOHM 348/49), daß hier die Forschung am strengsten auf ihr Ziel, die Erkenntnis des gesetzgebenden Willens, halten muß, daß der „Kampf gegen das Willensdogma", wenn irgendwo, bei der Auslegung des Staatsgrundgesetzes ungerechtfertigt erscheint (vgl. W. JELLINEK: Gesetz usw. 157, HECK: Gesetzesauslegung usw. 182), daß endlich alles gegen die sog. objektive Theorie in der folgenden Anmerkung im allgemeinen Auszuführende für unsere Verfassungsfrage erhöhte Bedeutung hat, bedarf kaum des Hinweises. — Wie weit die „Politisierung der Rechtswissenschaft" schon fortgeschritten ist, wird gerade an dieser Frage deutlich werden, und es ist bezeichnend für eine verbreitete Stimmung, wenn WALDECKER (AöR. NF. 13, 96) sagt: „Bis heute hat noch niemand das Geheimnis verraten, wie man politische Einflüsse aus der Justiz überhaupt eliminieren kann." Mag aber wirklich niemand vor sich selbst sicher sein, so hat man doch in der Leidenschaft der Erkenntnis die Kraft, politische Leidenschaften niederzuzwingen. Im Stolz des Denkers liegt das „Geheimnis": Die Geschichte bietet genug Beispiele jenes geistigen Feuers, in dem der Mensch sich vergißt, ja um Erkenntnis willen sein Leben einsetzt. Je mächtiger das Erkenntnisleben, desto geringer die politische Irritabilität (vor dem übrigen „Wollen" in und außer uns).

[1] Hier, im Ziel und Begriffe der Auslegung, scheiden sich die sog. „subjektiven" und „objektiven" Deutungstheorien.

Die sog. subjektive Theorie, deren Grundzüge oben entwickelt werden, sucht in dem vieldeutigen Wortbestand des Gesetzes nur die Wertung, die von den Schöpfern („subjektiv") damit gesetzt sein sollte. Die sog. objektiven Theorien „suchen" in den Worten des Gesetzes einen vom Wollen seiner Schöpfer mehr oder weniger unabhängigen, angeblich „objektiv" aus ihnen zu gewinnenden Sinn. „Das Gesetz denkt und will — gegen diese Un-Vorstellung s. insb. STAMMLER: Theorie 614 oder BIERLING IV, 258/59 —, was der vernünftige Volksgeist aus ihm entnimmt" usw. (BINDING: Hdbch. d. Strafr. I, 454f.). „Gesetz" sei, was das „Rechtsbewußtsein der Rechtsgemeinschaft" (LEIBHOLZ), der „Gesetzesadressaten" (LAUN: Staatsrl. 3, 45), der „breiten Massen" (LAUN: ebenda), der „führenden Volks- oder Kulturschicht" (WÜSTENDÖRFER), der „Juristen", des einzelnen Richters usw. bei dem Gesetz als Recht denke (vgl. MERKL: DRZ. 1919, 291).

Die in der Praxis herrschende sog. „Ausdruckstheorie" (vertreten etwa durch BIERLING, s. Prinzipienlehre IV, 230/31, und ENNECCERUS, s. Allgemeiner Teil [1923] 107 § 49 — hierzu die von der Doppeldeutigkeit des Wortes „Ausdruck" ausgehende u. E. treffende Kritik HECKS, Gesetzesauslegung 79) ist subjektivistische Theorie mit dem Zugeständnis der Ängstlichkeit, daß der von ihr gesuchte, geschichtliche Wille des Gesetzgebers „irgendeinen, wenn auch ganz unzulänglichen" „Ausdruck" im Gesetz gefunden haben müsse.

Eine ausführliche Würdigung des Problems vom „subjektivistischen" Standpunkt gibt HECK: Gesetzesauslegung usw. (vgl. jetzt noch RÜMELIN 26f.). Wir müssen uns auf einen Gedanken beschränken, der für die gegenwärtige Auslegungsfrage von besonderer Bedeutung werden wird.

Eine rechtliche Wertung wird aufgerichtet, damit sie herrsche, das Gesetz als Ausdruck dieser Wertung wird geformt, um vollzogen zu werden — genauer: um die Wertung zu vermitteln, damit sie, angewandt, ihre Herrschaft ausübe. Das ist so selbstverständlich, daß es bei Ableitung des Satzes, die der Rechtsanwendung dienende Auslegung habe nur die „gesetzte" Wertung zu suchen, gar nicht ausgesprochen werden mußte.

Es ist daher nicht etwa — wie z. B. MERKL: DRZ. 1919, 292f. meint — eine petitio principii, die „unausgesprochene Forderung des Gesetzgebers nach Anwendung der historischen Interpretation für rechtsverbindlich zu erachten". Es ist zwar denkbar, daß der Gesetzgeber dem Ausleger alle möglichen Freiheiten einräumt, aber nicht die eine: von der seiner Vorschrift immanenten Wertung, vulgär ihrem „Sinne" abzuweichen. Denn ein Gesetzgeber, der die Auslegung anwiese, nicht nur den Wortlaut entsprechend der gesetzten Wertung — gegebenenfalls durch „Tatbestandsberichtigung" — aufzufassen, sondern die Wertung selbst anzugreifen, d. h. seinen gesetzgeberischen Willen nicht zu beachten, würde in Wahrheit keinen gesetzgeberischen Willen äußern, vielmehr die gesetzschaffende Gewalt an die „Gesetzesanwendung" abgeben. Wäre deshalb die Aufstellung werthaltiger Rechtssätze in der Absicht, die Wertsetzungsbefugnis zu übertragen, unbegreiflich, so enthält jede werthaltige Satzung des Gesetzgebers notwendig (und deshalb auch ohne ausdrückliche Bestimmung) den Befehl, die gesatzten Wertungen anzuwenden. (In unserem Sinne jetzt wohl MERKL: Allgemeines Verwaltungsrecht 114 Z. 24/23 v. unt.)

Zur Vorbereitung der Gesetzesanwendung wird der Auslegungswissenschaft jedes Mittel recht sein müssen, das auf die Erkenntnis des gesetzten Willens hinführen kann, mithin die Setzungsgeschichte heranzuziehen sein, soweit die sprachlichen Ausdrucksmittel des Gesetzgebers versagt haben. (Näheres oben — einstweilen vgl. HECK 49 [Gesetzesauslegung usw.], EHRLICH in JherJahrb. 67, 29 Z. 9/14.)

Warum also streben alle sog. objektiven Theorien von der Entstehungsgeschichte los? Warum wollen sie die Mittel der Auslegung auf die eine Gruppe der sprachlichen beschränken?

Nun weiß man, daß alle sprachlichen Ausdrucksmittel mehrdeutig sind, daß sie „Verschiedenen verschiedenes" (SIGWART vgl. STAMMLER: Theorie 604 u. insb. JherJahrb. 67, 1f.) bedeuten. — Dazu kommt die allgemein erkannte Möglichkeit mangelhaften sprachlichen Ausdrucks, d. h. der Abweichung des „sprachlich bevorzugten Bildes" (HECK) vom wirklichen Willen des Gesetzgebers.

Wenn daher die sog. Objektivisten die Auslegung auf die Wirkung gründen, die ein möglicherweise unpassender und mehrdeutiger (d. h. eben: verschiedener Wirkungen fähiger) Wortlaut im „Rechtsbewußtsein" und „Rechtsgefühl" auslöst, so verraten sie, daß es ihnen gar nicht um die Wertungen zu tun ist, zu deren Anwendung das Gesetz geschaffen worden (vgl. BIERLING: Prinzl. IV, 272), und wenn man ihre verschiedenen „geläuterten" Rechtsbewußtheiten und Rechtsgefühle nur ein wenig näher betrachtet, so sieht man, daß dergleichen in der Wirklichkeit nirgends „an sich" zu finden, sondern immer nur durch das Bewußtsein eines Auslegers zu „ermitteln" ist, daß es sich — wie unsere Ausführung am Beispiel des Art. 109 I zu zeigen haben wird — um Erdichtungen oder schöne Worte handelt, hinter denen sich die Rechtswünsche des Auslegers oder einer ihn beherrschenden Gruppe verbergen. Wieviel „Idealismus" dabei im Spiele sein mag, der dem Recht von „Gestern" den Gehorsam aufkündigt, um richtiges Recht zu schaffen (vgl. etwa WÜSTENDÖRFER: ArchzivPrax. 110, 316/18), ist für die Auslegungswissenschaft belanglos. Auch „Positivisten" haben Ideale und bannen sie aus dem Bereich der Rechtserkenntnis, „nicht um das Denken und Fühlen einer vergangenen Zeit ... zu konservieren" (STOLL: JherJahrb. 76, 180), sondern weil nur der im Gesetz herrschende Wille Gegenstand der die Anwendung dieses Willens vorbereitenden Erkenntnis sein kann. Die Auslegung vermag wohl die Wertung von Gestern auf die Verhältnisse des Heute sinnvoll zu übertragen („denkender Gehorsam" HECK, vgl. auch RÜMELIN: Gesetz usw. 290f., insb. 292), sich derart in die Willensverhältnisse des Gesetzgebers zu vertiefen, daß mit brauchbarer Wahrscheinlichkeit (nicht mit Sicherheit, wie W. JELLINEK: Gesetz usw. 167 meint, vgl. HECK 239) bestimmt werden kann, was er „anordnen würde" — (allerdings nicht „als verständiger Mensch", womit die subjektive Spekulation der sog. objektiven Lehre in die richtige Variante der sog. subjektiven Theorie einzudringen sucht, sondern in seiner wirklichen Beschaffenheit, ohne Antastung der geschichtlich bestimmend gewordenen Wertung!) —, aber gerade zu dieser Leistung befähigen sie nicht so sehr die sprachlichen wie die geschichtlichen Erkenntnismittel.

Wer deshalb der Entstehungsgeschichte in Auslegungsfragen ihren Platz zu nehmen, das Gesetz vom Gesetzgeber „loszureißen", den „Willen der Verfasser gleichgültig" (THÖL: Einleitung in das Privatrecht 150) zu machen sucht, ist verdächtig, das Gesetz vereiteln zu wollen. Wer die Auslegung allein auf das sprachliche Ausdrucksbild des Gesetzes abstellt, ist — selbst wenn er es nicht beabsichtigt — in Gefahr, in den „Ausdruck" hineinzulegen, was nach seinem Gutdünken Recht sein sollte (vgl. WINDSCHEID: Pand. 89 Anm. 8). Deshalb ist, wie schon oft betont (z. B. von MERKL: DRZ. 1919, 292), das Beiwort „objektive" Theorie falsch: In Wahrheit hat man es mit den verschiedensten Versuchen zu tun, Subjektivismen an Stelle der geschichtlich begründeten (objektiven) Rechtswirklichkeit zur rechtlichen Geltung zu bringen (vgl. noch BIERLING: Prinzl. IV, 273 Anm. 62).

Das aber ist das Wesensmerkmal jener unreinen Denkart, die wir „naturrechtlich", besser (da das „Naturrecht" im engeren Sinne des Natur- oder Vernunftrechts der Aufklärungszeit nur eine Spielart der sog. naturrechtlichen Denkweise ist — typische Verwechslung des allgemeinen und des geschichtlichen Begriffs bei LEIBHOLZ 73 u. Nachw. 3) wunschrechtlich nennen.

Unter Wunschrechtelei verstehen wir die Verquickung von Rechtswirklichkeit und Rechtswünschbarkeit, sei es, daß geltendes Recht um seiner Geltung willen als wünschenswert (ideal, wünschbar) oder gewünscht, sei es, daß ein (bloßer) Rechtswunsch als geltendes Recht dargestellt wird. Ursache dieser Erscheinung ist jene Verquickung von Wirklichkeitsbild und Wunschbild, die nicht nur im Reich des Rechts, sondern auf allen Gebieten menschlichen Denkens und Handelns die Erkenntnis des Wirklichen wie die Verwirklichung der Wünsche hintanhält und in Schwächen des Intellekts (Begriffsschwäche) wie des Willens begründet ist, die sie unsterblich zu machen scheinen.

Die konservative Strebung der Wunschrechtelei, welche in neuerer Zeit namentlich von KELSEN demaskiert worden ist (vgl. insb. „Naturrecht und positives Recht" in Internationale Zeitschr. f. Theorie d. Rechts, 2. Bd., 88f.), geht, aus welchen Motiven immer, auf die Glorifizierung des positiven Rechts und erzeugt Ideologien oder Mythen, kraft deren die rechtliche

Realität den Rechtsunterworfenen als ein aus „Gott", „Gerechtigkeit" oder ähnlichen Geltungsquellen abgeleiteter Wert erscheint (Rechtsmythisierung). Von dieser Richtung droht bei der Einstellung der meisten Wunschrechtler zum bestehenden Staate augenblicklich keine Gefahr, an der Tagesordnung ist vielmehr und beschäftigen wird uns ausschließlich die andere Strebung, die in Widerspruch mit der bestehenden Ordnung eigene Erzeugnisse für geltendes Recht ausgibt.

Diese revolutionäre Strebung der Wunschrechtelei, welche lange für die einzige gegolten hat, weil nur sie ein vom geltenden Recht sachlich verschiedenes Produkt, das sog. Naturrecht — besser Wunschrecht (worin sich das Pseudowesen des als „Recht" auftretenden Wunsches ausdrückt), aufweist, ist bereits von Bergbohm nahezu erschöpfend untersucht worden. Zwar möchten die modernen offenen und verkappten Wunschrechtler Bergbohm gar zu gerne begraben, und ist es Mode geworden, mit verächtlichen Wendungen, welche jeder Begründung entbehren, über ihn hinwegzugehen, in Wahrheit aber ist seine Kritik der Machenschaften der revolutionären „Naturrechtlerei" bis heute nicht widerlegt worden. Was immer der Bergbohmschen Lehre noch fehlen mag (s. namentlich Kelsen a. a. O.!), entwertet nicht jene scharfsinnige Analyse der gelehrten Rechtsfälschung, welche heute wie je aktuell ist und die Verfehmung einzig ihrer Peinlichkeit verdankt.

Mit Bergbohm erkennen wir jedes Wunschrecht als den Versuch eines Rechtswunsches, rechtliche Geltung auf Kosten der positiven (wirklichen) Rechtsordnung zu behaupten. „... Naturrechtlich ist", faßt Bergbohm (140/41) zusammen, „jede Vorstellung von einem Recht, das nicht mit dem positiven Satz für Satz ... identisch ist, trotzdem aber den Anspruch haben soll, etwas für das Rechtsleben ... Maßgebendes zu bedeuten. Naturrecht treibt mithin, wer eine solche Idee von einem Recht, das kein Produkt eines aus äußeren Tatsachen erkennbaren Bildungsprozesses innerhalb des Rechtskreises, für den es gelten soll, sondern seines eigenen Bewußtseins, Nachsinnens oder Wunsches ist, hegt und seine Ansichten über Umfang und Inhalt der im Leben rechtsverbindlichen Normen dadurch beeinflussen läßt. Ob er diese seine Rechtsvorstellung mit einem Namen benennt oder als unbenannte Größe in juristisch sein sollende Deduktionen hineinspielen läßt (—!), ob er ihre Rechtsqualität offen behauptet oder nur subintelligieren (—!) läßt, macht dabei keinen Unterschied ... Der Sache nach besteht naturrechtliche Methode überall, wo die behufs Beurteilung einer Rechtsfrage erforderliche Norm aus subjektiven Überzeugungen statt aus objektiven Erkenntnismitteln des gewordenen Rechts oder aber aus den Quellen eines fremden Rechtsgebiets (— das merke man besonders vor!) statt aus den einheimischen geschöpft wird." — Wie das wunschrechtliche „Rechtsideal" konzipiert wird — ob aus dem Wesen der „Natur", „Gottes" mit „unwandelbarem" Inhalt oder aus den „nach Zeit und Ort wandelbaren Anschauungen der Gesellschaft" (Triepel: Goldbilanzenverordnung usw. 30), — aus dem stets in Bildung begriffenen „Volksgeist", — ob es „rationalistisch" abgeleitet oder „phänomenologisch durch unmittelbare intuitive Anschauung" (Leibholz: Nachw. 3) erwiesen wird, ist danach unwesentlich, — das einzige Merkmal, durch das alle Arten des Wunschrechts unverkennbar gezeichnet sind, ist die Anmaßung des bloßen Rechtswunsches, geltendes, d. h. für die Rechtsgemeinschaft verbindliches Recht zu sein, ohne daß er zuvor die Machtprobe der „Positivierung" bestanden hat, d. h. normalerweise: auf dem verfassungsmäßigen Wege Gesetz geworden ist.

Der Versuch der objektivistischen „Ausleger", die Forschung nach dem Willen, der dies erreicht hat, zu verhindern, um an seiner Stelle etwas anderes als Gesetz ausgeben zu können, ist daher ein unfehlbares Symptom wunschrechtlicher Befangenheit. Die sog. objektive Theorie ist nur das Rüstzeug jeder Art Wunschrecht zu einer Zeit, in der offene „Bekenntnisse" zu peinlich gewesen wären. Nachdem sich aber die „objektivistischen" Stimmen genügend gemehrt, hat die sog. „Freirechtsschule" die unbequeme methodische Maske abgenommen und das revolutionäre Gesicht gezeigt. Und heute geht es der Wunschrechtlerei wieder so gut, daß ihre charakteristischen Wendungen allenthalben ohne Scheu hervorkommen und an Ort und Stelle den Nachweis ermöglichen, daß es den betreffenden Autoren gar nicht um Auslegung des Art. 109 I, sondern darum zu tun ist, durch die Magie eines altehrwürdigen Zeichens ihre rechtspolitischen Wünsche der Verfassung unterzulegen.

Deshalb ist es gefährlich, einen Aufsatz zu überschreiben „Rechtspositivismus und modernes Naturrecht in ihrer methodologischen Berechtigung" (Tartarin-Tarnheyden in ZöR. 7, 22f.), denn, wie schon jetzt zu sehen, hängen die Methoden von den Zielen ab, die für Realisten und Naturrechtsgläubische etwa so verschieden sind wie für Naturwissenschaftler und Theologen. Macht man den Versuch, aus „dem" Wege ein Urteil über die Ziele zu gewinnen, so geht man der petitio principii so gewiß entgegen, wie die Wunschrechtelei mit Vorliebe im Schafspelz methodologischer Untersuchungen auftritt. „Der Gegensatz zwischen Naturrechtslehrern und Positivisten läuft" nicht, wie Tartarin-Tarnheyden (S. 37) meint, „... auf eine Unklarheit über die Methoden der Rechtswissenschaft ... hinaus", sondern umgekehrt sind alle größeren Unklarheiten der Methodik nur Folgen des Kampfes zwischen Rechtsrealismus und Wunschrechtelei um das Ziel.

2. Der Weg der rechtswissenschaftlichen Auslegung.

A. Sprache.

Erstes[1] Mittel zu dieser Erkenntnis ist das Gesetz[2] selbst als erkorener Ausdruck der gesuchten Wertung. Wir werden daher, ausgehend von unserer Stelle (Art. 109 I RV.), das gesamte Ausdrucksbild der Reichsverfassung auf die Spuren des wertenden Willens zu durchforschen haben, der die Stelle geschaffen hat. Neben der Verfassung aber, die als Ausdruckseinheit, als das Werk dieser gesetzgebenden Macht (der Nationalversammlung), den Vorrang[3] hat, kann aus der Gesamtheit des geltenden Rechts jeder Zug bedeutsam werden, der einen Willen über unsere Sache kündet.

B. Rechtsschöpfungsgeschichte.

Doch das Mittel der Sprache kann versagen, der Gesetzgeber schlecht[4] sprechen, der Ausleger schlecht verstehen, — derart, daß die Betrachtung des Ausdrucksganzen die Zweifel nur vermehrt. Dann suchen wir den schöpferischen Willen in der

---

Freilich hat der Verteidiger des Realismus heute wie je zu erwarten, daß er in den Darstellungen von Schriftstellern nicht wiederzukennen ist, die sich selber Idealisten nennen, indem sie bei geistesgeschichtlicher Gelegenheit die Mehrdeutigkeit des Ausdrucks, die Wertbetonung des landläufigen Begriffs von Idealismus ausbeuten (man vergleiche dazu, was Carl Spitteler: Prometheus und Epimetheus, Vorwort zur 2. Aufl. [1906] — „der Literaturgeschichte zur Notiz" empfiehlt!), ihre Gegner aber als „Formalisten" (dazu vgl. Kelsen: ZöR. 1928, 225), „Materialisten" (statt der richtigen geistesgeschichtlichen Einfügung als „Rechtsrealisten" — ohne Beigeschmack! — wie, wenn man den sog. Rechtsidealismus fortan Rechtsspiritismus nennen wollte?!) — zu bezeichnen pflegen, die sogar mit einer Krankheit, der „Naturrechtsphobie" oder „Methodenhypochondrie" behaftet seien (während ein jeder weiß, daß zu allen „Bekenntnissen" heute weniger Mut gehört, als zu dem des Rechtsrealismus, und daß die Strenge des methodischen Denkens im Betriebe der Wissenschaft geradezu der Kraftmesser des männlichen Geistes ist). — Soweit die Auslegung des Art. 109 I mit derlei Auslassungen begleitet wird, kann es nicht unsere Aufgabe sein, die schiefen Antithesen zu widerlegen, mit denen man aus dem Positivismus ein herrlich zu schlachtendes Monstrum macht (wie z. B. Leibholz: Nachw. 1—4, — als Beleg ein beliebiger Satz, etwa folgende „beiläufige", von mildem Verstehen getragene Bemerkung, [die — beiläufig — die vorausgehende unbewiesene Behauptung der Existenz der „höherwertigeren Sinnordnungen" der „transpersonalen Werte" suggeriert] S. 2: „Man kann natürlich aus Resignation oder Bequemlichkeit auf das letzte Erkenntnisstreben transpersonaler Werte Verzicht leisten" — als ob jemand, der nach seiner Sprache noch nicht mit dem ersten Streben nach Erkenntnis begonnen zu haben scheint, das Streben nach Erkenntnis letzter Werte für sich in Anspruch nehmen dürfte!). Denn außer dem Bemühen, mit wissenschaftlicher Gebärde den realistischen Ausleger des Art. 109 I von vornherein unmöglich zu machen oder die Gegensätze in abstrakte Entfernungen zu projizieren, auf welche die Richtigkeit der Projektion im Augenblick nicht nachgeprüft werden kann, haben sie mit unserem Gegenstande keinen „notwendigen" Zusammenhang.

Gegenüber dem ganzen neuerlichen Terror der Naturrechtsphrase sei nur auf einige Bemerkungen Bergbohms verwiesen, die auch für die Zukunft genügen dürften: 5, 39, 115/119 u. 119 Anm. 239 (gewollte Unklarheit, Sprachmißbrauch, Begriffsverfälschung), 342, 343 (suggestive Unklarheit), 361—364 (Formenwechsel).

[1] Damit ist kein Vorrang dieses Erkenntnismittels vor dem der Entstehungsgeschichte gemeint, sondern: man wird von dem Mittel der Erkenntnis des gesetzgeberischen Willens ausgehen, das gerade zur „Vermittlung" des Willens geschaffen worden und nach dem Gedanken jeder Wortgesetzgebung in der Regel seinen Zweck erfüllt. Nur diese, nicht hoch genug zu schätzende, Bedeutung der Sprache als „Gedankenweckerin" (vgl. Bergbohm 382, Z. 4—1 v. unt.) gibt jenen Theorien eine gefährliche Anziehungskraft, die ausschließlich auf den Wortlaut Wert legen, weil sie die durch das Wort „geweckten" Gedanken des Auslegers an Stelle der gesetzgeberischen zu setzen trachten. (S. Anm. 1 S. 5 f.).

[2] Das Gewohnheitsrecht kann bei Vorbereitung der Auslegung einer Gesetzesstelle vernachlässigt werden.

[3] Vgl. Nawiasky: Staatsrl. H. 3, 30. Eine genauere Bestimmung des Verhältnisses des von der Nationalversammlung geschaffenen Verfassungsrechts zu dem Recht, auf das die Nat. Vers. stieß, und zu dem späteren nicht verfassungsändernden Recht erübrigt sich bei der geringen Bedeutung der in unserem Falle außer der Verfassung in Betracht kommenden Rechtsquellen.

[4] D. h. zum Zwecke der Übermittlung des gesetzgeberischen Willens ungeeignet (vom „Versprechen" [Redaktionsversehen] bis zur leichtesten Schwankung des mit einem Worte verbundenen Begriffs).

Geschichte der Schöpfung, in der Entstehungsgeschichte des Art. 109 I und der mit ihm in Zusammenhang gebrachten Bestimmungen der Verfassung.

Das Maß dieser geschichtlichen Untersuchung ist durch ihr Ziel bestimmt. Gefragt ist nach dem Willen, der den Satz „alle Deutschen sind vor dem Gesetze gleich" für die Rechtsgemeinschaft zu Recht gemacht hat. Dieser „Wille" ist eine Abstraktion aus den Willenswirklichkeiten der Mitglieder der Nationalversammlung, die den Satz beschlossen haben. In die Abstraktion wird zwar nicht der ganze Inhalt der individuellen Willen gezogen, — abgesehen wird etwa von allen möglichen „Absichten" der Abstimmenden —, wesentlich aber ist der wirkliche Inhalt ihres Willens, soweit er auf den nächsten Zweck des zu setzenden Gebots gerichtet ist[1]. Was auf diesen Willensinhalt hinführen kann, nicht mehr und nicht weniger, geht den Ausleger an.

Wo aber soll man über den rechtsetzenden Willen Aufschluß suchen, wenn nicht in den Überlieferungen des geistigen Kampfes, dessen Ergebnis der Rechtssatz ist? — Die Zeugnisse seiner Gestaltung, voran die amtlichen Urkunden (Entwürfe, Denkschriften, Verhandlungen der Nationalversammlung und ihrer Ausschüsse), weiterhin aber alle Tatsachen, welche möglicherweise die Schöpfer des Satzes in der Schöpfung motiviert haben (private Veröffentlichungen, Gespräche usw.)[2], sind der ausschließliche Gegenstand der geschichtlichen Betrachtungen[3].

---

[1] „Gebotsvorstellungen" (vgl. HECK 94/95) dürfte zu eng sein. Denn die Gesetzgeber können etwas wollen, ohne es vorzustellen, ja es ist bisweilen die wirkliche oder vermeintliche Zielgewißheit gemeinsamen Wollens, welche die Ausbildung von Vorstellungen über den Inhalt des Gebots hindert (s. z. B. 61 f.). Das Bewußtsein stellt sich erst infolge von (inneren oder äußeren) Widerständen ein, als eine Beleuchtung, die ständig wechselt und nicht immer bis zur entscheidenden Tat der Abstimmung vorhält. Von unbewußten Vorstellungen aber kann man nicht sprechen, ohne den Begriff der Vorstellung eines wesentlichen Merkmals zu berauben. — Unter dem „normativen Willen" des Gesetzgebers wird vielfach (z. B. bei HECK 49/50) das oben Ausgeführte verstanden. Aber die sprachlich unrichtige Bildung, welche einen Inhalt des Willens als Eigenschaft erscheinen läßt, gerät leicht in unbegründeten Gegensatz zu dem „wirklichen" („psychischen", „psychologischen") Willen der Gesetzgeber — von dem er abstrahiert ist. Hat man erst das „normative" dem „wirklichen Wollen" der Gesetzgeber gegenübergestellt, so kann es mit allerlei anderem Geist als dem der Gesetzgeber gefüllt werden. Vgl. noch BERGBOHM 545, Anm. 9 unt. u. W. JELLINEK: Gesetz usw., 162/63.

[2] Nur eine Folge dieses Grundsatzes ist es, wenn das RG. (81, 282) die Vernehmung von Abgeordneten als Zeugen der Entstehungsgeschichte billigt.

[3] Näheres HECK, § 11, 105f.; über die aus dem verfassungsmäßigen Gesetzgebungsverfahren erwachsenden Schwierigkeiten und Erleichterungen insbesondere BIERLING IV, 273f., vornehmlich 278/79, 284/85.

Die gegen diese Stellung der Entstehungsgeschichte in unserer Frage erhobenen Einwendungen stellen sich als begründungslose Bruchstücke sogenannter objektiver Theorien dar. Daher bleiben, nach Andeutung der Kritik aller „objektiven" Theorien (Anm. 1 S. 5f.), nur die vorgebrachten Bemerkungen zu widerlegen.

Wenn LEIBHOLZ, 14, Z. 6—10, ohne weitere Begründung sagt: „die auszulegende Norm ist dabei zugleich von der Zufälligkeit ihrer Entstehungsgeschichte zu lösen, weil nur durch die Befreiung von dieser Bindung die Bestimmung der einzelnen Norm als Individualvorschrift sowie als Teil eines Gesamtrechtskörpers ermöglicht wird", so liegt die Verführung zum Fehler im scheinbar so harmlosen Wort „Zufälligkeit". Zufall nennt man den Zusammenstoß heterogener Ursachenketten vom Standpunkt eines bestimmten menschlichen Wollens aus, insbesondere der durch das Wollen bedingten Ursachenkette mit anderen. „Zufällig" zerschmettert der Stein, der vom Dache fällt, einen Menschen — zufällig freilich nicht für den, der den Vorgang als „Wollen" menschenähnlich beseelter Mächte erlebt: „der Dämon hat den Stein gegen die Stirn des ihm feindlichen Denkers geschleudert" („mythisches Denken", „Beziehungswahn"). Zufall bedeutet also nur, was auf uns derart ‚zu—fällt', daß wir es zu unserem Wollen in keine Beziehung setzen können. — Ist das Gesetz in diesem Sinn ein zufälliges Ereignis? Das wird die stärkste Skepsis gegen die Art seines Zustandekommens nicht behaupten können. Das Gesetz ist als „Produkt" des Gesetzgebungsverfahrens gerade der Gegensatz des „Zufälligen", das ausgesprochene Werk menschlichen Willens, mag es auch den daran nicht beteiligten Minderheiten als „Zufall" gelten oder in einem besonderen Zusammenhange, z. B. vom Standpunkt gescheiterter Koalitionsbestrebungen, von „zufälligem" Zustandekommen gesprochen werden. Jedes Gesetz ist die unmittelbare Folge des auf seine Entstehung gerichteten politischen Willens, und deshalb ist

C. Folgerungen.

a) „Ideengeschichte“.

Hieraus folgt zunächst die Unfruchtbarkeit einer „allgemeinen Ideengeschichte“ „des“ Gleichheitssatzes für die Auslegung des Art. 109 I RV. Wollte man den Wirrwarr von Gedanken ausbreiten, der in Wirklichkeit zu verschiedenen Zeiten in den verschiedensten Landschaften mit den Schlagworten „Gleichheit“, „égalité“ und den entsprechenden Lauten anderer Zungen verbunden worden ist, so könnte die Erkenntnis dessen, was in den Köpfen von Weimar vorgegangen, dadurch nur hintangehalten werden. „Ideen“ und ihre Geschichte sind nur so weit zu entwickeln, wie sie bei der Gestaltung der Verfassung nachweislich wirksam geworden sind. Und wo immer die Entstehungsgeschichte ihre Spuren zeigen mag, werden sie nicht

---

seine Entstehungsgeschichte als Geschichte der Bildung dieses Willens das unentbehrliche Korrektiv aller Schlüsse aus dem Wortlaut. Freilich treten die Willenswidersprüche im Gesetze um so deutlicher hervor, je näher man der geschichtlichen Wirklichkeit kommt. Aber hier beginnen gerade die Aufgaben des Juristen, und man entschlägt sich ihrer, wenn man die „Norm von ihrer Entstehungsgeschichte zu lösen“ sucht, um nach „Befreiung von dieser Bindung“ d.h. von ihrem wirklichen Gehalt seine „Norm als Individualvorschrift ... eines Gesamtrechtskörpers“ „begreifen“ zu können, der vom Willen des Auslegers lebt.

Unter Berufung auf die hiermit entkräftete Stelle kündet Leibholz im Nachwort (10): „es ist schon darauf hingewiesen worden, daß aus der Entstehungsgeschichte eines Rechtssatzes niemals bindende Schlüsse auf die inhaltliche Deutung der auszulegenden Normen gezogen werden können, insbesondere dann nicht, wenn gerade geltend gemacht wird, daß der tiefgehende Wandel in der Statik wie der Dynamik unseres Verfassungslebens eine andere Sinndeutung des Rechtssatzes erfordert“. Seltsame Verdrehung! Was in aller Welt kann über den „tiefgehenden Wandel in der Statik wie der Dynamik unseres Verfassungslebens“ Aufschluß geben, wenn nicht die Geschichte dieses Wandels, konzentriert in dem geistigen Kampfe um die Weimarer Verfassung (Entstehungsgeschichte)? Freilich tut Leibholz so, als ob die Vertreter der geschichtlichen Auslegung ihre Schlüsse aus dem nicht mehr geltenden Art. 4 der alten preußischen Verfassung zögen; in Wahrheit spielt die Auslegung des vorrevolutionären preußischen Gleichheitssatzes nur soweit eine Rolle, wie die Schöpfer der Weimarer Verfassung sie in ihren Willen aufgenommen haben, und weder Anschütz noch v. Hippel haben daran gedacht, ihre Auffassung des Art. 4 in das neue Staatsrecht zu „transponieren“ (Heck). Deshalb geht die Anmerkung 24 (10) des Leibholzschen Nachwortes an den Ausführungen v. Hippels 139f. (insbesondere 142, S. 9—14) vorbei. Erst eine nach Erlaß der Weimarer Verfassung eintretende Rechtsumwälzung könnte die Bedeutung der Entstehungsgeschichte des Art. 109 I modifizieren. (Von Smend, 165, wohl übersehen.)

Indes scheint es Leibholz selbst mit der „Lösung der Norm von ihrer Entstehungsgeschichte“ nicht allzu ernst zu nehmen, da er (34) erklärt: „diese Annahme (daß sich Art. 109 I an den ‚Gesetzgeber‘ wende) kann sich vor allem auf die Entstehungsgeschichte der Grundrechte berufen. In der ausgesprochenen Tendenz geschaffen, das Individuum nicht nur gegen Willkürakte der Verwaltung, sondern auch des Gesetzgebers zu schützen (dazu Hinweis auf Art. 107 des III. Entwurfs!), wird diese Auffassung durch die Existenz einer Reihe von Verfassungsbestimmungen bestätigt, die aktuelles und zwar auch den Gesetzgeber bindendes Recht enthalten“ — durch ein kleines Unglück im Satzbau sind hier die Motive der Leibholzschen „Auffassung“ entblößt (sachliche Widerlegung in Anm. 4 S. 27) — Seite 35 hält er es allerdings wieder für gut zu sagen: „entscheidend für die Interpretation ist immer der mit dem Wortlaut zu verbindende Sinn der einzelnen Bestimmung“.

Der Vorwurf der Methodenuntreue (die ein verzeihliches Versehen sein kann) wäre hier nicht am Platze. Es handelt sich vielmehr um gelegentliche „methodische“ Ergüsse zur Verbrämung jenes (weit verbreiteten) unwissenschaftlichen Verfahrens, das jeweils die Mittel anwendet, die zum gewünschten Ergebnisse führen, und dem der Jurist den Ruf verdankt, „alles begründen zu können“. Man wird nicht fehlgehen, dahinter wunschrechtliche Gedanken zu suchen, deren Anspruch, als Recht zu gelten, schließlich jede Methode hinderlich wird. Der Nachweis dieser Absichten wird in der Ausführung abfallen, ohne daß es nötig wäre, sämtliche Stellen zu konfrontieren, an denen Leibholz sich als Positivist gibt, und an denen er sein Wunschrecht geltend macht. Einstweilen vgl. „positivistisch“: 63, 66 Z. 4—3 v. unt., wunschrechtlich: 69, 71 Anm. 1 mit dem berüchtigten, auf der Doppelbedeutung von „Recht“ beruhenden Wortspiel, Z. 10—6 v. unt., und 97, ferner v. Hippel 130 u. Nawiasky: Staatsrl. H. 3, 41, deren Feststellungen Leibholz (Nachw. 3) durch die schon erwähnte (Anm. 1 S. 5f.) Verwechslung des allgemeinen Naturrechtsbegriffs mit dem geschichtlichen, (unter den sein „Rechtsidealismus“ von niemand gestellt wird), zu entgehen sucht.

weiter zu verfolgen sein, als das Ziel der Ermittlung des Willens unserer Verfassungsgeber gebietet[1].

b) „Rechtsvergleichung".

Dieselbe Stellung aber kommt der Rechtsvergleichung zu. Was immer in über 40 Verfassungen (s. LEIBHOLZ, S. 15—16, Anm. 2) der verschiedensten Staaten als „Gleichheitssatz" gegolten hat und gilt, ist für uns nur soweit wesentlich, wie es auf die Verfassunggeber unseres Staates willensbildend gewirkt hat.

Denn das deutsche Recht beruht allein auf der selbständigen Rechtsschöpfungs-

---

[1] Eine „allgemeine Ideengeschichte" „des" Gleichheitssatzes von den Zeiten der Griechen (vgl. etwa R. HIRZEL, Themis, Dike u. Verwandtes, 1907, 228f.) oder auch nur der nordamerikanischen Verfassung her gibt es gar nicht. Denn das einzig „Bleibende" in dieser Geschichte wäre die Phrase von der Gleichheit — aber bedeutet „égalité" wirklich dasselbe wie „equality" und beides dasselbe wie „Gleichheit", um nicht verklungener Worte noch entlegener Sprachgemeinschaften zu denken, in denen „der Gleichheitsgedanke" „Ausdruck gefunden hat"? — „Bei der Übersetzung der Worte verschieben sich" bekanntlich die Gedanken (BERGBOHM 424, Anm. 10 — s. a. unsere Anm. 2 u. 7 S. 2 u. 1 S. 4). In Wahrheit hätte man es nicht mit der Geschichte einer nach irgendeiner Richtung festgehaltenen Idee, sondern mit den Geschichten einer ganzen Anzahl von Ideen zu tun, die zu verschiedenen Zeiten, an verschiedenen Orten, mit verschiedenem Gehalt entstanden und nur scheinbar durch Zeiten und Länder „gewandert" sind, weil jede Rezeption ihr Wesen wieder geändert hat. Schon der Versuch NAWIASKYS (Staatsrl. 3, 26), die Geschichte „des" Gleichheitssatzes „auf eine kurze Formel" zu bringen, zeigt, daß unter den Schlagworten der Gleichheit mehrere wesensverschiedene Ideen umgegangen sind (vgl. auch RIEZLER: Das Rechtsgefühl 88). Untersucht man erst die dem Satz „am Ende des 18. und Beginn des 19. Jahrhunderts" von NAWIASKY verliehene Bedeutung mit ALDAG (13f.) ein wenig weiter, so wird „klar, daß zwischen Art. 1 der Erklärung der Menschenrechte von 1789 „naissent et demeurent libres et égaux en droit" und Art. 3 der Verfassung von 1793 „sont égaux par la nature et devant la loi" ein großer Unterschied besteht" (ALDAG 15), und daß in dem Schock französischer Verfassungen von 1791 bis 1830 sich auch noch einige „kleinere" finden lassen. Es kann dahin gestellt bleiben, ob ALDAGS Zusammenstellung und Würdigung der Verschiedenheiten vollständig ist (vgl. jetzt noch STIER-SOMLO 173f.), — sie beweist, daß die Wesensverschiedenheiten der geschichtlichen Gleichheitsideen um so deutlicher zu Tage treten, je tiefer die Forschung geht und je mehr die ausscheidende und hinzudichtende Gewalt des Forschers zurücktritt, daß „der" Gleichheitsgedanke nur ein Phantasiegebilde ist, in die Geschichte hineingesehen, um später wieder aus ihr entnommen zu werden. — Wer daher ideengeschichtliche Untersuchungen anstellt, muß sie auf alle Zeiten und Länder, die Unterschiede der Sprachen, der Kulturen, schließlich der gesamten geschichtlichen Bedingungen der Menschen, in denen „der" Gleichheitsgedanke je gelebt hat, erstrecken, wenn er der Gefahr entgehen will, die ihm sympathischen Ideen zu bevorzugen und durch alle möglichen (formalistischen!) „Übertragungen" zu der gewünschten Auslegung des Art. 109 I herabzusteigen. — NAWIASKY selbst kämpft gegen diese Gefahr, welche die sogenannte „geistesgeschichtliche Methode" zumindest ebenso gefährlich macht wie die von ihr verpönte Begriffs-Jurisprudenz, aber er leistet ihr mit dem Streben nach der „kurzen Formel" Vorschub. Und wenn er im Anschluß daran von dem „tatsächlichen oder möglichen Bedeutungswandel eines in wenige Worte gekleideten Rechtssatzes" spricht, so begünstigt er nur die Vorstellung einer im wesentlichen feststehenden Idee, in der die von ihm abgelehnte Rechtsvergleichung ihre Stütze sucht: die selbstherrliche Annahme eines Gedankens, „der in der Gemeinschaft der Völker im 18., 19., 20. Jahrhundert lebendig war und ist" (KAUFMANN: Staatsrl. 3, 5 ähnlich LEIBHOLZ, Nachw. 9). All dem gegenüber ist nur festzustellen, daß nicht, wie der Formalismus „idealistischer" Formelvergleichung will, ein in wenige Worte „gekleideter" (auch in diesem Wort verrät sich die unbewußte Supposition des Lieblingsgedankens) Rechtssatz, sondern viele in den verschiedenen Worten verschiedener Sprachen gedachte, in verschiedenen Systemen fungierende Rechtssätze im Ausgangspunkt einer methodisch einwandfreien Rechtsvergleichung stehen. — Von „Bedeutungswandel" eines Rechtssatzes aber darf nur gesprochen werden, wenn ein und derselbe Satz innerhalb eines Rechtssystems neue „Gedanken weckt", weil das System Veränderungen erfährt (z. B. Rechtsschöpfungen des Kaiserreichs durch Gesetzgebung der Republik, ebenso v. HIPPEL 142 ob.).

Die Mannigfaltigkeit einer wahrhaften „Ideengeschichte" kann daher niemals auf etwas „Überpositives" führen — wie HOLSTEIN: Staatsrl. 3, 55 meint — sondern höchstens auf die wirklichen (positiven) Gerechtigkeitsvorstellungen der Menschen, deren Werk die Verfassung ist, und folglich auch nicht etwa eine besondere „geistesgeschichtliche Methode" begründen, sondern allenfalls dienendes Glied der realistischen Auslegung sein (vgl. v. HIPPEL 138/39 u. RÜMELIN 26).

macht[1] des Deutschen Reiches. Ein Satz hat für die Auslegung unserer Verfassung noch nicht deshalb etwas zu sagen, weil er irgendwo geltendes Recht ist[2].

Es besteht aber auch keine Wahrscheinlichkeit dafür, daß „der“ Gleichheitssatz in fremden Rechten dieselbe Bedeutung habe wie im Deutschen. Denn, wie gezeigt, ist „der“ Gleichheitssatz ein Gebilde der Phantasie, — in Wirklichkeit gibt es nur die verschiedenen Sätze verschiedener Verfassungen, und die Unterschiede der Sprache und Kultur begründen eher eine Wahrscheinlichkeit dafür, daß diese Sätze auch verschiedene Bedeutungen haben[3].

[1] = „Souveränität“ als „Unterordnungslosigkeit einer normsetzenden Instanz“ „in bezug auf die Geltung ihrer Normen“, „vollkommene Unabhängigkeit der Geltung dieser Normen von denen jedes andern Normensystems“ (WENZEL: Staatsrl. 4, 143). Bestehende völkerrechtliche Bindungen ändern daran so lange nichts, wie unmittelbare Eingriffe anderer Mächte in die Gesetzgebung des Reiches ausgeschlossen sind. (Näheres etwa bei WENZEL: Juristische Grundprobleme 182/83.) (Art. 4 RV. steht zur Verfügung des deutschen Gesetzgebers, fordert überdies nach herrschender Meinung die „Anerkennung“ des Völkerrechtssatzes durch das Reich, wenn er deutsches Recht sein soll.)

[2] Diese den meisten Lesern wohl als selbstverständlich erscheinenden Sätze sind leider nicht überflüssig. Man lese nur bei LEIBHOLZ (36): „daß die Gleichheitsbestimmung in diesem (soeben S. 35 aus dem deutschen Wortlaut entnommenen!) Sinne verstanden werden darf, . . . beweist die außerdeutsche Literatur und Praxis“ (Hervorhebung von mir) oder (Nachwort 8) „an Hand der ausländischen Rechtssprechung sollte erwiesen (—!) werden, daß die selbständig gegebene, rechtsphilosophisch unterbaute, inhaltliche Bestimmung des Gleichheitssatzes richtig (—!) ist und weiter, daß mit dieser Auslegung nicht irgendwie eine Verschiebung der verfassungsrechtlichen Grundlagen oder eine Gefährdung der Rechtssicherheit verbunden ist“. Wie die Gerichte eines anderen Staates dessen Recht auslegen, soll also für die Auslegung des deutschen Art. 109 I beweisen, die Harmonie der fremden Auslegung mit ihren verfassungsrechtlichen Grundlagen soll die Harmonie einer inhaltlich gleichen Auslegung mit der Verfassung des deutschen Reichs verbürgen? — Eine gröbere „formalistischere“ Gleichsetzung der Rechtssysteme verschiedener Staaten dürfte kaum möglich sein. Zu erklären ist sie nur aus jener wunschrechtlichen Einstellung, die in allen positiven Rechtsordnungen nur „Belege“ für eine „Idee“ sucht, welche auch unabhängig von ihrer Positivierung „Recht“ zu sein behauptet. Zum Beweise hier nur der bezeichnende Satz, mit dem LEIBHOLZ die Ausdehnung seines Gleichheitssatzes auf Länder und Selbstverwaltungskörper rechtfertigt (152): „es ist ein Gedanke (der ‚im Art. 109 ausgesprochene‘), der letzthin (wohl statt ‚letztlich‘ oder ‚schlechthin‘)... jeder „Rechts“-ordnung immanent ist und ihr zugrunde liegen muß, wenn sie in ihrer positiven Gestalt ihrer Aufgabe und ihrem Ziel, den Rechtsgedanken nach Möglichkeit zu fördern, nicht untreu geworden ist.“ Auf die inneren Widersprüche dieses Satzes [„immanent“ = „darin enthalten“ — und doch „zugrunde liegend“ (vgl. dazu 35, Z. 15 „immanente Voraussetzung“) — in der „Rechts“-ordnung enthalten, wenn sie „in ihrer positiven Gestalt“ dem „Rechtsgedanken treu“, das heißt eben Rechtsordnung in Gänsefüßchen ist: ergo ein und dasselbe, gedacht „in“ und „außerhalb“ positiver Gestalt (Verstoß gegen den Satz vom Widerspruch, um positivistisch zu erscheinen, — der offene Naturrechtler würde sagen: „... wenn sie ihrer Aufgabe usw.“] kann nur hingewiesen werden —, sein Sinn ist eindeutig: der LEIBHOLZsche Gleichheitssatz ist notwendiger Bestandteil jeder Rechtsordnung, die LEIBHOLZENS Gänsefüßchen verdient. Eine Rechtsordnung, die sich unterstünde, ihn nicht zu enthalten, wäre eben keine „wahre“ „diesen Ehrennamen verdienende“ (aus dem Schreiben des Vorstands des Richtervereins beim RG. vom 8. 1. 24, DRZ. 1924, 7 — über diese unvermeidliche Konsequenz jedes Wunschrechts BERGBOHM 403) — „Rechts“ordnung. Da aber — so hat der Leser zu ergänzen — die Weimarer Verfassung dem „Rechtsgedanken“ nicht „untreu geworden“ sein kann, muß auch sie den Gedanken enthalten! Deutlicher kann der Glaube an ein von menschlicher Satzung unabhängiges (—Wunsch—) Recht, wenigstens bei LEIBHOLZscher Entschiedenheit und Klarheit, nicht zu Tage treten (s. noch 124, Z. 7—14). Die „Rechtsvergleichung“ ist danach nur positivistische Gebärde, nicht anders als die dem Satze folgende, von seinem Standpunkte aus überflüssige Einschränkung: „die Norm gilt ferner deswegen usw. (Z. 14—16)“ und die „Analogie“ aus dem Naturrechtssatz 152, Anm. 1. Und wenn LEIBHOLZ schließlich im Nachwort (8, Z. 1—4 und 9, Z. 6—1 v. unt.) gegen ANSCHÜTZ und v. HIPPEL so tut, als habe er nur zur „Verdeutlichung“, nicht zum „Nachweis der ohnehin notwendig gewordenen Umdeutung des Gleichheitssatzes“ ein bißchen Rechtsvergleichung gespielt, so wird man nach den eingangs angeführten Stellen wissen, was davon zu halten ist.

[3] Man erinnere sich der Zusammenhänge von Denken, Sprache und Kultur (Anm. 1 S. 4). — Den Nachweis gleicher Bedeutung muß W. JELLINEK voraussetzen, wenn er (Gesetz usw. 164) sagt: „wenn mehrere andere Gesetzgebungen den gleichen (!) Gegenstand gleichmäßig in einem bestimmten (!) Sinne geregelt haben, so spricht die Wahrscheinlichkeit dafür, daß der Gesetzgeber ebenso gedacht hat wie seine Genossen.“ Deshalb enthält der Satz einen gefährlichen Zirkel,

Ein nicht auf die Entstehungsgeschichte der Reichsverfassung gegründeter Wert für die Auslegung könnte der Rechtsvergleichung daher nur in dem Maße zukommen, in dem die Übereinstimmung der Existenzbedingungen, der Kultur, der Rechtsordnung des zum Vergleich herangezogenen Staates mit dem unseren erwiesen würde[1]. — Wer solche echte Rechtsvergleichung erstrebt, dessen Blick dürfte zuerst wohl auf die innerdeutschen Kulturzusammenhänge fallen, auf den Art. 4 der preußischen Verfassung von 1850 wie den § 37 (VI Art. II) des Frankfurter Verfassungsentwurfs, soweit zu deren Beachtung nicht schon die Entstehungsgeschichte des Art. 109 zwingt.

Was aber soll man zu einer „Rechtsvergleichung" sagen, die sich nur den Staaten zuwendet, in deren Praxis eine ganz bestimmte Auffassung „des" Gleichheitssatzes zu finden ist? — Warum haben die „rechtsvergleichenden" Bearbeiter unserer Frage das Recht der deutschen Vergangenheit, die belgische Verfassung von 1830, das Vorbild der preußischen von 1850 (samt ihren französischen Vorgängerinnen), das für die Bestrebungen der Rechtsangleichung so wichtige Recht Deutsch-Österreichs nicht für der Mühe wert gehalten, die sie sich die Vergleichung anderer Rechte kosten lassen[2]? Und wie rechtfertigen sie die Bevorzugung des amerikanischen und Schweizer Rechts, mit dessen Darlegung sie ihre Argumentationen füllen[3]?

Dafür ist kein anderer Grund zu finden, als daß die angebliche Rechtsvergleichung bewußt oder unbewußt zur Werbung für eine bestimmte Lehre betrieben worden ist. Die Rechte, in denen „der" Gleichheitssatz die erwünschte Bedeutung zu haben scheint, werden vorgeführt, die anderen außer Acht gelassen[4].

Für die Auswahl — wo sie überhaupt begründet wird — muß irgendein tertium comparationis als Grund herhalten, sei es das „bundesstaatliche"[5], sei es das „demo-

---

oder er ist bedeutungslos: wenn man den „bestimmten Sinn" des Rechtssatzes schon kennte, wäre die Frage nach dem Gedanken des ausländischen Gesetzgebers ja überflüssig. In Wahrheit liegt diese Frage auf dem Wege der Erkenntnis. Hier aber steht der Ausleger nicht vor einer als „gleichmäßig in einem bestimmten Sinne" erkannten Regelung, sondern noch vor den dunklen, zunächst sprachlich verschiedenen Formeln und hat daher keine Wahrscheinlichkeit für Gleichheit der damit verbundenen Gedanken. — Typisch die Fehlschlüsse bei ALDAG 8, Z. 7—4 u. f. v. unt. (Aus welchen Urkunden herüber genommen? Nachweis?) — Unbefangenen Rechtsvergleichern hätte zumindest auffallen müssen, daß die amerikanische Verfassung (Amendments Art. XIV) von „equal protection of the Laws" spricht, also von „gleichem Schutz durch die Gesetze" — worauf sich (nach TRIEPEL, Goldbil. 26, selbst) die ganze von der jüngeren Lehre herangezogene amerikanische Rechtsprechung aufgebaut hat, — aber dann hätten alle die schönen Excerpte ihren Sinn verloren.

[1] Das — und nichts weniger — ist der „gemeinsame Boden" „nützlicher" Rechtsvergleichung, der nach TRIEPEL: Staatsrl. 3, 50, „natürlich" vor jeder Vergleichung gefunden werden muß — doch, wie sogleich zu zeigen, bis heute nicht einmal ernstlich gesucht worden ist.

[2] Vgl. GIESES Kritik an ALDAG: PrVBl. 47, 117. — Über Österreich etwa die dürftigen Bemerkungen bei LEIBHOLZ 130f.

[3] Mit jener ewigen petitio principii, die aus dem zum Vergleich herangezogenen Gegenstand, ohne die Ähnlichkeit zu prüfen, die Entscheidung herausholt, die sie in ihrem Gegenstande nicht begründen kann. Ein verhältnismäßig harmloses Beispiel ist etwa das bekannte Verfahren gewisser Praktiker, die, wenn sie einen Fall entscheiden sollen, ohne Prüfung der Tatbestandsmerkmale von irgendeinem „ähnlichen" Falle ausgehen, der ihnen vielleicht eben deshalb einfällt, weil sie aus ihm die unbewußt gewünschte Entscheidung ableiten können. Das spart die Pein des Denkens und kann, je nach Begabung und juristischem Begriffsbesitzstand zu mehr oder weniger „Treffern" führen, da man sich innerhalb eines Rechtssystems bewegt. Der Sprung in die Rechtssysteme anderer Staaten aber führt notwendig zu den bösesten Begriffsbrüchen.

[4] In den französischen und belgischen Verfassungen von 1830 z. B. bedeutet der Satz nur die „Selbstverständlichkeit..., daß Gesetze ohne Ansehen der Person und des Standes gleichmäßig gegenüber allen Menschen zu handhaben seien, auf die sie Anwendung finden" (R. THOMA: Grundrechte und Polizeigewalt in Festgabe für das preußische Oberverwaltungsgericht 1925, 217/18). Vgl. auch ERRERA: Das Staatsrecht des Königreichs Belgien (1909, S. 30) u. Vauthier: Das Staatsrecht des Königreichs Belgien (1892) beide in Hdb. d. öff. Rechts d. Gegenwart, dazu jetzt noch STIER-SOMLO 174—176.

[5] LEIBHOLZ 36.

kratische"[1] Wesen der Vereinigten Staaten und der Schweiz. Als ob diese Eigenschaften fremder Staatswesen eine weitergehende Ähnlichkeit mit dem unseren verbürgten, als eben in den Begriffen des „Bundesstaats" und der „Demokratie" liegt, die unzählige Ausgestaltungen zulassen und in blanco für die Auffassung „des" Gleichheitssatzes nicht das Geringste ergeben.

Der Mangel an Beziehung zwischen bundesstaatlicher Form und Gleichheitssatz ist evident, — es bedarf kaum des Hinweises auf die Systeme der einfachen Staaten, die einen entsprechenden Satz enthalten, und es wird an diesem „Grunde" deutlich, wie er den Schein einer Begründung gewinnt: indem er nämlich im Leser, der den systematischen Ort des Art. 109 I noch nicht kennt, eine angenehme, weil seine Schulkenntnisse (Kindheitserinnerungen) ansprechende Gedankenverbindung wachruft[2]. Das Verhältnis des Art. 109 I zum demokratischen Gedanken aber wird erst nach weiteren Vorbereitungen dargelegt werden können; hier genüge der Hinweis auf die nichtdemokratischen Staaten, in denen „der" Gleichheitssatz gilt oder gegolten hat, wie auf die demokratischen, in denen er nicht gilt, um den Anschein zu entkräften, als dürfe wirklich rechtsvergleichende Forschung sich auf das amerikanische und schweizerische Recht beschränken.

Aber die Tendenz der bisherigen „Rechtsvergleichung" zeigt sich nicht nur in der Auswahl bestimmter Staaten, sondern, was schlimmer ist, darin, daß niemals die Rechtssysteme im Ganzen miteinander verglichen, sondern die herausgerissenen Gleichheitssätze nebeneinander gehalten werden. Man breitet fremde Lehrmeinungen, fremde Entscheidungen über „den" Gleichheitssatz aus, doch man macht keinen Versuch, das System zu entwickeln, dessen Glied der fremde Gleichheitssatz ist. Daß aber die Auslegung des Art. 109 I ein Urteil über das Verhältnis der „Gewalten" fordert, daß die Bedeutung „des" Gleichheitssatzes von der Organisation des Staates, in dem er gilt, abhängt, war auch schon vor Bereinigung der Fragestellung offenbar[3].

---

[1] TRIEPEL: Staatsrl. 3, 50.

[2] Als Durchschnittsleistung der Leere, die sich hinter Worten verbirgt, mag folgende Stelle bei LEIBHOLZ (Nachw. 9) gelten: „denn es gibt auch (— ?) gemeinschaftliche (— !) Kulturzusammenhänge, deren Erkenntnis auf die innerstaatliche Auslegung von Rechtssätzen (statt: für die Auslegung innerstaatlicher Rechtssätze) von großer praktischer Bedeutung ist". (Das ist eine Behauptung, die niemand bestreitet.) „Aus diesem Grund (??) ist man geradezu (?) verpflichtet, die fremden Rechtssysteme, die charakteristischerweise in ihrer äußeren Struktur eine gewisse (ebenso ‚Gleichheit usw.' 36) Verwandtschaft mit der des deutschen Reiches aufweisen, in den Kreis der Untersuchung einzubeziehen." In den gesperrten Worten liegt die — vielleicht gutgläubige — Erschleichung des formalistischen Formalistentöters.

[3] Man zweifle nirgends am „guten Gewissen" der „rechtsvergleichenden" Schriftsteller. Man beneide die Unbeschwertheit, die, nachdem sie durch „Rechtsvergleichung" den deutschen Gleichheitssatz als eine Forderung an den „Gesetzgeber" „erkannt" hat, sich auf die Lehre CURTIS berufen kann, nach der die Auslegung des Gleichheitsbegriffs „nur auf dem Boden einer nationalen Rechtsordnung möglich" ist — zumal wenn sie, wie bei ALDAG 23, Z. 7—4 v. unt. und 24, Z. 4 v. oben, „Gleichheitsbegriff" und „Gleichheitssatz" verwechselt! Daß indes auch eine optima fide betriebene Rechtserschleichung gefährlich ist, wird man zugeben, wenn man den bei LEIBHOLZ 112, Z. 9—13 daran geknüpften Schluß liest, durch den sich der „Rechtsvergleicher" der Verpflichtung zu einer „näheren Erörterung" der ausländischen Rechtssprechung entzieht, — die er nur dort, wo er aus ihr „beweisen" zu können glaubt, ausbreitet. — Nennt man, wie es üblich ist, die Tendenz, zur Befriedigung des nächstliegenden Auslegungswunsches allerlei Äußerlichkeiten zu einem Häuflein von „Argumenten" zusammenzuklauben, Formalismus, so ist klar, daß das Verfahren der Gegner, welche — wie noch im Einzelnen gezeigt werden wird — mit dem Scheine der Ähnlichkeit in falsch interpretierten Bruchstücken oder Formeln arbeiten, statt in die Sinnzusammenhänge einzudringen, formalistisch genannt werden muß (s. 11, A. 1, 12, A. 2, 14, A. 2 u. d. Ausführung S. 56f.). Danach ist der Formalismus keineswegs, wie die Entsteller des Rechtsrealismus unaufhörlich wiederholen, eine Eigenschaft des Positivismus, sondern eine Neigung der Person, die in jeder Methode zu Entartungen führen muß. Der geisteswissenschaftliche Betrieb ist davor so wenig gefeit wie jede andere Schule, unter deren Herrschaft die hier bekämpfte Tendenz ihre sinnstörenden Wirkungen ausübt. Vgl. jetzt noch KELSEN: Juristischer Formalismus und reine Rechtslehre, JW. 1929, 1723f., insb. 1725.

Warum also klärt jene „Rechtsvergleichung", statt mit der „gewissen Verwandtschaft" in der „äußeren Struktur" (s. Anm. 2 S. 14) zu operieren, nicht den einzig wichtigen Fragenzusammenhang auf: Welchen Instanzen gibt der amerikanische und der schweizerische Gleichheitssatz Befugnisse, welche Befugnisse gibt er ihnen, — namentlich: wie weit werden Gesetze des Bundesstaats (Oberstaats)[1] einer Prüfung unterworfen? — schließlich: wie verhalten sich diese Befugnisse zu ihrer allgemeinen Gewalt und wie verhält sich diese Gewalt zur Verteilung der Gewalten zwischen Oberstaat und Unterstaaten und zur Grundgewalt des Volkes (Demokratie)?[2] — Freilich müßte die Betrachtung der grundgesetzlichen Zusammenhänge, wie zu zeigen sein wird, beim ersten Schritte Unterschiede ans Licht bringen, welche die Einfügung der fremden Bruchstücke in den Bau unserer Verfassung unmöglich erscheinen lassen.

Muß nach alledem noch darauf hingewiesen werden, daß selbst die Beleuchtung der Gleichheitssatzvergleichung absichtsvoll erscheint?, daß die Fragezeichen des ausländischen Schrifttums kaum zur Geltung kommen?, daß die Auswahl der vorgeführten Meinungen und Entscheidungen, ihre Auffassung und Auslegung einseitig ist? — Die Unzugänglichkeit der ausländischen Quellen, die Verschiedenheit der Sprachen leisten dem Vorschub[3].

Mit solcher wilden Rechtsvergleichung[4], die in fremde Rechtsgebiete nur auszieht, um für eine Doktrin den Anschein einer Geltung zu erbeuten, ist Auseinandersetzung im Einzelnen nicht erlaubt.

Eine „selbständige"[5] (nicht durch die Entstehungsgeschichte des Gesetzes geforderte) Rechtsvergleichung unternimmt nichts geringeres als die Aufgabe der systematischen Auslegung fremden Rechts und kann schon deshalb nicht ein Teil unserer Auslegungsaufgabe, sondern nur eine, dieselbe Methode und Gründlichkeit erfordernde, gleichgeordnete Aufgabe sein. — Wenn ihre Bearbeitung systematische Ergebnisse gebracht hat, mag über die Ähnlichkeit und Unähnlichkeit der Rechtsordnungen geurteilt und das Verständnis der eigenen gefördert werden. Bei dem gegenwärtigen Stande der Rechtsvergleichung müssen wir uns auf den Versuch

---

[1] — denen allein die im Deutschen Reiche (sofern man es als Bundesstaat auffaßt) überwiegenden Reichsgesetze entsprechen!

[2] : wer ernennt oder wählt die „den" Gleichheitssatz handhabenden Richter, und in welcher Weise hängen die Ernennenden oder Wählenden vom „souveränen Volk" ab?

[3] Belege in der Ausführung. — Beispielsweise lese man hier die Hinweise auf italienisches Schrifttum im Nachwort LEIBHOLZens (Anm. 58 [25] u. 61 [28])! Vergebens wird man fragen, in welcher Weise denn in der italienischen Verfassung ein (nicht „das") „Gleichheitsprinzip" enthalten sei, — was die angeführte Prüfung der italienischen „Dekretgesetze", d. h. „Erlasse mit Gesetzeskraft, deren Zulässigkeit umstritten, zumindest von der Voraussetzung eines besonderen Dringlichkeitsgrundes abhängig war", mit der Prüfung unserer ordentlichen Gesetze (dem Aufwertungsgesetz, von dem LEIBHOLZ bei der Frage nach dem Prüfungsmaßstab oben [28] handelt) zu tun habe; — man möchte vielleicht erfahren, welches jene „bestimmten äußersten Grenzbegriffe" des Rechts sind, deren Unversehrtheit den italienischen Juristen am Herzen gelegen hat, — ob nicht vielleicht bestimmte positive Sätze der italienischen Verfassung, welche die Schranke der Dekretalgesetze bilden, wie etwa die deutsche Verfassung die Schranke der Notverordnungen aus Art. 48 RV. — Statt dessen — erhält der deutsche Gesetzgeber den wohlgemeinten Rat, bei der Gestaltung des Ausführungsgesetzes zu Art. 48 RV. die in der italienischen Rechtssprechung enthaltenen Grundsätze nicht außer acht zu lassen. — Sind solche Anmerkungen mehr als Dekoration? — Allerdings, — sie haben zwar nicht den Zweck, den Leser über das fremde Recht aufzuklären, aber ihn zu verwirren. Die Behauptungen einer deutschen Lehrmeinung, deren Begründung schwerfällt, werden in fremden Sprachen wiederholt. Vor den Mysterien der fremden Sprache aber muß die Kritik verstummen.

[4] Nicht die Rechtsvergleichung also, sondern der mit ihr getriebene Unfug wird verpönt. Daher ist es irreführend, wenn LEIBHOLZ im Anschluß an die Anm. 2 S. 12 zitierten Stellen von „Bankrotterklärung" der rechtsvergleichenden Methode spricht. Die von LEIBHOLZ beliebte „Methode" würde allerdings zum „Bankrott" der Rechtsvergleichung führen.

[5] „Abhängige" Rechtsvergleichung könnte man die der Entstehungsgeschichte untergeordnete Rechtsvergleichung nennen, die, wie alles, was auf dem Wege der Auslegung liegt, nur Mittel zur Erkenntnis des gesetzgeberischen Willens ist.

beschränken, zur Entwicklung der deutschen Rechtszusammenhänge, in denen Art. 109 I steht, auf die entsprechenden ausländischen Zusammenhänge hinzuweisen. Die Hinweise werden zwar nicht mehr auf dem geraden Wege liegen, der zu unserem Auslegungsziele führt, aber die Tatsache, daß die gekennzeichneten „Vergleichungen" vielleicht die stärkste werbende Kraft einer bestimmten Lehrmeinung abgeben, zwingt dazu, dieser Lehrmeinung auch auf ihren Abwegen entgegenzutreten.

Wie weit dagegen der hier gezeichnete Weg der Forschung nach dem Willen des deutschen Verfassunggebers in die Betrachtung anderer Rechtssysteme führt, welche Rechtsgedanken bei der Schöpfung des Art. 109 I lebendig gewesen sind, wird erst die Betrachtung der Entstehungsgeschichte ergeben.

c) „Völkerrecht."

Teils dieselbe, teils eine andere Rolle schließlich fällt den völkerrechtlichen Verträgen zu, in denen „Gleichheit vor dem Gesetz" zugunsten einer „Minderheit" versprochen wird. — Denn einmal wäre es denkbar, daß solche bereits bestehende oder bevorstehende Verpflichtungen des Reiches die Schöpfer der Verfassung beeinflußt hätten, zum anderen aber haben die „Minderheiten"-Verträge, soweit sie staatsrechtlich sanktioniert sind[1], nur die Stellung der einfachen Reichsgesetze.

3. Praktisches Vorgehen.

Nachdem die Grundsätze des Vorgehens entwickelt sind, bleibt noch der Plan zu rechtfertigen.

Die Erkenntnismittel der Sprache und der Geschichte leiden keine grundsätzlichen Trennungen, weder in sich noch voneinander. — Daß das sprachliche Ausdrucksbild eines „Absatzes" (Art. 109 Abs. I) nicht erforscht werden kann ohne Rücksicht auf die nächst höhere Gestaltungseinheit (den Artikel), diese wieder

[1] Der völkerrechtliche Vertrag „als solcher" hat für die Auslegung des innerstaatlichen Rechts noch keine Bedeutung. Denn der Staat kann, unter Verletzung seiner Völkerrechtspflichten, gültige, d. h. in seinem Bereich verbindliche Gesetze erlassen. Erst die „Umformung" zu Staatsrecht fügt den Inhalt des völkerrechtlichen Vertrages in das innerstaatliche Rechtssystem ein, geschehe sie „automatisch" (Art. 4 RV.) oder auf dem Wege der Gesetzgebung (doppelte Bedeutung des Reichstagsbeschlusses: nach Art. 45 III und Art. 68 II). — Von „allgemein anerkannten Regeln des Völkerrechts" (Art. 4 RV.) kann bei den Minderheitsverträgen aber keine Rede sein. Deshalb führt es irre, wenn KAUFMANN (Staatsrl. H. 3, 5) auf die Auslegung von völkerrechtlichen Verträgen hinweist, an denen das Reich nicht beteiligt ist. Solche Verträge können nur so weit von mittelbarer Bedeutung werden, wie das Reich Verträge nachweislich „gleichen " Inhaltes abgeschlossen hat. (Dabei dürfen über der Typik der Minderheitenfrage die Unterschiede der Sprache [Bedeutung der Vertragssprache für die Völkerrechtsauslegung!] und aller Verhältnisse, die den „Verständigungsbereich" der Vertragsschließenden ausmachen, nicht übersehen werden). Freilich ist KAUFMANNS Abweg nur die Folge der bereits widerlegten (Anm. 1 S. 11) Annahme einer bestimmten schon unabhängig von Verträgen gültigen (Staatsrl. 3, 61, Z. 6 v. unt.) Gleichheitsidee, als deren Sitz KAUFMANN nächst dem „allgemeinen Rechtsbewußtsein der Zeit" (5) das „internationale Rechtsbewußtsein" (5), das „Rechtsbewußtsein der zivilisierten Menschheit" (61) und ähnliche Rechtsbewußtseine erschafft. Und wenn er (5) für seine Idee, der die völkerrechtlichen Verträge nur als „neue Bezeugung" und „besondere Garantie" dienen, „über-positive", d. h. von menschlicher Satzung unabhängige rechtliche Geltung in Anspruch nimmt, so wird offenbar, daß KAUFMANN gar nicht auf eine Vergleichung der Völkerrechtsquellen ausgeht, sondern von der Quelle einer höchsteigenen „Rechts" ordnung „richtiges Recht" in jene völkerrechtlichen Verträge und über sie in die bescheidene Verfassung des deutschen Reiches zu leiten sucht. Die Schöpfer des wirklichen Völkerrechts scheinen indes den Abschluß bestimmter Verträge jener in KAUFMANNS „internationalem Rechtsbewußtsein" lebenden Idee noch immer vorzuziehen! — Daß im Gefolge KAUFMANNS LEIBHOLZ (Nachw. 9) erscheint, wird nach allem (Anm. 3 S. 9) Gesagten nicht mehr wundernehmen. — Vgl. jetzt noch die Kritik STIER-SOMLOS 187—190, die nur daran leidet, daß sie (189/90) den eigenen (realistischen) Rechtsbegriff den Behauptungen KAUFMANNS unterstellt (und so sie mühelos ad absurdum führt), während sie den Wunsch-Rechtsbegriff enthalten und nur mit ihm verständlich sind. (Folge der quaternio terminorum: Recht und „Recht"!)

nicht ohne Rücksicht auf die Gruppe, in der sie steht, und so fort bis zur letzten Ausdruckseinheit, der ganzen Verfassung, folgt aus den natürlichen Bedingungen des Ausdrucks. — Aber auch die Geschichte erschließt sich nur dem, der die Äußerungen gesetzgeberischen Wollens ohne Rücksicht auf den Fundort nach psychologischen Zusammenhängen[1] ordnet. — Und die sprachliche Forschung wieder muß mit der geschichtlichen deshalb in Wechselwirkung treten, weil beide gleicherweise imstande sind, den Grad der Wahrscheinlichkeit für einen bestimmten Willensinhalt des Gesetzgebers herabzusetzen oder zu erhöhen.

Das Zusammenwirken aller Erkenntnismittel wird daher im Rahmen der bewährten Folge von „Wortlaut", „Entstehungsgeschichte" und „Systematik" durch eine Ordnung nach dem Gesetze ihrer Bestimmung[1] zu erstreben sein. Wenn gewisse Grundgedanken der Verfassung herausgehoben und ans Ende gestellt werden, so nur deshalb, weil die Entwicklung größerer Sinnzusammenhänge mit der durch den Stand der Frage erzwungenen kleinkrämerischen Argumentation aus Absätzen, Artikeln und Artikelreihen nicht zu vereinen ist[2].

---

[1] Da der Erkenntnisgegenstand, der „Wille des Gesetzgebers", wie dargelegt, nur eine Abstraktion aus Willenswirklichkeiten ist, werden die Zusammenhänge des Willensausdrucks (Motiv-Ausdruck) und der Willensbildung (Motiv-Motiv) den Weg bestimmen. Dies von der Praxis überall befolgte Prinzip erklärt zwanglos, daß Mathematik, „Rechnen mit Begriffen", allerdings wenig mit Auslegen gemein hat. (Ebenso TRIEPEL: Staatsr. u. Pol. 31). — Die „psychologische" Anlage (mit den von ihr abhängigen „Formgefühl", „Sprachgefühl"), in Gemeinschaft allerdings mit der Fähigkeit zur Abstraktion, bestimmt den Verlauf dogmatischer Untersuchungen. Die unausweichliche Anwendung der Seelenkunde, der Wissenschaft vom Ausdruck der Seele — einstweilen mehr als „Künste" geübt, haben der Auslegungswissenschaft zu Unrecht den Namen einer Kunst eingetragen. — „Wie" der Dichter, der Gesetzgeber zum Begriffe das ausdrucksgerechteste Wort, „so" sucht der Jurist zum Worte den Inhalt — jedoch keinen „inhaltsrichtigen". Denn der Schöpfer des Ausdrucks hat den Begriff selbstherrlich aus seiner Natur gestaltet (Kunst), der Ausleger (Jurist) gestaltet nicht in diesem Sinne (einen Begriff zum Worte), sondern sucht durch das Wort nur jenen (geschichtlich) wirklichen Begriff des Wortschöpfers (Wissenschaft). — Der Jurist verhält sich zum Gesetzgeber wie etwa der Kritiker zum Dichter, — ein Vergleich mit anderen „geisteswissenschaftlichen" Gebieten würde zeigen, daß das Einbrechen der Triebe in die Bereiche intellektueller Arbeit eine allgemeine Erscheinung ist, die ihre Ursache weniger im Verfall der geistigen Kräfte als in der Schwäche des „Willens" (im engeren Sinne) gegenüber den Trieben haben dürfte.

[2] Warum — könnte man fragen — steht die Erörterung des Sinnzusammenhanges, von dem die Deutung des einzelnen Grundrechts abhängt, nicht am Anfang? Diese Frage ist so gewiß berechtigt, wie es zutrifft, daß viele „Positivisten" der Frage nach Sinn und Sinnzusammenhang einer Vorschrift aus dem Wege gehen. — Aber die verbreiteten menschlichen Schwächen der Kurzsichtigkeit und daraus folgenden Ängstlichkeit, die sich an die nächstliegenden Erscheinungen klammert, der Bequemlichkeit, des Stumpfsinns, der Bildungseitelkeit usw. sind keine Eigenschaften der Erkenntnisziele oder -wege, an denen sie sich auswirken. Ihre Wirkung im Bereich der sog. geistesgeschichtlichen Methode ist, wie die Polemik (Anmerkungen S. 11—15, 21f., 30 usw.) zeigt, keineswegs geringer. Mit welcher Energie die Frage nach dem Sinn einer Vorschrift gestellt wird, hängt von der Begabung ab, die nicht nur auf juristischem Gebiet, sondern, wo immer sie sich findet, nach Sinn und Zweck jeder Äußerung, Einrichtung usw. fragt, — die auf die Erkenntnis von Willen und Willenszusammenhängen schlechthin gerichtet ist und durch keine „Schule" zum Schweigen gebracht oder hervorgezaubert werden kann.

Indes gibt es Fragen, deren Lösung, zumal nach umfangreicher Bearbeitung von den verschiedensten Standpunkten aus, durch unmittelbare Sinnfragen eher gefährdet als gefördert würde. Die Gefahr einer Sinngebung, die Pflicht, zu erweisen, daß die entwickelten Sinnzusammenhänge „wesentlich" sind, die Aufgabe schließlich, alles Vorgebrachte zunächst zu verarbeiten, zwingt, Entscheidendes bis zu der Stelle aufzusparen, an der es genügend begründet erscheinen wird.

Ausführung.

Dem Verständnis der Ausführung diene eine unkritische Übersicht der Lehrmeinungen.

Sie zerfallen in zwei Gruppen. Die sogenannten „älteren" Lehren sehen in Art. 109 I das Gebot „gleichmäßiger", „rückhaltloser" Anwendung des Gesetzes, „ohne Ansehen der Person", gerichtet an den, der das Gesetz „handhabt" (an den „Anwender", — Lehre von der sog. Rechtsanwendungsgleichheit)[1].

Die „jüngeren", weil erst kürzlich ausgebildeten Lehren, sehen in dem Satze das Gebot der Schöpfung „gleichen" Rechts, gerichtet an den, der das Gesetz macht („Gesetzgeber", — Lehre von der sog. Rechtsgleichheit[2]). Sie sind zur besten Übersicht zunächst wieder in zwei Gruppen einzuteilen, die sich nach Gegenstand und Art der angenommenen Bindung des Gesetzgebers unterscheiden.

Nach v. Hippel (AöR., NF. 10, 124f., s. insbes. 145, Anm. 60) und Nawiasky (Staatsr. 3, 26f. insbes. 39) enthält Art. 109 I „das demokratische Prinzip der rechtlichen Gleichwertigkeit aller Personen als solcher", das Verbot von Gesetzen, die „in absehbarer Weise eine Unterscheidung der Einzelnen nach ihrer Zugehörigkeit zu bestimmten sozialen Gruppen (z. B. ‚Stand', ‚Religion', ‚Rasse') bewirken" würden. (Lehre von der „persönlichen", „absoluten" „Rechtsgleichheit"[3].)

Nach den übrigen Meinungen bindet der Satz den Gesetzgeber auf allen Gebieten, jedoch nur im Sinne „relativer", „verhältnismäßiger" Gleichheit. Artikel 109 I verlange gleiche Behandlung des „wesentlich" Gleichen, ungleiche des „wesentlich" Ungleichen, — verbiete „alle ungerechtfertigten Unterscheidungen und alle ungerechtfertigten Nichtunterscheidungen" (Lehre von der „sachlichen", „relativen" Rechtsgleichheit).

Untereinander zerfallen sie in zwei Richtungen, die sich durch die Art unterscheiden, auf die sie die im Art. 109 I erblickte Forderung an den Gesetzgeber einschränken.

---

[1] Ohne Anspruch auf Vollständigkeit: Anschütz: Kom. (1926) zu Art. 109, Ziff. 1, 304f; J. V. Bredt: Der Geist der deutsch. RV. (1924, 240); Breiholdt: in PrVBl. 47. 110f.; Bühler: RV. 86 (1922); Erbe: DJZ. 26, Sp. 337f. (gelegtl.); v. Freytagh-Loringhoven: Die Weimarer Verf. usw. 296; Giese: Kom. zu Art. 109 I, Z. 1 (1925, 300) u. PrVBl. 47, 117; Morstein-Marx: HansRZ. 6, 836f.; Poetzsch: Kom. zu Art. 109 (1921); W. Schelcher in FischersZ. 58, 171; Stier-Somlo: Reichs- u. Landesstaatsr. (1924, 440); R. Thoma: in Festg. f. OVG., (1925), 183f. u. in „Die Grundrechte usw." 23. Von Einordnung der Diskussionsreden auf der dritten Tagung der deutschen Staatsrechtslehrer zu Münster ist, wie in der folgenden Anmerkung, abgesehen, soweit noch nicht anderwärts Stellung genommen ist.

[2] Außer den im folgenden Genannten: Arndt, Adolf: Kom. 1927 zu Art. 109 (298) im Gegensatz zur früheren Auflg. u. Leipz. Ztschr. 26, 264/65; Bühler, Ottmar: RV. 1927 zu Art. 109, 103; Goldschmidt, J.: DJZ. 26, Sp. 296/97; Hatschek, J.: Deutsch. u. preuß. Staatsr. I (1922) 196; Hensel: Viertelsjahrsschr. f. Steuer- u. Finanzr. 1927 insbes. 65/67; v. Jagemann: DJZ. 1924, Sp. 428f. (gelegentlich); Jellinek, W.: Staatsrl. 3, 60; Morstein-Marx i. Zeitschr. f. d. ges. Staatsw. Bd. 86, 544f.; Poetzsch-heffter: Kom. 1928 zu Art. 109 I; Stier-Somlo in Rechtsgutachten in der Frage der beabsichtigten Vereinigung der Städte Rheydt u. M.-Gladbach, 6f. u. Art. 109 in ‚Die Grundrechte usw.' 158f.; Tartarin-Tarnheyden: ZöR. 7, 43.

[3] Ihr dürften nahestehen: Riezler: Das Rechtsgefühl; Friedrichs, Karl: JW. 27, 425f. und (gelegentlich) Daltrop: JW. 25, 1714.

KAUFMANN (Staatsrl. 3, 21, 10, 19, 20) behält dem Gesetzgeber zunächst die freie Wahl des „Gerechtigkeitsprinzips“ (z. B. der iustitia „vindicativa“ oder „distributiva“) und der „Rechtstechnik“ vor. Im übrigen „müssen“ „die Verschiedenheiten sachlich begründet sein, d. h. auf vernünftigen und ausschlaggebenden Erwägungen in der Natur der Sache beruhen derart, daß der Gesetzgeber durch solche Unterscheidungen dem inneren Zweck der Ordnung des Lebensverhältnisses gerecht wird“; indes dürfe der Richter „natürlich nicht die gegebene Ordnung umstoßen, die zwischen Richter und Gesetzgeber obwaltet“. „Nur die Verletzung gewisser äußerster Grenzen“ solle gerügt werden, d. h. zur Unwirksamkeit des Gesetzes führen. Hierfür müsse und werde der „besondere Takt“ des Richters, dessen Normen sich „nicht auf eine allgemeine Formel“ bringen ließen, schon eine „Tradition“ schaffen.

TRIEPEL und im Anschluß an ihn ALDAG und LEIBHOLZ gehen weiter, indem sie keine Verfügung des „Gesetzgebers“ von der Gleichheitsforderung ausnehmen. Andererseits versuchen auch sie, der Forderung ihre Schärfe zu nehmen.

Was gleich behandelt zu werden „verdiene“, entnimmt TRIEPEL (Goldbilanzenverordnung usw. 29f. und Staatsrl. 3, 52f.) „zum Teil“ „aus den bedingten Inhalten des positiven Rechts und der nach Zeit und Ort wandelbaren Anschauungen der Gesellschaft“, „weiter und letztlich“ aber aus „immanenten Prinzipien der Rechtsordnung“ selbst. Nach ihnen bedeute der Gleichheitssatz „die Forderung, daß die einzelnen Rechtssätze alles als gleich zu behandeln haben, was ungleich zu behandeln Willkür bedeuten, d. h. auf dem Mangel einer ernsthaften Erwägung beruhen würde. Das Prinzip der Gleichheit vor dem Gesetz wird durch Unterscheidungen verletzt, für welche sich entweder kein oder doch kein bei vernünftig und gerecht denkenden Menschen verfangender Grund anführen läßt“. (Goldbil. 30.)

Auch ALDAG beantwortet „die Frage, ob erhebliche tatsächliche Verschiedenheiten eine verschiedene rechtliche Behandlung rechtfertigen, ... aus den allgemeinen Rechtsanschauungen, die zum Teil in den Verfassungen oder anderen Gesetzen niedergelegt sind“ (42). Dabei fehle „in Deutschland jeder Anlaß zu besonderer Ausdehnung des Begriffs der Rechtsgleichheit“ (36), und eine Verletzung des Art. 109 I liege nur vor, „wenn die fraglichen Rechtsverschiedenheiten an tatsächliche Verschiedenheiten geknüpft sind, welche nach feststehenden Rechtsgrundsätzen für die betreffende Rechtsfolge überall gar nicht in Betracht kommen können (26).

LEIBHOLZ definiert „die Gleichheit aller Deutschen vor dem Gesetz ... als die nach dem jeweiligen Rechtsbewußtsein nicht willkürliche Handhabung des an die Adresse von Rechtssubjekten gerichteten Rechtes durch den Gesetzgeber und die Vollziehung (Justiz und Verwaltung)“ (87). „Der Willkürbegriff selbst“ sei „materiell eindeutig nicht bestimmbar und formal durch ein Kriterium nicht abzugrenzen“, — das „willkürliche Recht“, auf dessen Verbot die Gleichheitsforderung „aus praktischen Erwägungen“ beschränkt wird (77), unterscheide sich vom „unrichtigen Recht“ „rein quantitativ (nicht „rechtslogisch“ [76]) in der Weise“, „daß für den staatlichen Akt ... schlechterdings überhaupt kein oder doch jedenfalls nur ein in der Hauptsache unvernünftiger Grund angeführt werden“ könne. Dabei könne „vernünftig“ nicht „in ein für allemal feststehender Weise definiert werden“.

Eine Sonderstellung endlich beansprucht die Lehre C. SCHMITTS (Verfassungslehre 155, JW. 1926, 2271), nach der Art. 109 I dem Gesetzgeber „Ausnahmegesetze“ „(Maßnahmen)“, d. h. „aus individuellen Gründen gegen eine bestimmte Person oder eine Mehrheit bestimmter Einzelpersonen gerichtete Gesetze“ verbietet[1].

---

[1] Eine Vermittlung versucht jetzt RÜMELIN, indem er, mit einigen Vorbehalten, in Art. 109 I einen „Integrationssatz“ im dreifachen Sinne der älteren wie der Hauptgruppen der jüngeren Lehre findet.

Die Rechtsprechung hat sich bislang nicht festgelegt. Während das Reichswirtschaftsgericht (I, 290 vom 6. VI. 21, JW. 22, 1695) und das Reichsgericht (v. 27. XI. 25, Recht 26, 129, Nr. 370)[1] an der älteren Lehre festhält, vermeidet das Reichsgericht (V. Ziv. Sen. v. 4. XI. 25, 111, 328f. und II. Ziv. Sen. v. 29. I. 26, 113, 6f.) und ihm folgend das Preußische Oberverwaltungsgericht (II. Sen. v. 16. II. 26; 80, 42f.)[2] eine Stellungnahme, indem es die Formeln der Lehre von der „sachlichen Rechtsgleichheit" hypothetisch anwendet, aber die Frage des Verstoßes gegen sie verneint.

Die Dringlichkeit der Lösung ist offenbar.

I. Der Wortlaut des Art. 109 I RV.

Einleitung: Allgemeine Folgerungen aus der Methode.

Von der nun folgenden Betrachtung des Wortlauts: „Alle Deutschen sind vor dem Gesetze gleich" ist nach den methodischen Ausführungen zwar nicht zu erwarten, daß sie auf eine einzige, nach Sprachgesetzen unfehlbar mit ihm zu verbindende Vorstellung führen wird. Denn abgesehen von der gegenwärtigen Lage des deutschen Kulturkreises dürfte noch nie eine Sprache solche Reinheit erreicht haben, daß ihre Worte und Wortverbindungen für die Allgemeinheit des Sprachverbandes Mittler eindeutig bestimmter Inhalte gewesen wären. Aber soviel Regelmäßigkeit im Gebrauch der Worte und Wortverbindungen („Sprachgesetze") enthält jede sprachliche Verständigungstradition, daß man hoffen darf, unter den bei einem Satze vielleicht denkbaren Vorstellungen die zu finden, die nach dem regelmäßigen Gebrauche dazu „gehört", und die Vorstellungen auszuscheiden, deren Verbindung mit dem Satze gegen jene Regel gröblich verstoßen würde. Daß der Gesetzgeber sich im Sinne dieser Regelmäßigkeit „richtig" ausgedrückt hat, daß der jetzt gesuchte, zum Ausdruck sprachlich passende Inhalt wirklich sein Wille war, wird aber anzunehmen sein, bis der Befund der Entstehungsgeschichte etwas anderes ergibt[3].

Soll der Wortlaut die Beachtung finden, die ihm als erstem Sinnesmittler zukommt, so ist keine Rücksicht auf eine weitverbreitete Stimmung zu nehmen, die mehr oder weniger alle Schlüsse aus dem Wortlaut zu entwerten droht[4] und auf die allgemeine Unsicherheit des Sprachgefühls zurückgeht. Der beliebte Vorwurf der „Buchstabenjurisprudenz" ist am Platz gegenüber der falschen, geistlosen Anwendung von Sprachregeln, nicht aber gegenüber dem notwendigen Bestreben jeder Auslegung, durch das Eingangstor des Wortlauts möglichst wenige „in Frage kommende" Bedeutungen durchzulassen[5].

---

[1] Jetzt noch RG. v. 4. XI. 27, JW. 28, 102f. u. Staatsgerichtshof v. 17. XII. 28, RG. 122 Anh. 35/36, sodaß sich die ältere Lehre trotz Zunahme ihrer literarischen Gegner als „herrschende", d. h. das Leben durch die Praxis beherrschende, Lehre bezeichnen darf.

[2] Die Inanspruchnahme dieser Entscheidungen für die jüngere Lehre (z. B. durch LEIBHOLZ: Arch. f. Rechtsphil. Bd. 22, H. 3, 490) erscheint nicht weniger verfehlt als die für die ältere Lehre (durch den Staatsgerichtshof RG. 122, Anh. 35/36).

[3] Vgl. HECK 33 und 147f. sowie BIERLING IV, 214, 216.

[4] Typisch NAWIASKY: Staatsrl. 3, 28.

[5] Wer den Stand der Frage und die Taktik des Wunschrechts (s. Anm. 1 S. 5f.) kennt, weiß, wozu das nötig ist. Der unbefangene Leser wird in den bisherigen Bearbeitungen vergeblich nach einer bedeutungsgemäßen Würdigung des Wortlauts suchen. Vorerst sei nur darauf aufmerksam gemacht, daß ALDAG (4/5) und LEIBHOLZ (35 — trotz seines „objektivistischen" „Standpunktes"!) dem Wortlaut gerade eine halbe Seite ihrer sonst so ausführlichen Schriften widmen. Freilich hat die jüngere Lehre, wie sogleich zu zeigen ist, ihre besonderen Gründe, das Wort nicht auf die Goldwage zu legen. Sie würde darüber schwerlich zur Erörterung ihrer Rechtswünsche gelangt sein, auf deren Diskussion sie die Bearbeiter der Frage am liebsten gänzlich beschränken möchte (s. LEIBHOLZens „Feststellung" der „Aufgabe der Wissenschaft", Nachw. 32 und dazu BERGBOHM: 228, Z. 7—5 v. unt.).

1. Eigene Entwicklung.

A. Art. 109 I als Gebot.

Der Satz: „Alle Deutschen[1] sind vor dem Gesetze gleich" enthält nicht etwa eine Aussage als Ergebnis wirklicher Vergleichung[2], sondern ein Gebot, als eindrucksvolle Eröffnung einer ganzen Folge von Geboten (Art. 109 II—VI). Entweder gibt er den Befehl in jener suggestiven Form, die den Befehlserfolg als eingetreten hinstellt, (gebräuchlich, wo Autoritäten mit dem Anspruch auf unbedingten Gehorsam auftreten — man denke an die Aussageform vieler „Muß"vorschriften [Strafgesetz, militär. Befehl]) — oder in Form einer Fiktion, d. h.: er stellt alle Deutschen im Bewußtsein[3] ihrer natürlichen Unterschiede, zumindest ohne Rücksicht auf sie, „vor dem Gesetze" gleich. Beide Auffassungen führen aber zu dem Gebot: alle Deutschen (wie sie immer beschaffen sein mögen) sind vor dem Gesetze gleich zu achten[4].

B. Der Begriff des Gesetzes in Art. 109 I.

Ehe man sich nun auf das arme Wörtchen „vor" stürzt, wird man sich den Gegenstand ansehen müssen, „vor" dem alle Deutschen als gleiche zu halten sind. Freilich muß es Sache besonderer Untersuchung bleiben, über den Begriff des

[1] Ob juristische Personen darunter fallen, Ausländer den Deutschen kraft Analogie gleichzustellen sind, kann nicht erörtert werden, da die Erörterung zur Lösung der Aufgabe nicht nötig ist. Es sei nur vermerkt, daß die Antwort auf diese Fragen von unserem Ergebnis abhängen dürfte, daß deshalb z. B. ALDAG (57/58) sich nicht auf ANSCHÜTZ berufen kann, dessen „analog" angewandter „Gleichheitssatz" ja einen ganz anderen Inhalt hat als der seinige (Formalismus!); vgl. jetzt noch RÜMELIN: 57, N. 1 u. STIER-SOMLO 160—164.

[2] In einem Urteil auf Grund wirklicher oder gedachter Tatsachenvergleichung wären die Worte: „vor dem Gesetze" widersinnig; es dürfte nur lauten: „alle Deutschen sind gleich!" Daher läßt ALDAG 4, Z. 12/9 v. u. — gewiß unbewußt — zunächst die hinderlichen Worte „vor dem Gesetze" weg, um jene „Aussage" annehmen zu können, die er für seine folgenden Fehlschlüsse braucht. Zeile 8 v. u. fügt er sie dann unversehens wieder ein. — Mit der Erkenntnis aber, daß Art. 109 I nicht etwa eine Aussage über Wesensgleichheit der Deutschen enthält, fällt die erste Stütze der „neuen Lehre", welche auf diese Annahme hin Forderungen an den „Gesetzgeber" subintelligieren läßt (typisch ALDAG 4, Z. 9/6 v. unt.).

FRIEDRICHS (JW. 27, 425) meint, der Satz enthalte nur keine Aussage über die Deutschen, weil er keine Eigenschaft enthalte, vielmehr eine Aussage über das Gesetz. Doch auch das Urteil über die Beziehung von Eigenschaften der Deutschen wäre eine echte Aussage über die Deutschen: so enthielte das Urteil „alle Deutschen sind gleich" zwar nicht die Behauptung einer Eigenschaft, aber die Behauptung der Übereinstimmung aller Deutschen in allen Eigenschaften. Daraus, daß eine solche Behauptung wohl von niemand gewagt wird, ist aber nur der Schluß zu ziehen, daß der Satz trotz seiner Aussageform überhaupt keine (echte) Aussage enthält. Denn die sogenannte Aussage, alle Deutschen seien in ihrer „rechtlichen Eigenschaft", der Beziehung zum Gesetze gleich, ist nur scheinbar Aussage, da die „rechtliche Eigenschaft" nur der statisch gesehene rechtliche Befehl ist. Mit anderen Worten: FRIEDRICHS' sog. Aussage über das Gesetz kann — wie übrigens FRIEDRICHS' eigene Auflösung in „Muß"- und „Soll"bedeutung zeigt — auch nur als Gebrauch der indikativen Form für das im Folgenden entwickelte Gebot begriffen werden. Die „Aussage" über das Gesetz, es sei derart beschaffen, daß vor ihm die Deutschen ohne Unterschied erscheinen, ist nur ein analytisches Urteil, das den bereits dem Begriffe des Gesetzes angehörenden Befehl, die Untertanen des Gesetzes gleich zu halten, wiedergibt und wie dieser nur die Verheißung der unterschiedslosen Durchführung des Gesetzes ausdrückt. Zu abweichenden Folgerungen (425 Sp. 2, Z. 3/5 u. 9/10) gelangt FRIEDRICHS nur dadurch, daß er unter „Gesetz" (stillschweigend) sowohl das wirkliche (gesetzte) Gesetz (lex lata) wie den bloßen Entwurf (lex ferenda) versteht. (Näheres in der Kritik zum Worte „Gesetz".)

[3] S. etwa die bei ALDAG 13 angeführte Stelle aus dem Contrat Social Rousseaus, dessen Fiktionen nur zu oft (z. B. von Aldag 4, Z. 9/6 v. unt.) als Behauptungen der Wirklichkeit aufgefaßt werden —: „... que pouvant être inégaux en force ou en génie, ils (les hommes) deviennent tous égaux par convention et de droit." Richtig SCHINDLER, über die Bildung des Staatswillens usw. 57, mit weiteren Belegen, vgl. jetzt noch RÜMELIN 9, Anm. 4.

[4] Die ältere Lehre geht mithin nicht von der allerdings „gekünstelten" Auffassung aus, die NAWIASKY (Staatsrl. 3, 29, unter 2) für sie ausdenkt.

„Gesetzes", zumal über den Sprachgebrauch des Wortes „Gesetz" in der Reichsverfassung Klarheit zu schaffen[1]. Für die Stelle des Art. 109 I indes dürften schon die folgenden Andeutungen genügen.

Zunächst ist, so selbstverständlich es erscheinen mag, festzustellen, daß in Art. 109 I unter Gesetz nur das „gesetzte"[2] (also wirkliche), nicht aber das erst „zu setzende" (also nichtwirkliche) Gesetz verstanden werden kann. Denn die Sprache nennt Gesetz nur das, was Gesetz *ist*[3], das in Vergangenheit, Gegenwart oder Zukunft als wirklich („existent") gedachte Gesetz (lex lata). Sollte damit ein „Gesetz" als nichtwirkliches (— im Entstehungszustande = Gesetzentwurf) gemeint sein, so wäre eine derartige Ausnahme nur in besonderem Bedeutungszusammenhange erträglich (wo nur von „Gesetzesembryonen" die Rede sein könnte). Da aber ein solcher, eine Sonderbedeutung des Wortes „Gesetz" für Art. 109 I sichernder Zusammenhang nicht gegeben ist, kann „Gesetz" nur den üblicherweise damit verbundenen Begriff „gesetztes Gesetz" decken[4].

Hätte man die Bürger dem Gesetzentwurfe, dem „Gesetzgeber", als gleiche gegenüberstellen wollen, so wäre zumindest ein anderes Wort nötig gewesen[5]. Darüber hinaus aber wäre unbegreiflich, daß man zum Ausdruck der Forderungen der jüngeren Lehre sich eines Satzes bedient hätte, der als Zeichen einer ganz anderen Bedeutung im allgemeinen Gebrauch war. Denn es stand frei, den Satz umzubilden oder — viel einfacher — eine jener Wendungen zu prägen, um die man nie verlegen ist, wenn man wirklich im Namen der Gerechtigkeit Forderungen an den Gesetzgeber stellt[6].

Nach alledem kann es nur das fertige Gesetz sein, dem unser Satz die Staatsbürger als gleiche gegenüberstellt. — Freilich liegt darin die Vorstellung, daß das Gesetz „existiert, ehe es zur Anwendung gelangt"[7], aber diese Vorstellung ist sprach-

[1] Vgl. jetzt die Berichte von HELLER und WENZEL auf der fünften Tagung der Vereinigung deutscher Staatsrechtslehrer (Veröffentl. Heft 4).

[2] Gesetztes Gesetz, eine geradezu lächerliche Tautologie für jeden, der nur ein wenig Sprachgefühl hat, ist hier leider ebenso unvermeidlich wie „geltendes Recht" (Anm. 7 S. 2). — Man beachte, daß auch lex lata, nach einer — allerdings bestrittenen — etymologischen Erklärung nur eine durch pleonastisches Attribut gestützte Begriffsruine ist!

[3] Ebenso BREIHOLDT: PrVBl. 47, 110, der in der Gewißheit des Sprachgefühls gar keine Ausführungen für nötig hält. In der Tat ist der Ausdruck derart eindeutig, daß kein Unbefangener auf Befragen andere Auskunft geben wird.

[4] Muß hinzugefügt werden, daß das „zu setzende" = „nichtwirkliche" „Gesetz" (Gesetzentwurf) mit dem „*zukünftigen*" „gesetzten Gesetz", das unter Art. 109 I fällt, nicht verwechselt werden darf? — Man wende nicht ein, daß auch das „zu setzende Gesetz" in der Zukunft einmal ein „gesetztes" werden könne, — als wisse man nicht, daß es hier allein auf die Unterscheidung zwischen dem *Gesetzentwurfe* „als solchem" (der lex ferenda, die keine lex ist), dem im Entstehungszustande vorgestellten „Gesetz" und dem als fertig, rechtsverbindlich, „gesetzt" gedachten Gesetz (der echten lex) ankommt. — Über Versuche, durch den widersprüchlichen „Begriff" des „werdenden Rechts" Verwirrung zu stiften, klagt schon BERGBOHM 289 (s. auch 238 über die „dem Naturrechtsphilosophen" „unerträgliche" Scheidung zwischen lex ferenda und lex lata u. 40 über die Verderbung des Gesetzesbegriffs).

[5] Gleichheit „des" Gesetzes oder „der" Gesetze (vgl. Bay. V. v. 26. V. 1818, BREIHOLDT: PrVBl. 47, 112, Sp. 1) wäre nicht ganz unzweideutig (wie ANSCHÜTZ: Kom. z. Art. 109 I, Z. 1 anzunehmen scheint), — man könnte darunter die einheitliche Geltung des Gesetzes im Rechtssystem verstehen. Abgesehen von diesem Bedenken ist dem Hinweis THOMAS (Festg. f. OVG. 1925, 219) zuzustimmen, daß die Verfassung überall, wo sie bestimmte inhaltliche Gleichheiten der Gesetze vorschreiben wollte, Fassungen gewählt hat, die keinen Zweifel an der Gebundenheit des Gesetzgebers zulassen: z. B. Art. 17, 105, 109 II—V, 110 II, 128 II, 136 II.

[6] S. etwa Art. 151 RV.! — Es ist daher zu bescheiden, wenn LEIBHOLZ (Nachw. 18) meint, sein Gleichheitssatz hätte „schwerlich anders (als in Art. 109 I) formuliert werden" können. Man darf vielmehr als gewiß erachten, daß den Bemühungen der jüngeren Lehre — falls sie bei Schöpfung der Verfassung sich hätten regen wollen — eine ganz eigene „Formulierung" geglückt wäre. (Man übersetze nur etwa den Wortlaut, der die Grundlage der fälschlich verglichenen amerikanischen Rechtsprechung abgibt: „equal protection of the laws": gleicher [s. aber S. 24 Anm. 3] Interessenschutz *durch* das Gesetz!).

[7] Das soll nach LEIBHOLZ (35) ein Grund gegen die ältere Lehre sein.

lich richtig und allgemein; nur Klügelei, die dem Gesetze zugunsten einer (illegitim) „schöpferischen" „Anwendung" Rang abzustreiten sucht, kann daran zweifeln. Das Gesetz wird von Laien wie Juristen, mit wenigen Ausnahmen, als bestehend gedacht, sobald es nach den Vorschriften der Verfassung in Kraft tritt[1].

In diesen Vorschriften über die Reichsgesetzgebung wird man schließlich auch den Begriff des Gesetzes zu suchen haben, der in der Reichsverfassung die Regel bildet und, da keinerlei Anzeichen für einen abweichenden Sprachgebrauch vorliegen, in Art. 109 I zu finden ist. „Gesetz" im Sinne des Art. 109 I ist nicht etwa „jede Rechtsnorm[2]", — wie die Gesetze, die diesen absonderlichen[3] Sprachgebrauch pflegen, regelmäßig ausdrücklich bemerken —, sondern das spezifische Ergebnis des in der Verfassung festgelegten Verfahrens der ordentlichen Gesetzgebung, ohne Rücksicht auf seinen sachlichen Inhalt[4].

Vor dieses durch unverkennbare Formen gesicherte Ergebnis des in den Bannkreis verfassungsmäßiger „Positivierung" gezwungenen Machtkampfs im Staate werden alle Deutschen als gleiche gestellt.

C. Das Wörtchen „vor".

Jetzt werden alle Kunststückchen mit dem Wörtchen „vor"[5], Vergleiche mit

---

[1] Diese der entwickelten Rechtstechnik gemäße Abstraktion entspricht der ursprünglichen sinnlichen Anschauung, die sich im Worte Gesetz (von Setzen) ausdrückt.

[2] So „kurzum" LEIBHOLZ 35, ferner ALDAG 60 — nach eigenem Geständnis — zuwider „unserer heutigen Begriffsbestimmung", mit einem Hinweis auf das französische „la loi", der nach allem über „Rechtsvergleichung" Gesagten keiner besonderen Widerlegung mehr bedarf. Übrigens würde selbst die Fassung „jede Rechtsnorm" zu unserem Ergebnis führen, da Gewohnheitsrecht und Notverordnung (Art. 48 RV.) neben, Verordnung und Verfügung unter dem Gesetze stehen (näheres 81). In allen Fällen würden die Einzelnen nur vor der bestehenden Rechtsordnung, dem geltenden Rechte, dem fertigen Tatbestande gleichgestellt sein (ähnlich SCHELCHER in FischersZ. 58, 171).

Der innere Grund aber, aus dem die gegnerische Lehre „Gesetz" in „jede Rechtsnorm" = „Recht" verwandelt, ist, wie man noch sehen wird, die Absicht, unter dem traditionell mißbrauchten Wort „Recht" jene Vermischung von geltendem und bloß gewünschtem Recht vorzunehmen, die unter dem Wort „Gesetz" nicht glücken kann. Näheres 114.

[3] Da die betreffenden Gesetze (z. B. EGBGB. Art. 2, EGZPO. Art. 12, EGStPO. Art. 7) — wie allgemein anerkannt — gar keinen besonderen Begriff des Gesetzes, sondern nur eine gesetzestechnische Ausdruckskürzung schaffen wollen, wäre die Form der Fiktion („als Gesetz ... gilt") am Platze gewesen. — Zur Kritik des Begriffs „Gesetz im materiellen Sinne" s. zumal die Berichte HELLERS u. WENZELS über den Begriff des Gesetzes in der RV. (Staatsrl., Heft 4).

[4] Im wesentlichen übereinstimmend: WENZEL (insb. 159f.) und HELLER (insb. 121, 131) a. a. O.

[5] Kostprobe!: (LEIBHOLZ 35) „legt man aber gerade unter Berufung auf den Wortlaut das Schwergewicht auf das Wörtchen „vor", so bedeutet dieses (?) eine Bindung des Gesetzgebers durch die Normesnorm (—!), die Verfassung." — Ist das nicht seltsam? Legt nicht LEIBHOLZ in das durch „vor" bezogene Hauptwort „Gesetz", was er aus dem „Wörtchen vor" herauszuholen behauptet? — Ein Anschein von Sinn wird durch den Satz — wenn überhaupt — nur dadurch erweckt, daß LEIBHOLZ die auf ganz anderen Gründen als dem „Wörtchen vor" beruhende, in ihrer Allgemeinheit gar nicht bestrittene Vorstellung von der Bindung des Gesetzgebers durch die Verfassung ausspielt, während die Bindung durch Art. 109 I gerade in Frage steht.

Die ältere Lehre dagegen hat das „Wörtchen vor" nicht isoliert, wie ALDAG (8) meint, sondern immer nur in seiner Verbindung mit dem bildlich bezogenen Gegenstand bewertet. Daher wirft CARL SCHMITT (JW. 1926, 2270) ANSCHÜTZ wegen seiner Übersetzung des „vor dem" durch „angesichts des" zu Unrecht einen rhetorischen Effekt vor; die überzeugende Wirkung der ANSCHÜTZschen Verdeutlichung (s. 24, Anm. 2) beruht auf der hier entwickelten, von ANSCHÜTZ als selbstverständlich nur nicht ausgesprochenen Auffassung des Wortes Gesetz in Verbindung mit der „lokalen Präposition". SCHMITT unterscheidet sich daher von ANSCHÜTZ gar nicht durch die Auffassung des Wortes „vor" (das schlechthin nur „lokal" verstanden werden kann), sondern durch die Deutung des Wortes Gesetz. Wenn er (2271, Sp. 1) erklärt: „in Wahrheit besagt die Wendung ‚Gleichheit usw. . . .' ebensogut Gleichheit vor dem Gesetzgeber (Z. 11) wie Gleichheit vor dem Richter . . . und es erscheint mir höchst unnatürlich, zu behaupten, daß die ‚Gleichheit vor dem Gesetz' nicht Gleichheit vor dem Gesetz selbst (Z. 14), sondern nur vor der Anwendung des Gesetzes (Z. 15) besagen soll", so bedeutet der „Gleichheit vor Gott“[1] keine Verwirrung mehr stiften können. — Da „vor“ dem Gesetz keine zeitliche Bedeutung haben kann, bleibt nur die räumliche: die Einzelnen werden vor das körperlich gesehene fertige Gesetz, eine Personifikation des geltenden Rechts, gestellt[2], und in dieser Stellung vor dem Gesetz sollen der Vorstellung nach alle individuellen Unterschiede verschwinden, so daß vom Standpunkt des Gesetzes aus alle Deutschen als völlig („absolut“) gleich erscheinen.

D. Der Begriff der Gleichheit.

„Gleich“ drückt in der deutschen Sprache[3] nämlich, wenn es ohne Zusatz gebraucht wird, nur den Begriff völliger Übereinstimmung (in allen Eigenschaften) der verglichenen oder gleichgesetzten Gegenstände aus („absolute“ Gleichheit). —

Zeile 14 Gesetz soviel wie „Gesetzgeber“ oder „Gesetzentwurf“ (s. Z. 11!), Zeile 15 aber das fertige „gesetzte“ Gesetz. — Die gleiche unbewußte Vertauschung des Begriffes Gesetz mit dem Begriffe Gesetzentwurf unter Beibehaltung des Wortes Gesetz ist z. B. die einzige Erklärung dafür, daß NAWIASKY (Staatsrl. 3, 29) der These: „alle Deutschen sollen vor dem Gesetze gleich sein“ ohne weiteres entnimmt: „das Gesetz hat keinen Unterschied zwischen ihnen zu machen“, — sie ist die eigentliche Quelle aller Scheingründe für eine in Art. 109 I „zu sehende“ Forderung an den „Gesetzgeber“. Mit der Entdeckung des Wortmißbrauchs bricht die auf ihm gebaute Argumentation zusammen!

[1] Mit den Ausführungen über „Ideengeschichte“ (Anm. 1, S. 11) dürfte die „ohne weiteres einleuchtende“ Behauptung KAUFMANNS (Staatsrl. 3,4), daß „der“ Satz von der Gleichheit vor dem Gesetz an die Stelle des Satzes von der Gleichheit vor Gott getreten sei, schon widerlegt sein. Zum Überfluß sei bemerkt, daß sogar das von KAUFMANN herangezogene Bild gegen seinen Rechtswunsch spricht: unter Gott, vor dem die Menschen gleich werden, wird, wie KAUFMANN selbst ausführt, nur der unumstößlich feststehende („absolute“) Inbegriff sachlicher Gerechtigkeit verstanden, deren die Menschen ohne Unterschied teilhaftig werden: Gott als das absolut Gegebene ergreift alles Lebendige in der gleichen Weise. Danach aber steht die Vorstellung Gott in unverkennbarer Parallele zum fertigen Gesetz, dem alle Bürger unterworfen sind, und das in der irdischen Welt, für welche „Gott“ nicht zu haben ist, seine Stelle vertritt. (Man denke an KELSENS Vergleiche von Staats- und Gottesbegriff! Allg. Staatslehre § 16 [1925] 76f).

[2] Mithin enthält das „angesichts“ bei ANSCHÜTZ (Kom. zu Art. 109 I) nur eine Verdeutlichung, keine „Umdeutung“, wie LEIBHOLZ (35) meint.

[3] Man beachte, daß z. B. die englische Sprache zum Ausdruck der Gleichheit (= absoluten, wirklichen Gleichheit) wie zum Ausdruck der sog. relativen (verhältnismäßigen) „Gleichheit“ (= Verhältnismäßigkeit, Billigkeit, Gerechtigkeit) verwandte Stämme benutzt: equality, equity, — was die Vorstellungen der „Rechtsvergleicher“ gewiß beeinflußt hat.

Weit verhängnisvoller aber dürfte die Doppelbedeutung des lateinischen aequus, aequitas, (griech. ἴσος, ἰσότης) gewirkt haben, das sowohl Gleichheit (im eigentlichen Sinne) wie Gerechtigkeit und Billigkeit bedeutet, während in dem verwandten Worte aequalitas (auch aequare) der Stamm aec, der im lateinischen Träger der eigentümlichen Gleichheitsbedeutung ist, sein Wesen besser bewahrt hat. Lehrreich scheint folgende Stelle bei v. JHERING, „Zweck im Recht“ I, 354, an der offenbar wird, wie der lateinisch gebildete Gelehrte die Zweideutigkeit seines Latein ins Deutsche trägt: „das praktische Ziel der Gerechtigkeit (!)“, sagt v. JHERING, indem er darunter, wie aus dem vorhergehenden (344—354) folgt, „materielle“ Gerechtigkeit als Inbegriff sittlicher, nicht rechtlicher Normen denkt, „ist die Herstellung der Gleichheit, das der materiellen die innere Gleichheit, d. h. das Gleichgewicht zwischen Verdienst und Lohn, zwischen Strafe und Schuld (das aequum der Römer und unsere Billigkeit), das der formalen die äußere Gleichheit, d. h. die Gleichmäßigkeit in der Anwendung des Gesetzes usw.“ Die der „relativen“ Gleichheit entsprechende (vgl. v. JHERINGS Selbstübersetzung S. 359 Z. 6—7) „innere“ Gleichheit v. JHERINGS wird bezeichnenderweise durch ein Bild übersetzt (Gleichgewicht zwischen — die jüngere Lehre würde sagen „Tatbestand“ und „Rechtsfolge“), in dem der Gleichheitsbegriff seine eigentümliche Bedeutung einbüßt, weil es, von der wägenden Justitia hergenommen, nur den Begriff der Gerechtigkeit oder Billigkeit vertritt (also idem per idem definiert: die Klammer JHERINGS schließt jeden Zweifel aus); im zweiten Teil des Satzes tritt das Wort „gleich“ plötzlich in seiner eigentlichen Bedeutung der „absoluten“ (s. v. JHERINGS Selbstübersetzung S. 359, Z. 8—9!) Gleichheit auf, und man darf sich nicht wundern, wenn im Folgenden nach Bedarf beide Bedeutungen wechseln (z. B. 355, Z. 13 v. unt. in beiden Bedeutungen zugleich, 356, Z. 1—21 „Gleichheit“ = „absolute Gleichheit“, dann Z. 4 v. unt. unversehens „ungleich“ = „ungerecht“, „unbillig“, „verhältnismäßig ungleich“!). — Welche Folgen diese Begriffsvertauschung bei v. JHERING gehabt hat, geht uns nichts an. Aber man hat bereits erkannt, daß mit dem verborgenen Wechsel der im Gedankenbau einem Worte zugedachten

Daß solche absoluten Gleichstellungen oder Gleichheitsurteile im Leben nicht häufig vorkommen, daß sie vom Standpunkte der Naturwissenschaft anfechtbar sind, darf über den Sinn des Ausdrucks Gleichheit nicht täuschen. Praktisch richtig wird das Gleichheitsurteil etwa bei Vergleichung von Maschinenerzeugnissen gebraucht: der Händler, der dem wählerischen Käufer versichert, zwei vorgelegte Stücke desselben Typs (photographische Kamera Zeiss-Ikon „Donata" No. 7, Stahlfeder Soennecken 0,75 EF) seien gleich, denkt vielleicht nicht an die für den Zweck der Betrachtung, den Gebrauch des Käufers unwesentlichen Eigenschaften (Luftbläschen im Objektiv, Faserung des Holzes) oder kennt gewisse innerhalb des Typs vorkommende wesentliche Unterschiede nicht (Härte des Stahles, Schärfung der Spitze), will aber jedenfalls sagen und bringt nach der Sprachregel objektiv zum Ausdruck: zwischen diesen Stücken besteht kein d. h. „überhaupt", „wirklich" kein Unterschied, sie sind völlig (absolut) gleich.

Will man dagegen nur teilweise Übereinstimmung der Eigenschaften bei teilweiser Nichtübereinstimmung („relative" Gleichheit) ausdrücken, so ist man gezwungen, durch einen Zusatz anzugeben, worin die behauptete Übereinstimmung erblickt wird. Dadurch wird nämlich ein Bereich abgegrenzt, für den nunmehr das eigentümliche Gleichheitsurteil gilt, das nur Übereinstimmung (absolute, wirkliche Gleichheit) bedeuten kann und in sich keine Relativierung duldet, während alle übrigen Eigenschaften der verglichenen Gegenstände entweder überhaupt nicht in Vergleich gezogen werden oder dem (unausgesprochenen) gegensätzlichen Urteile der Verschiedenheit unterfallen, mit anderen Worten: es wird eine Relation unter den Eigenschaften der Gegenstände hergestellt, für die das Urteil der wirklichen Gleichheit gilt, und nur durch sprachliche Ungenauigkeit kann es den Anschein gewinnen, als ob die zwischen den verglichenen Dingen hergestellte Relation eine Eigenschaft des Gleichheitsurteils selbst sei: aber sowenig ein Fehler in der Logik ein „logischer Fehler" ist, sowenig eine Übereinstimmung in der Größe eine große Übereinstimmung ist, sowenig ist die Gleichheit zweier Gegenstände in der Relation auf eine Eigenschaft — relative Gleichheit[1]! Die Relation oder Beziehung besteht nur zwischen den Gegenständen, nicht als Eigenschaft der Gleichheit. Die verglichenen Gegenstände mögen „relativ", d. h. nur in gewissen Beziehungen, gleich genannt werden, — „relative Gleichheit" ist eine contradictio in adjecto, da Gleichheit nur Übereinstimmung bedeuten kann. Dem Relativierungsbedürfnis kann die Sprache daher lediglich durch Angabe der Beziehung genügen, in der von (absoluter) Übereinstimmung die Rede sein soll; man sagt etwa: „diese Männer sind gleich stark, gleich gewandt", oder besser: „ihre Stärke, Gewandtheit ist gleich", dagegen wird es niemand einfallen, zu sagen: „diese Männer sind gleich", wenn er meint, sie seien gleich alt. Sagt er es, so drückt er sich fragmentarisch aus und erwartet, daß der Hörer aus dem Zusammenhang des Gesprächs die Eigenschaft, der das absolute Gleichheitsurteil gilt, mit Sicherheit entnehmen wird.

Bedeutung jede Wissenschaft aufhört (Anm. 1 S. 4). Die jüngere Lehre wird daher als gerichtet gelten können, wenn ihr nachgewiesen ist, daß sie wesentliche Schlüsse auf eine entsprechende Begriffsvertauschung („quaternio terminorum") gründet (s. 27f.). — Weder die Namen noch die Zahl der Gelehrten, die zu allen Zeiten der lateinischen Sprachverwirrung zum Opfer gefallen sind (vgl. RIEZLER: Rechtsgefühl 93), können etwas beweisen. Ihnen steht die Masse des Volkes gegenüber, das, — nicht anders als seine Verfassung (s. S. 26), wenn es „gleich" sagt, wirklich „gleich" meint, und wo es „billig", „gerecht", „verhältnismäßig" sagen will, sich entsprechender Ausdrücke zu bedienen weiß.

[1] Die Verwirrung wird womöglich noch dadurch gesteigert, daß „Gleichheit" selbst nur eine Relation von Eigenschaften ausdrückt und daher leicht mit dem Begriffe der Gleichheit in der Beziehung verwechselt wird (Doppeldeutigkeit von „Relation"). Genau wäre etwa zu sagen: zwischen den Gegenständen a und b besteht das Verhältnis (Relation) der Gleichheit in der Beziehung (Relation) auf die Eigenschaft x! Die Gleichheit als „Relation" der Eigenschaften ist danach zu unterscheiden von der Relation, welche die Eigenschaften, die das Gleichheitsurteil treffen soll, erst bestimmt. Nur mit der ersten hat man es hier zu tun!

Zur Annahme einer stillschweigend vorausgesetzten Relation gibt aber die Verfassung keinen Anlaß.

Wo immer sie das Wort „gleich“ gebraucht, drückt sie „absolute“, wirkliche Gleichheit aus: Art. 17, 22: (absolut) gleiches Wahlrecht, d. h. kein Unterschied des Stimmgewichts — nach dem Verfahren der Lehre von der „relativen Gleichheit“ ließe sich daraus ein nach den Grundsätzen der Gerechtigkeit = „wahren Gleichheit“ (vielleicht: Begabung, Bildung, schließlich auch Besitz [„Verantwortungsgefühl“!]) abgestuftes Wahlrecht machen[1], — Art. 110: (absolute) politische Gleichstellung aller Deutschen in den Ländern[2], — Art. 119 I 2: „Gleichberechtigung“ der Geschlechter im Sinne absoluter Gleichordnung, — Einschränkungen bringen nur die Grundsatzform („beruht auf“) und weitere Bestimmungen der Verfassung, nach denen vom Grundsatz dieser absoluten Gleichheit Ausnahmen zulässig sind: z. B. Art. 109 II: Männer und Frauen haben grundsätzlich dieselben (ursprünglich: „die gleichen“) Rechte und Pflichten; wäre die Rechtsgleichheit der Geschlechter in Art. 119 und 109 von vornherein als „verhältnismäßige“ gedacht, sodaß darin schon die durch die „Natur der Sache“ gebotenen Unterschiede inbegriffen wären, so wäre der Zusatz „grundsätzlich“ überflüssig gewesen, den die Schöpfer der Verfassung gerade deshalb für unentbehrlich gehalten haben (Näheres 66f.), weil ihnen „gleich“ nur „wirklich gleich“ und nicht „je nach den Verhältnissen gleich und ungleich“ bedeutet hat. Dasselbe gilt von der „Gleichheit“ des Art. 121 (gleiche Entwicklungsbedingungen für die Unehelichen), von Art. 137 V 2, 137 VII (gleiche Rechte der Religionsgesellschaften im Sinne absoluter Gleichstellung von Staats wegen, s. a. Art. 137 III u. 137 IV) und schließlich von Art. 165 I („gleichberechtigt“), wo die Idee der absolut gleichen Berechtigung aller Schaffenden bei der Gestaltung der Arbeitsbedingungen proklamiert wird.

Dieser mit dem allgemeinen Sprachgebrauch übereinstimmende einheitliche Gebrauch des Wortes gleich in der Reichsverfassung gewinnt womöglich noch größeren Nachdruck dadurch, daß die Verfassung, wo sie „Verhältnismäßigkeit“ — also gerade das, was unter Mißbrauch der Sprache „relative Gleichheit“ genannt wird — meint, jede Wendung vermeidet, die mit dem Stamme „gleich“ etwas zu tun hätte. Man sehe nur Art. 134, Art. 151 und die Wendung „Freiheit und Gerechtigkeit“ im Vorspruch, wo die „Gleichheit“ bei der gewohnheitsmäßigen Verbindung von Freiheit und Gleichheit nahe genug gelegen hätte!

Wenn daher in Art. 109 I gesagt ist: „alle Deutschen sind vor dem Gesetze gleich“, so kann daraus auf keine Weise „relativ“ = teils gleich, teils ungleich gemacht werden. Vielmehr ist die Gleichheit der Deutschen vor dem Gesetz in der vollen Schwere des Sprachgebrauchs zu verstehen, nach dem „Gleichheit“ das Gegenteil von „Ungleichheit“, d. h. völlige Gleichheit bedeutet, und eine Einschränkung folgt erst daraus, daß diese absolute Gleichheit durch die Beziehung „vor dem Gesetz“ nur für das Verhältnis der Bürger zum Gesetze verheißen wird.

Faßt man die aus den Elementen des Gleichheitssatzes gewonnenen Ergebnisse zusammen, so ergibt sich ein klares sprachliches Vorstellungsbild: alle Deutschen erscheinen vor dem fertigen Gesetz als absolut gleiche, das kann nur heißen: sie gelten als gleiche in ihrer Unterworfenheit als Einzelne unter das Gesetz: das

---

[1] Unrichtig ALDAG 81, Z. 17—19, unter unbewußter Voraussetzung der in anderen Verfassungssätzen gegebenen demokratischen Ordnung. — Verfehltes „Zugeständnis“ bei NAWIASKY, Staatsrechtsl. 3, 31: eine Rechtsgleichheit im sachlichen Sinne könne „höchstens“ in der Gleichheit des Stimmgewichts nach dem Verhältniswahlsystem gefunden werden, — denn das Stimmgewicht ist nach diesem System ein „absolut“, „quantitativ“, „mechanisch“ gleiches und kann daher von anderem politischen Standpunkt aus gerade als „sachliche Ungleichheit“ (Unverhältnismäßigkeit), ja als „schreiende Ungerechtigkeit“ („Willkür“) hingestellt werden.

[2] Irrig von NAWIASKY als Forderung der Rechtseinheit bewertet: nur der Gesetzgeber des Landes wird dadurch „einheitlich“, d. h.: es gibt keine Staatsvölker mehr, sondern nur das Deutsche Volk, das in den Ländern wohnt. Zutreffend ALDAG 45.

Gesetz erfaßt sie im ganzen Bereich seiner Auswirkung gleichmäßig, ohne Rücksicht auf „hoch und niedrig“, „arm und reich“ oder irgendeinen andern als den von ihm selbst gesetzten (tatbestandsmäßigen) Unterschied — mit einem Worte: vollkommen. Die vollkommene Wirkung des Gesetzes aber wird begriffsnotwendig auf dem Gebiete seiner Vollziehung zu suchen sein.

Ehe diese Erkenntnis auf ihre Tragweite geprüft, der Begriff der Vollziehung geklärt werden kann, wird sie noch einige Proben zu bestehen haben[1].

2. Kritik der Lehre von der ‚Gerechtigkeitsgleichheit‘ (ein Beispiel!).

Zunächst jedoch erscheint es bei dem Stande des Schrifttums gegenüber den jüngeren Lehren geboten, sich nicht mit dem Beweise dafür zu begnügen, daß die Behauptung, Art. 109 I binde den „Gesetzgeber“[2], mit dem Wortlaut unvereinbar ist. Vielmehr ist noch der Lehre von der „relativen“ oder „sachlichen“ Rechtsgleichheit im besonderen nachzuweisen, daß ihr „Gleichheitssatz“ ein frei erfundenes wunschrechtliches Gebilde ist, das nur durch fortgesetzten Mißbrauch des Wortes „gleich“ für einen Begriff, der mit Gleichheit nicht das Geringste zu tun hat[3], und eine Reihe weiterer Wortmißbräuche dem Satze des Art. 109 I untergeschoben werden konnte.

A. Die „grundlegenden“ Trugschlüsse.

Schon die Fragestellung hat auf die verhängnisvollen Trugschlüsse hingewiesen, durch die die Vertreter der jüngeren Lehre zu ihrem Begriffe von der „relativen Rechtsgleichheit“ vordringen. Zuerst stellen sie, ohne jede Begründung oder mit Scheinargumenten[4], den Satz auf, daß sich Art. 109 I auch an den „Gesetzgeber“

[1] Nämlich die der „Entstehungsgeschichte“ (61f.) und „kleinen Systematik“ (65f.).

[2] Wie gezeigt werden wird (81f.), wendet sich Art. 109 I freilich auch an die Gesetzgebung, aber nur als Vollzug der Verfassung, nicht an den „Gesetzgeber“ der jüngeren Lehre im Sinne des schiefen Gegensatzes zum „Rechtsanwender“, mit welchem allein bei Kritik dieser Lehre zu rechnen ist.

[3] Nämlich — wie bereits die positive Ausführung gezeigt haben dürfte —: „Gerechtigkeit“, worunter das Ideal oder Wunschbild rechtlicher Ordnung, der vollkommene Staat, verstanden wird (s. Anm. 2 S. 36) (Mittelswort das doppeldeutige „aequitas“ s. Anm. 3 S. 24). — Einstweilen beachte man: ALDAG 42: „Ausfluß der Gerechtigkeitsidee“; BURCKHARDT, Kom. z. Schweiz. Bundesverfassung 61, 64 (BGE. 6, 178): „Postulat staatl. Gerechtigkeit“; ALDAG 46, Z. 1 v. unt.: „die Rechtsgleichheit eine Frucht des Gerechtigkeitsgedankens“; deutlich auch LEIBHOLZ 109, Z. 10—9 v. unt.: jede „Generalisierung“ (also gerade das, was Gleichheit für das „genus“ schafft!) berge die Gefahr der „Ungleichheit“. Die Unterschiebung des Gerechtigkeitsbegriffs unter das Wort Gleichheit wird dadurch begünstigt, daß Gerechtigkeit als Prinzip der Zumessung von Ungleichheiten als „das gleiche“, d. h. eines gedacht wird (Verwechslung von Gleichheit und Identität!). — Gegen die Aequivocation schon RICHARD SCHMIDT: Staatsrl. 3, 46.

[4] Anders kann es schwerlich genannt werden, wenn z. B. LEIBHOLZ 34 (nach dem Vorgange TRIEPELS Goldbil. 28, Z. 13—12 v. unt. — s. a. Staatsrl. 3, 50) die Bindung des „Gesetzgebers“ durch andere Artikel (110 II, 129 I, 153 RV.) — oder Art. 107 des dritten Entwurfs zur Reichsverfassung ausspielt. Denn es dürfte klar sein, daß die Bindung des Gesetzgebers durch diese Artikel für die Frage der Bindung durch Artikel 109 I nicht das Geringste besagt, und daß nach dem Satze, der „die Grundrechte“ als „Richtschnur und Schranke für Gesetzgebung, Rechtsprechung und Verwaltung“ einführen sollte, durchaus nicht jedes einzelne Grundrecht „Schranke für die Gesetzgebung“ sein muß. — (Ähnlich jetzt THOMA in „Die Grundrechte“ 23, Anm. 18.)

Der zuerst von TRIEPEL (Goldbil. 26f.) ohne Begründung erhobene, von ALDAG (5/6) und LEIBHOLZ (34) wiederholte „Einwand“, die ältere Lehre sei „sicher unrichtig“, da nach ihr der Gleichheitssatz „fast bedeutungslos“ (Goldbil. 28, Z. 8 dagegen wieder: „gewiß eine nicht unbeträchtliche Bedeutung“) wäre, wird schon durch die Tatsache widerlegt, daß die Vertreter der gegnerischen Lehre ihre sogenannten Beispiele größtenteils den Verletzungen der „Rechtsanwendungsgleichheit“ entnehmen, und wird durch die Aufdeckung dieses Mißbrauchs (S. 54f.) wie durch wenden müsse. Sodann „schließen" sie: da sich der Satz an den Gesetzgeber wendet, so kann er „natürlich"[1], „vernünftigerweise" nicht den Begriff der „absoluten", „mechanischen", „quantitativen", sondern nur den der „relativen", „verhältnismäßigen", „qualitativen" Gleichheit enthalten. Denn eine Bindung des „Gesetzgebers" im „absoluten" Sinne wäre doch „die größte Ungerechtigkeit" (ALDAG 22). — Allerdings wird nicht zweifelhaft sein, daß die absolute Gleichstellung aller Staatsbürger durch den Gesetzgeber das Leben selbst, das nur in einzelnen Lebewesen („individualisierend") sich entfaltet, bedrohen würde[2], und daß die Verfassung eine Verpflichtung des Gesetzgebers hierzu nicht gesetzt haben kann. Das berechtigt aber nicht, den durch Art. 109 I zusatzlos gegebenen Begriff der Gleichheit so lange zu drehen und zu wenden, bis die Forderung an den Gesetzgeber, die man in Art. 109 I erblicken möchte, einen „annehmbaren" Inhalt gewinnt! Vielmehr muß der durch unbefangene Betrachtung in Art. 109 I gefundene Begriff der absoluten Gleichheit zweifeln machen, daß sich Art. 109 I an den „Gesetzgeber" richte. Der sprachlich gegebene Begriff der absoluten Gleichheit, in Verbindung mit dem sinnvollen Gedanken, daß eine derartige Bindung des Gesetzgebers nicht gewollt sein kann, nötigt nicht zur Preisgabe des Gleichheitsbegriffs, sondern zur Aufgabe des Gedankens, daß Art. 109 I den „Gesetzgeber" binde[3]. Der um-

---

die Entwicklung des Gleichheitsgedankens (79f.) erledigt werden. Ein Trugschluß liegt selbstverständlich auch darin, daß aus der zunehmenden Einsicht in die rechtliche Bedeutung der Grundrechte im allgemeinen auf inhaltliche Veränderungen oder irgendeinen bestimmten Gehalt eines Grundrechtssatzes geschlossen wird. Erkenntnis und politische Gestaltung werden vermengt, und seelenruhig geht man aus der politisierenden Ent-Rechtlichung (Geringschätzung der rechtlichen Wirkungskraft) der Grundrechte zu jener „Eroberung" über, welche einzelne Sätze „erst" mit einem „politisch wesentlich" scheinenden Inhalt „füllen" zu müssen glaubt.

Der Mangel eines Grundes für die Annahme, daß Art. 109 I den „Gesetzgeber" binde, erweckt — wie NAWIASKY (Staatsrl. 3, 28, Z. 5—1 v. unt.) mit Recht bemerkt — geradezu den Eindruck, als sei zunächst nur von „rechtsvergleichenden" oder „philosophischen" „Möglichkeiten" die Rede, die sich dann unter der Hand in „Wirklichkeit" verwandeln!

[1] S. TRIEPEL, Goldbil. 29: „Zweifellos nicht absolute, nicht schematische Gleichheit usw... das Gesetz kann nicht... gleichbehandeln... absolute Gleichheit würde die größte Ungleichheit bewirken." — Der letzte Satz zeigt, wie das Wort „Ungleichheit" zur Deckung des Begriffs „Ungerechtigkeit" mißbraucht, wie der Stamm „gleich" binnen fünf Worten in verschiedenem Sinne ausgegeben wird (Wortspiel durch Begriffsvertauschung)! — (Ähnlich verfährt LEIBHOLZ 34—38, 38f. mit weiteren Scheingründen — zu Art. 134 s. 33f.) Mit offenem Sprung ALDAG (4—5): „dieser Satz besagt etwas Negatives: es dürfen keine (d. h. doch: gar keine!) Unterschiede gemacht werden. Darum (Sprung!) widerstrebt er einer festen Begriffsbestimmung, weil (— hier wird stillschweigend die Verhältnismäßigkeit untergeschoben! —) sich in einem kurzen Satz nicht alle die möglichen Ungleichheiten aufzählen oder auch nur allgemein bezeichnen lassen, welche durch Art. 109 I verboten sind." — Könnten denn nicht alle Ungleichheiten verboten sein, womit der Satz ganz „bestimmt" wäre? Was berechtigt ALDAG, einen Satz weiter (5, Z. 3) aus dem „gleich" des Art. 109 I unversehens „das Verbot, Gleiches ungleich und Ungleiches gleich zu behandeln" zu machen, das sich „in erster Linie" (— ?) an „den Staat" richte?

[2] Schief zumindest ALDAG 22, Z. 11: nicht von „gleichmachen", sondern von „gleichstellen" ist die Rede (Z. 18 v. unt.)!

[3] Dieser Schluß erweist sich auch als Basis der Stellungnahme des Reichswirtschaftsgerichts (v. 6. VI. 21, XVIII AV. 237/21 u. 184/21, dazu SCHAELIKE, JW. 22, 1695). Denn es muß den Begriff der „absoluten Gleichheit" in Art. 109 I als selbstverständlich voraussetzen, wenn es die unterschiedliche Behandlung der Staatsbürger durch den Steuergesetzgeber als Beispiel für die Unterscheidungsbefugnis des Gesetzgebers anführt. Trifft also zwar das vom Reichswirtschaftsgericht gebrauchte Argument nicht die vom Begriffe der „relativen Gleichheit" ausgehenden Gegner und verkennt es auch das Wesen des Art. 134 als einer bestimmten Einschränkung der gesetzgeberischen Ermessensfreiheit, so fußt es doch auf der unausgesprochenen Logik: ‚weil Art. 109 I absolute Gleichheit vorschreibt, kann seine Vorschrift nicht dem Gesetzgeber gelten — denn absolute Gleichbehandlung aller Deutschen vom Gesetzgeber zu fordern, wäre „ganz unsinnig". Neben einer derartigen Bindung würde die des Art. 134 wie eine Ausnahme im Sinne der Freiheit erscheinen, während doch „anerkanntermaßen" diese Freiheit die Regel bilden muß.‘

gekehrte, von der unbegründeten Annahme der Bindung des Gesetzgebers ausgehende Schluß enthält jene verhängnisvolle petitio principii, welche die Streiter um den Art. 109 I auf die wunschrechtlichen Abwege der Lehre von der „sachlichen“ Rechtsgleichheit führt[1].

Wünscht man dafür noch einen indirekten Beweis, so werde man sich nur einer Tatsache bewußt, die unerklärlicherweise noch nicht beachtet worden ist: die Vertreter der bekämpften Meinung erkennen nämlich ausnahmslos an, daß die ältere Lehre von der Gleichheit der „Rechtsanwendung“, die das Wort „gleich“ im hier gegebenen Sinne auffaßt, richtig sei; sie fassen den Unterschied der Lehren gelegentlich sogar unter den Begriff einer „einschränkenden“ und einer „erweiterten“ Auffassung des Gleichheitssatzes und halten neben der Forderung an den „Gesetzgeber“ die Forderung an Justiz und Verwaltung fest. Sprechen sie vom „Gesetzgeber“, so fassen sie das Wort „gleich“ in Art. 109 I im Sinne ihrer „relativen“ Gleichheit auf, — sprechen sie von Gleichheit der „Rechtsanwendung“, so müssen sie dasselbe Wort „gleich“ notwendig im Sinne der „absoluten“ Gleichheit verstehen, wie es im Begriffe der „allgemeinen“, „gleichmäßigen usw. Anwendung“ liegt. Sie legen also ein und demselben Wort des auszulegenden Satzes zwei wesentlich verschiedene Bedeutungen bei, d. h. sie bilden seine Bedeutung je nach Annahme des „Adressaten“, den sie irgendwoher, nur nicht aus dem Satze „bestimmen“[2].

Ist damit ihre „grundlegende“ petitio principii erwiesen, so dürfen wir uns dem von der jüngeren Lehre erfundenen „Gleichheitsbegriff“ selbst zuwenden.

---

[1] Vgl. noch LEIBHOLZ 45f. (insb. den scheinpositivistischen „Hinweis“ der Anm. 1 auf positive Regelungen, die mit der in Frage stehenden Forderung an den Gesetzgeber nichts zu tun haben). — Am unverhülltesten ALDAG 22.

[2] Daß die Gründe dieser Bestimmung außerhalb des Rechts, — in politischen Motiven, zu suchen sind, bedarf keiner Ausführung. Die gegnerische Lehre ist geradezu ein Musterbeispiel jener Politik im wissenschaftlichen Gewande, welche den auszulegenden Sätzen nach eigenem Gutdünken abstreicht und zugibt, bis sie den Sinn zu haben scheinen, welcher der staatspolitischen Weisheit des „Auslegers“ plausibel ist.

Hierher gehört denn auch der „Vermittlungsversuch“ RÜMELINS. Wenn RÜMELIN dem Satz die dreifache Bedeutung eines „Integrationsmomentes“ für „Verwaltung“, „Rechtsprechung“ und „Gesetzgebung“ (30), im Sinne einer absolut gleichmäßigen Rechtsanwendung (33), einer relativ gleichen (gerechten) Gesetzgebung (56) — und angeblich darin eingeschlossenen (!) (58) absoluten Rechtsgleichheit „in persönlicher Beziehung“ (s. auch 68!) gibt, ist der mehrfache Wandel des das auszulegende Gebot bestimmenden Gleichheitsbegriffs offenbar. Statt, wie es die Methode fordert, nach einem inhaltlich bestimmt vorgestellten Gebot den Begriff des Gebotsempfängers zu bilden, denkt RÜMELIN in der Art des Gesetzgebers den in Betracht gezogenen Gebotsempfängern nach eigenem Ermessen verschiedene Gebote zu (vgl. Anm. 5!). Verhüllt wird dieser Vorgang durch den Gebrauch des neuen Kunstworts „Integration“, das, — gegen die Absicht SMENDS, mit ihm eine neutrale Rechnungsgröße nach Art der algebraischen Vokabeln einzuführen — mit Notwendigkeit zum Zauberwort wird, unter dem sachliche Integrationswünsche vordringen. (Trugschluß: ‚Der Satz x erfüllt seine integrierende Funktion [— hier verbirgt sich die petitio principii] nur bei Auslegung a‘ [— als ob nur der Auslegungswunsch a der staatsbildenden Wirkung fähig sei —] vgl. jetzt noch THOMA in „Die Grundrechte usw.“ 11 (u. s. Anm. 1 S. 38). Ein und derselbe Integrationssatz, meint RÜMELIN (24/25, 30/31 Anm. 2), könne mehrere Adressaten in verschiedenem Sinne angehn: — das ist kein Kunststück, das können gewöhnliche Rechtssätze auch: eine Strafdrohung etwa wendet sich in anderem Sinne an die Bürger, in anderem an die Verfolgungsbehörde, aber der begriffliche Gehalt des Rechtssatzes bleibt dabei derselbe! Nach dem Gesetz der Sprache kann der Gesetzgeber mit einem bestimmten Wort nur einen bestimmten Begriff, mit einem bestimmten Rechtssatz nur einen bestimmten Rechtsgedanken ausdrücken. Zwar findet man nicht selten gewisse Worte an verschiedenen Stellen der Gesetze in verschiedenem Sinne verwendet, — infolge einer nur zu menschlichen Begriffsschwäche der Gesetzverfasser —, aber daß ein gesetzgebender Wille an ein und derselben Stelle, durch ein und dasselbe Wort zwei wesensverschiedene Begriffe, durch einen Rechtssatz mehrere wesensverschiedene Gedanken gesetzt habe, ist undenkbar, wenn anders der Satz vom Widerspruch die Grenze menschlichen Begreifens bildet. Was aber im gewöhnlichen Rechtssatz undenkbar ist, das bringt auch kein noch so monumentaler Programm- Richt- oder Integrationssatz zuwege. Denn auch wer keine „technischen“, ausführbaren Befehle gibt, sondern nur das Pathos seines Wollens und seiner Wertungen über der staatlichen

B. Die ‚Gerechtigkeitsgleichheit' als Wunschrechtseinbruch.

Die dem Art. 109 I „eingelegte" Forderung an den Gesetzgeber, alle Deutschen „relativ" gleichzustellen, erscheint zunächst als eine inhaltslose Formel. Denn „relativ" gleichstellen kann nicht mehr bedeuten als: in „gewissen Beziehungen" gleich, in „gewissen Beziehungen" ungleich behandeln, auf „gleiche Sachverhalte" (= Tatsachen!) gleiche Rechtsfolgen setzen, auf „ungleiche Sachverhalte" verschiedene[1]. Wenn aber „relative" Gleichheit nur Übereinstimmung in „gewissen" Beziehungen bedeutet, so kann sie einen Inhalt erst dadurch gewinnen, daß die Beziehung, in der die Gleichheit hergestellt werden soll, bestimmt wird[2]. Der Gesetzgeber stünde daher dem Art. 109 I, der diese Beziehung nicht angibt, als einer absolut unbestimmten, d. h. soviel wie keiner Bindung gegenüber.

Die Relation, deren Festlegung erst dem relativierten, seiner spezifischen Eigenschaft beraubten Begriff der Gleichheit Inhalt gibt[3], kann aber denkmöglicherweise

---

Gemeinschaft aufrichtet, kann nur bestimmt sprechen: Worin sollten jene geistigen Wechselwirkungen, die nach SMEND den Staat ausmachen, liegen, wodurch sollten Führer und Geführte sich zum Staat gestalten, wenn der „integrierende" Satz ein Proteus wäre? Nein, auch die bloß „integrierende" Verheißung kann nur bestimmte Inhalte, kann nur einen Sinn geben, wenn sie Menschen an einem Staat als Sinn, nicht Ohnesinn, beteiligen soll; wie der „Befehl" eines „Wieduwillst" kein Befehl, so wäre auch die „Verheißung" eines „Wie man's auffassen mag" keine Verheißung! Gesetzgebung, Rechtssetzung schlechthin, ist kein Orakel, sondern der Versuch menschlichen Willens, das Leben durch das Medium wollender Menschen zu gestalten. Was von Wertungen daher auch nur entfernt rechtliche Bedeutung beansprucht, unterliegt dem Zwang, sich Menschen faßbar auszudrücken; aller sprachliche Ausdruck aber wirkt nur durch unlösliche Bindung von Satz und Gedanke: Wer einem Wort zwei Seelen, zwei Wertungen mitgibt, drückt nicht aus und gestaltet nicht, sondern schiebt die Gestaltung dem Hörer zu, indem er sich auf die Anregung der Phantasie und des assoziativen Denkens durch den Wortkörper beschränkt.

Selbst „objektive" Theorie (s. Anm. 1 S. 5) könnte nicht einem Ausdruck drei Begriffe auf einen Schub unterlegen: das Gesetz der Sprache gilt auch für den Hörer.

[1] Zum Begriffe des „Sachverhalts", in welchem schon ein ordnender Gedanke des Menschen unterstellt ist, s. insb. 32, Anm. 1.

Über die inhaltliche Leere des für den „Gleichheitsgedanken" ausgegebenen „Proportionalitäts- oder Gerechtigkeitsgedankens" „an sich" („suum cuique") darf die Aufzählung berühmter Namen (typisch LEIBHOLZ 46, Anm. 1) nicht täuschen! — „Wenn PLATO im Timäus und in der Republik die Idee des Guten, dagegen ARISTOTELES die Forderung „Gleiches ist gleich, Ungleiches ist aber ungleich" zu behandeln als ethische Norm aufstellen, so ist mit diesen Theorien so lange nichts gewonnen, als die Idee des Guten eine unbekannte Größe bleibt und als kein Maßstab gefunden ist, an dem man die Gleichheit und Ungleichheit bestimmen kann". BRÜTT: Die Kunst der Rechtsanwendung, 1907! — Ähnlich RIEZLER: Rechtsgefühl 84/85: „suum cuique... = tautologische Umschreibung der inhaltsleeren abstrakten Rechtsidee", ferner 94/96 und jetzt noch STIER-SOMLO 185, Anm. 63.

[2] Deshalb ist NAWIASKYS Rechtsgleichheit „in persönlicher Beziehung" zunächst nicht bestimmter als die Rechtsgleichheit „in sachlicher Beziehung". Der erste Begriff ist nur als unbestimmbarer Ausschnitt aus dem zweiten denkbar, deckt sich sogar mit ihm, wenn man auch an die entferntesten Beziehungen zur Person denkt. Soweit ist die Kritik der Lehre von der „sachlichen Rechtsgleichheit" (s. TRIEPEL: Staatsrl. 3, 50; LEIBHOLZ: Nachw. 4 u. 16—17) berechtigt. Aber sie wird dem Wesen des Gegners (NAWIASKY) nicht gerecht, indem sie seine mißglückte Formulierung ‚objektiv auslegt'! Die „persönliche Rechtsgleichheit" NAWIASKYS und v. HIPPELS ist nicht etwa „eine Ausstrahlung' des allgemeinen Gleichheitsgedankens", wie TRIEPEL ihn versteht (Staatsrechtsl. 3, 52), sondern hat in Wahrheit mit der Lehre von der „sachlichen Rechtsgleichheit" nicht das Geringste zu tun, — was man schon an der Verschiedenheit der „Gleichheits"-begriffe (: NAWIASKY „absolut", TRIEPEL „relativ") erkennen dürfte (— Formalismus!). Sie stellt sich vielmehr als eine aus positiven Verfassungsbestimmungen abgeleitete Analogie dar, die sich nur deshalb das mißverständliche Kennwort „Rechtsgleichheit in persönlicher Beziehung" beigelegt hat, weil in jenen Verfassungsbestimmungen das staatsbürgerrechtliche Persönlichkeitsmoment als das die Rechtsfolge regierende Tatbestandsmerkmal erscheint, — mithin nur als Anwendung gegebener Rechtsgedanken (Wertungen), durch die eine Beziehung bereits bestimmt, das „wesentlich Gleiche" vom „wesentlich Ungleichen" schon geschieden ist. Ihre Kritik gehört daher der „kleinen Systematik" an.

[3] Man beachte, daß die gleiche Notwendigkeit aus jedem relativierenden Gebrauch eines beliebigen Eigenschaftswortes folgt; sagt man etwa: „dies Haus ist verhältnismäßig groß", so

nur auf zwei Arten gegeben werden: entweder durch den Tatbestand eines positiven Rechtssatzes oder durch das „Ermessen“ des Auslegers.

Unter einem gesetzlichen oder gewohnheitsrechtlichen Tatbestand kann die Übereinstimmung oder Nichtübereinstimmung von „Sachverhalten“ objektiv bestimmt werden. Denn die begrifflichen Merkmale des Tatbestandes geben uns jene Beziehungen, nach denen wir die „Sachverhalte“ in gleiche und ungleiche ordnen können. Solche Tatbestände sind aber durch Art. 109 I weder gegeben, noch auf irgendeine Weise in Bezug genommen. Wo die Verfassung dem Gesetzgeber Schranken setzen wollte, hat sie das schon durch alle jene einzelnen Bestimmungen getan, deren Begriffe Art und Maß der Bindung erkennen lassen; wo sie keine bestimmbare Bindung gibt, wird vielleicht die Berechtigung von Analogien zu jenen erkannten Beschränkungen zu erwägen sein. Keinesfalls aber ist in Art. 109 I auch nur die Spur eines Tatbestandes oder des Hinweises auf einen Begriffsgehalt zu erblicken, der über die Beziehungen Aufschluß geben könnte, in denen der „Gesetzgeber“ „alle Deutschen“ gleichzustellen hätte.

Ist aber der Inhalt der angeblichen Bindung des Gesetzgebers nicht durch die Verfassung selbst gesetzt, so kann er nur durch das „Ermessen“ des Auslegers gegeben werden. Und aus welchen Quellen immer der Ausleger seine inhaltliche Bestimmung der „relativen Gleichheit“ zu schöpfen glauben mag, schon hier — bevor noch diese „Quellen“ untersucht sind — wird erkennbar, daß die „Bindung“ des Gesetzgebers den Gerechtigkeitsvorstellungen der „auslegenden“ Personen zufallen muß.

Doch bevor wir diesen Gedanken zu Ende verfolgen, scheint es nützlich, die soeben durchgeführte Entwicklung anschaulich zu machen.

Versetzen wir uns in die Lage des Gesetzgebers, an den sich das „Gebot“ der „relativen Gleichstellung“ der Untertanen richtet: Wir stehen vor der natürlichen Mannigfaltigkeit von sechzig Millionen Menschen. — Da gibt es solche von mehr als 1,90 m Körperlänge und solche von weniger, schizothyme und zyklothyme[1], Raucher und Nichtraucher, Grundbesitzer und Grundbesitzlose, kurz: alle bekannten „Gleichheiten“ und „Ungleichheiten“ der natürlichen Veranlagungen, der Vermögen usw. Dabei finden sich, hauptsächlich unter den sog. natürlichen Unterschieden, „anerkannte“ und wissenschaftlich bestrittene[2], und schließlich bestehen alle die unübersehbaren Gleichheiten und Ungleichheiten nicht etwa säuberlich getrennt nebeneinander, sondern komplex an jener Lebenseinheit Mensch, der die Gesetzgebung dient.

Wie kommt in dieses Chaos Ordnung? Wie wird aus dem „natürlich“ Gleichen ein „wesentlich“ Gleiches, aus dem „natürlich“ Verschiedenen ein „wesentlich“ Verschiedenes?

Darüber sagt jene angeblich in Art. 109 I enthaltene Forderung, das „relativ Gleiche“ gleich-, das „relativ Ungleiche“ ungleich zu stellen, nicht das Geringste! Denn keine „natürliche Gleichheit“ ist so „unbedeutend“, daß sie nicht für einen Zweck menschlichen Wollens bedeutsam werden könnte, kein „natürlicher Unterschied“ ist derart beschaffen, daß er wollenden Menschen nicht als belanglos erscheinen könnte. Mit anderen Worten: es gibt gar keine „Gleichheit“ oder „Ungleichheit“ von Sachverhalten, welche „an sich“ „erheblich“ wäre, d. h. gleiche oder verschiedene Rechtsfolgen (rechtliche „Behandlung“) rechtfertigen oder nicht rechtfertigen könnte! „Bedeutung“ gibt allen

---

wird stets ein bestimmtes Verhältnis subintelligiert, etwa: zu umstehenden sehr kleinen Häusern — im Verhältnis zu anderen, größeren Häusern würde man es „klein“ nennen. Das gedachte „Verhältnis“ also entscheidet über den Inhalt des „Beziehungs“begriffs!

[1] Im Sinne von KRETSCHMAR, „Körperbau und Charakter“.

[2] Daran mag man erkennen, daß schon alle sog. natürlichen „Gleichheiten“, von der Körperlänge angefangen, nur Werk des menschlichen Geistes sind.

Dingen, „gleich" und „ungleich" setzt sie erst der Wille des Menschen, der sie nach den von ihm erkannten Bedingungen seiner Entfaltung ordnet[1].

---

[1] „Ein ‚Ding an sich' ebenso verkehrt wie ein ‚Sinn an sich', eine ‚Bedeutung an sich'. Es gibt keinen ‚Tatbestand an sich', sondern ein Sinn muß immer erst hinein gelegt werden, damit es einen Tatbestand geben kann."

„Das ‚was ist das?' ist eine Sinn-Setzung von etwas anderem aus gesehen. Die ‚Essenz', die ‚Wesenheit' ist etwas Perspektivisches und setzt eine Vielheit schon voraus. Zugrunde liegt immer ‚was ist das für mich' (für uns usw.)."

„Das Wesen eines Dinges ist auch nur eine Meinung über das ‚Ding' oder vielmehr: das ‚es gilt' ist das eigentliche ‚es ist', das einzige ‚das ist'... die Entstehung der ‚Dinge' ist ganz und gar das Werk der Vorstellenden, Denkenden, Wollenden, Empfindenden, der Begriff ‚Ding' ebenso als alle Eigenschaften usw." (NIETZSCHE: Der Wille zur Macht, Nr. 556; NIETZSCHES Werke [Kröner] X [1922], 416.)

Danach setzt schon der Begriff des „Sachverhalts" eine bestimmte Blickrichtung, einen gegebenen Zweck menschlichen Denkens voraus (wodurch bloße „Tatsachen" zu „angeschauten Lebensverhältnissen" (HECK 18) = „Sachverhalten" werden, — man denke nur an den „medizinischen", „chemischen Sachverhalt" eines Tatsachenhaufens!). Der Tatbestand (als Begriffsgebilde) des Gesetzes vollends wird erst durch den gesetzschaffenden Zweck begründet: „wesentlich" oder „tatbestandsbildend" sind die „Eigenschaften", welche allen Menschen und Dingen gemeinsam sind, die eine gedachte Rechtswirkung treffen muß, wenn der Zweck erreicht werden soll; die Zusammenfassung dieser Merkmale der in ihrer Beziehung auf den Zweck „gleichen" Tatsachen durch Abstraktion ist der Tatbestand als Begriff der Voraussetzungen, unter denen die Rechtsfolge eintreten soll. — Erst auf Grund dieser Abstraktion sondert dann begriffliche Unterordnung aus Tatsachen oder „Sachverhalten" „gleiche" oder „ungleiche", d. h. die gegebenen Merkmale aufweisende oder nichtaufweisende „Tatbestände" (im „praktischen", sekundären Sinne des juristisch bearbeiteten Sachverhalts).

Die „Differenzierungen" in Rechtsfolge und „Klassifizierungen" im Tatbestand sind also ein und dasselbe — und können daher gar nicht in einem „vernünftigen und gerechten" „Verhältnis" zueinander gedacht werden, wie TRIEPEL (Goldbil. 30, Z. 13—11 v. unt.) meint. Es dürfte allenfalls von „vernünftigen und gerechten Differenzierungen" gesprochen werden, — durch gedachtes „Verhältnis" aber wird die Vorstellung erweckt, als liege schon in den Sachverhalten selbst („an sich") eine Differenzierung „begründet", der die Differenzierung der Rechtsfolgen zu „entsprechen" habe. (Vgl. auch LEIBHOLZ 45, ALDAG 22, Z. 5. v. unt.)

Mit dem Fehler dieser Vorstellung hängt der einer andern zusammen, die sich großer Verbreitung erfreut und zumal bei ALDAG immer wiederkehrt (21, 25, 42): Der Gesetzgeber habe „Gleiches mit gleichem, Ungleiches mit ungleichem Maß" zu messen. — Es dürfte auch vom Standpunkt der bekämpften Lehre aus klar sein, daß das Maß des Gesetzgebers in jedem Falle als „gleich" zu denken ist, nur die an „ungleiche" Sachverhalte zu knüpfenden Rechtsfolgen dürften als ungleiche vorgestellt werden. Andernfalls, wenn der Gesetzgeber auf „ungleiche" Sachverhalte zweierlei Maß = ungleiche Maßstäbe anwendete, könnten gerade einmal gleiche Rechtsfolgen herauskommen! — Die anscheinend aus BURCKHARDT, Kom. zur Schweiz. Bundesverf. (S. 63), übernommene widersinnige Wendung verdankt ihren Ursprung offenbar der oben widerlegten falschen Grundvorstellung, als liege schon in den Dingen, den „Verhältnissen" „an sich" ein „bestimmtes Maß", wonach freilich dem Gesetzgeber nur die Aufgabe übrig bliebe, dieses Maß aufzufinden und die aufgefundene „Gleichheit und Ungleichheit" auszusprechen, — im Gegensatz zu dem wahren Tun des Gesetzgebers, das ein Wertsetzen = an dem menschlichen Willen „Messen" ist. Sodann wird der wunschrechtliche Gedanke mit der (realistischen) Vorstellung des „Messens" an der gesetzgeberischen Wertung kopuliert, der charakteristische Begriffsbastard erzeugt und dem Gesetzgeber verboten, „Ungleiches mit gleichem Maß zu messen".

Die Folge ist eine kaum entwirrbare Verwirrung. Gesetzgebung und Gesetzanwendung werden zuerst in einen Topf geworfen und tendenziös vermengt (— die „grundlegende" Bedeutung dieser Vermengung wird noch aufgezeigt werden, s. S. 49f.), dann aber wieder auf verkehrte Weise „unterschieden"!: (beispielsweise s. ALDAG 50 ob.: durch das „scheinbar" und seine „Begründung" wird der Anschein einer Unterscheidungsmöglichkeit vorgetäuscht, die zwar von unserm Standpunkt [dem Leser wachgerufen: die Gleichstellung wäre wider Erwarten!], aber nicht von dem ALDAGS aus besteht, die sog. „Zweckmäßigkeitsfrage", vor der nach ALDAG der Gesetzgeber steht, ist genau dieselbe wie die „Rechtsfrage", mit der der Richter auf Grund der gesellschaftlichen usw. Normen jene „Zweckmäßigkeits"erwägungen nachprüft!). — Bezeichnenderweise findet sich die dem schiefen Bilde zugehörige Grenzverwischung zwischen den Problemen der Entstehung und der Anwendung des Gesetzes mit seinem ersten Auftauchen im deutschen Schrifttum ein, — bei HATSCHEK: Deutsch. u. preuß. Staatsr. 1923, 196, der so, ohne jede Begründung, die bekämpfte Lehre eingeführt hat.

Hält der Gesetzgeber — unter Voraussetzung des Rüstungswillens — „lange Kerls“ für besonders kampftüchtig, so wird er das Merkmal der Körperlänge zur Wesentlichkeit erheben. Legt er Wert auf die seelische Eignung gewisser Beamten, so wird er mit zunehmender Unterscheidungsfähigkeit der Wissenschaft psychische Eigenschaften zur Voraussetzung für die Rechtsfolge der Zulassung zu diesen Ämtern machen. Beabsichtigt er, dem Staate soviel wie möglich vom Vermögen seiner Untertanen zuzuführen, so „erscheinen“ die soeben als „Tatbestand“ hervorgehobenen Merkmale „unwesentlich“, der Blick des Gesetzgebers richtet sich auf die Verhältnisse, an denen er die nunmehr „wesentliche“ Leistungsfähigkeit im finanzwissenschaftlichen Sinne erkennt. Je ausschließlicher er dabei einen Zweck verfolgt, desto leichter wird er die Zweckrelation „in den Dingen“ „entdecken“ und noch nicht gewürdigte „Gleichheiten“ „finden“, will sagen: durch daran geknüpfte Rechtsfolgen begründen (z. B. Ehe- und Kinderlosigkeit, Theaterbesuch, Besitz von Hunden, Brillantschmuck, Kunstwerken usw.). — Hier ist jedoch im Bewußtsein zu halten, daß wirtschaftliche Leistungsfähigkeit schon ein inhaltlich bestimmter, durch die Verfassung (Art. 134) zur Bindung des Gesetzgebers gegebener Maßstab der „Gleichheit“ ist. Die kleinste Änderung des Zweckes und der gesetzgeberischen Blickrichtung würde notwendig vielen „Übereinstimmungen“ ihre Bedeutung nehmen und andere bedeutsam werden lassen. Angenommen, der Gesetzgeber verbinde mit der Absicht, die Kosten des Staates auf die wirtschaftlich erträglichste Art zu decken, die Absicht, gewisse, nach seiner Auffassung wertwertvolle, individuelle Lebenszwecke zu fördern, so würde der Gebrauch „erheblich“ werden, den das besteuerte Individuum von seinen Mitteln macht, — der bildende Künstler, der sich einen kostspieligen Marmor leistet, der Dichter, der die Welt bereist, um von ihrer Schönheit singen zu können, würden dem vermögens-„gleichen“ „Spießer“, der seine Mittel zur Erhöhung der Behaglichkeit oder des Amüsements anwendet, nicht gleichgestellt werden, selbst wenn der Künstler ehelos, der Spießer verheiratet wäre. Und wie „fachlich“ begrenzt immer eine rechtspolitische Frage erscheinen mag, vor der Schöpfung des Gesetzes gibt es eine „objektiv notwendige“ Blickrichtung, ein „vernünftiges“ oder „unvernünftiges“ Abweichen von ihr so wenig wie einen „objektiven“ Zweck, — was so erscheinen mag, ist höchstens die Intensität der subjektiven Überzeugung, vor allem die Gewohnheit einer bestimmten Betrachtungsweise[1]: in Wahrheit steht der Gesetzgeber zu jeder Zeit im Chaos der Tatsachen und menschlichen Meinungen. Jeder beliebige weltanschauliche und politische Gegensatz gibt die Lehre, daß nur der menschliche Wille, in seiner geistigen Erscheinung, dem Werturteil, das „Gleiche“ vom „Ungleichen“ scheidet, und daß bei jedem Gesetzgebungsproblem eine Vielheit von Willen den Anspruch erhebt, durch ihre Unterscheidungen tatbestandsbildend zu wirken, d. h. durch Abstraktion auf Grund ihrer Wertungen die Begriffe zu be-

[1] So meint FRIEDRICHS (JW. 27, 425 — ähnlich TRIEPEL: Goldbil. 32/33) von einigen typischen Unterscheidungen, die der Gesetzgeber — in gewissen Zusammenhängen! — regelmäßig gemacht hat, der Gesetzgeber „könne“ sie nicht für „unerheblich“ erklären. (— Das unmittelbar folgende begründende Beispiel ist, als der „Rechtsanwendung“ entnommen, untauglich). „Nur eine Frau kann einen besonderen Schutz ihrer weiblichen Ehre genießen“, — allerdings kann der Mann keinen Schutz seiner „weiblichen“ Ehre genießen — aber, daß der Gesetzgeber einen Rechtsschutz der männlichen Ehre schaffen, daß er das Merkmal des Geschlechts für den Rechtsschutz der Ehre überhaupt „unwesentlich“ machen kann, wird einleuchten, sobald man sich von gewohnten Vorstellungen nur ein wenig freimacht. — Von der willkürlichen Klassifizierung der „Eigenschaften“ in für den Gesetzgeber „maßgebende“ und „unbedeutende“ aber ist die unhaltbare Unterscheidung FRIEDRICHS' (426) zwischen „Inhalt“ und „Umfang“ der Begriffe („Umfang“ = Aufzählung all der Gegenstände und Unterarten, die unter einen Begriff fallen sollen) diktiert, wobei unter „Umfang der Begriffe“ die unterbegriffsbildenden Merkmale fallen, die sich von denen des Oberbegriffs nicht logisch, sondern einfach dadurch unterscheiden, daß sie für FRIEDRICHS „unwesentlich“ sind.

stimmen, deren Zusammenstellung als Voraussetzung von Rechtsfolgen „Tatbestand" des Gesetzes werden soll[1].

Wie kommt es nun zum „positiven" gesetzlichen Tatbestand? — Nicht durch die Kraftsprüche der Wunschrechtler, die die Stimmen ihres „Gewissens"[2] für Gottes und der Welt Gesetz ausgeben, sondern durch jene, schon mehrfach erwähnten, Kämpfe der Menschen und ihrer Wertungen um die Macht! Nur der menschliche Wille bestimmt, was als „wesentlich" gleich und ungleich gilt, der sich in der Abstimmung des Reichstags und den Entschlüssen der anderen Gesetzgebungsfaktoren durchsetzt: nur was die Anerkennung der Mächte gefunden hat, die nach der Verfassung aus Rechtswünschen geltendes Recht machen können, wird Inhalt der „ relativen Gleichheit"!

Mit dem Gesetze tritt an die Stelle der streitenden Subjektivismen der objektive Gegenstand der Rechtswissenschaft. — Das Gesetz sagt (Art. 134 RV.): „Alle Staatsbürger ohne Unterschied tragen ... zu allen öffentlichen Lasten ... bei", und unter ihm ist klar, daß es nicht darauf ankommt, ob es sich um einen Künstler, einen Minister, einen Feldherrn handelt, der sich um das Vaterland verdient gemacht hat oder um Bürger, die keine anerkannten Verdienste aufzuweisen haben[3]. Erst wenn das Gesetz gesprochen hat, auf Grund der Merkmale seines Tatbestandes, kann objektiv über Gleichheit und Ungleichheit von Sachverhalten geurteilt werden. Denn erst jetzt ist das begriffliche Merkmal gegeben, unter dem man vergleichen kann, und das Gleichheitsurteil, das die Übereinstimmung der Sachverhalte in diesem Merkmal feststellt, wird nur die vollkommene Anwendung des Gesetzes sein.

Eine objektive Bindung des Gesetzgebers ist mithin auch nur durch inhaltsvolle Begriffsverbindungen der Verfassung denkbar. Der Satz des Art. 109 I, mit dem Blankettbegriff der „relativen Gleichheit" „gefüllt", ist ein Nonsens[4], von

[1] Muß darauf hingewiesen werden, daß die „Nichtschöpfung" eines „Tatbestands" (z. B. der Abtreibung, der Sodomie, der weiblichen Homosexualität bei Strafbarkeit der männlichen — symptomatisch die Revisionsbegründung des Angeklagten in DJZ. 27, 230/31 —) in derselben Weise von Werturteilen abhängt und also ebenso zu Beanstandungen einer „Kodifikation" durch Vertreter der gegnerischen Lehre führen kann wie die „Fehlschöpfung"?! — Denn bei der erschöpfenden Regelung einer „Materie" bedeutet die „Nichtschöpfung" zumindest „Gleichstellung der nicht strafbedrohten Sachverhalte mit allen anderen straflosen" (vielleicht Aufgabe einer „Verschiedenheit" eines früheren Rechts!), kann also je nach dem Werturteil des Auslegers als „ungerechtfertigte" oder „völlig ungerechtfertigte" („willkürliche") Nichtunterscheidung angesprochen werden. — Vor diesem Vorwurf dürfte übrigens kaum eine Vorschrift des geltenden Rechts sicher sein! — Warum — kann man von bestimmtem Standpunkt aus fragen — muß der Darlehnsnehmer das Darlehen unter allen Umständen zurückerstatten? Warum gibt die Regelung der Erfüllungspflichten dem notleidenden Schuldner gegen den im Überfluß lebenden Gläubiger oder etwa dem produktiven Künstler, Wissenschaftler oder Arbeiter schlechthin gegen den Genießer ererbten Besitzes keine Einrede? — Nicht weniger können etwa die Unterscheidungen und mangelnden Rücksichten der „Verjährungsvorschriften" angefochten werden usf.

[2] D. h.: ihrer Wünsche, s. 38f. 110f.

[3] Leibholz hält es auf Grund seines Wunschrechts, das auch vor der Verfassung nicht Halt macht, für „zulässig", „daß einem Staatsmann oder Feldherrn in Anerkennung seiner Verdienste um das Gemeinwohl Steuerfreiheit gewährt wird." (110.) Es komme darauf an, ob „wir ... den von der Steuerpflicht befreienden Grund als innerlich (—?) berechtigt (—!) anerkennen". Andernfalls liege ein „willkürliches" (—!) Privileg vor. — Über die hier zutage tretende Vermengung von „Willkür" und „Ungerechtigkeit" durch den Autor der „Unterscheidung" selbst Anm. 1, S. 41.

[4] Eine „Bindung", deren Inhalt erst der Gesetzgeber selbst zu bestimmen hätte! Das scheint Tartarin-Tarnheyden zu übersehen, wenn er (Rechtspositivismus usw. 43) meint, die in Art. 109 I gesehene Forderung der „Gerechtigkeit" sei „maßgebend" für den Gesetzgeber, der aber über ihre Erfüllung nur „allein" „zu befinden haben könne" (nämlich nach „jenem Gedanken der Harmonie alles sozialen Wollens", der nur ein neues Zauberwort für „Gerechtigkeit" ist, s. 37). Ohne die Eigenart gesetzgeberischer Willensäußerungen zu vernachlässigen, darf man an die in der allgemeinen Rechtslehre anerkannten Sätze denken, daß Willenserklärungen gänzlich unbestimmten und unbestimmbaren Inhalts unwirksam sind, daß eine „Verpflichtung" zu etwas im unbestimmten Willen des „Verpflichteten" Stehenden keine Verpflichtung im

der gegnerischen Lehre, in Ausnutzung eines verbreiteten Mißbrauchs des Wortes „gleich", untergeschoben, um eigene Wertungen und Wünsche als verfassungsmäßige Bindung des Gesetzgebers hinstellen zu können. Mit der Einführung des Wechselbalgbegriffs der „relativen Gleichheit", der seinen Inhalt erst vom Ausleger bekommen muß, ist das Wunschrecht aller Richtungen in die Verfassung eingebrochen.

C. Kritik der Täuschungen.

Selbstverständlich — wie jedes Wunschrecht — geht auch der neue Subjektivismus, der sich zum Richter über den Gesetzgeber aufwirft und die Ergebnisse der verfassungsmäßigen Gesetzesschöpfung in Frage stellt, mit dem Pathos einer „höheren" Objektivität um. Indes dürfte man heute, dank der Arbeit des Rechtsrealismus, gegen alle jene Redensarten gefeit sein, die sich von den Phrasen früherer Wunschrechtelei nur durch größere Vorsicht und Verfeinerung unterscheiden.

Über die berühmte „Natur der Sache"[1], die trotz SAVIGNY, WINDSCHEID usw. immer wieder bemüht wird, um anzugeben, was „relativ gleich oder ungleich" sei, und ihre moderne Fassade: das „Wesen der Sache" (LEIBHOLZ 45, Z. 5. v. unt.), die „vernünftigen und ausschlaggebenden Erwägungen in der Natur der Sache", den „inneren Zweck der Ordnung des Lebensverhältnisses" (KAUFMANN), den „sachlichen Zusammenhang mit dem Wesen des geregelten Verhältnisses" (TRIEPEL: Staatsrl. 3, 52), muß kaum noch ein Wort verloren werden. Denn es ist schon gezeigt, daß das „Wesen der Sache", wie es für die Gesetzgebung in Betracht kommt, durch den Lebenswillen der Menschen bestimmt wird; der Mensch setzt die Zwecke, nach denen er die „Lebensverhältnisse" ordnet, und welche Zwecke gesetzt werden sollen, welche Erwägungen „vernünftig und ausschlaggebend" sind, darum geht gerade der rechtspolitische Streit!

Weniger offen, doch darum gefährlicher, kündet sich die Projektion der eigenen Wertung in die „Sache", die „Natur der Beziehungen selbst" bei TRIEPEL (Goldbil. 31, Z. 8—7 v. unt.) an, wenn er die „verhältnismäßige Gleichheit" definiert als „gleiche Behandlung von Tatbeständen, die in bestimmtem Zusammenhange gleich behandelt zu werden verdienen" (29, 26, Z. 17—15 v. unt.). Hier wird durch Mißbrauch des Wortes „Tatbestand" für den Begriff des Sachverhalts der Anschein erweckt, als sei die Wertung, der ordnende Gesichtspunkt, der durch den gesetzlichen Tatbestand erst objektiviert wird, schon in den Sachverhalten gegeben. Denn unter „Tatbestand" versteht Rechtswissenschaft und Praxis nur das begriffliche Gebilde des Gesetzes selbst oder den Sachverhalt, der unter seinen Begriffen bearbeitet, also unter den gesetzlich gegebenen Vergleichsmerkmalen von anderen Sachverhalten differenziert ist, wogegen der Problemsteller der gegnerischen Lehre es mit bloßen „Tatsachen" zu tun hat, an die der menschliche Wille erst ordnend herantreten muß, und die man „Sachverhalte" nur deshalb nennt, weil schon beim Kampf um diese Ordnung menschliche Blicke sie erfassen, die auf Bestimmung ihres „Verhaltens" zielen. — Daß aber jede Formulierung, die das vom Menschen zu Messende als „nach eigenem Maß gemessen" erscheinen läßt, zum Zirkelschlusse führt und vor allem der Praxis verhängnisvoll werden kann, zeigt das Urteil des 2. Senats des preußischen Oberverwaltungsgerichts vom 16. 2. 26 (80, 42f.)[2], in dem der „gleiche Tatbestand" bereits mit

---

Rechtssinne abgibt. Die „Bindung" des Gesetzgebers an eine Gerechtigkeit, die nur der Gesetzgeber selbst zu bestimmen hätte, wäre keine Bindung, ein derartiger Ausspruch in der Verfassung eitel Blend- oder Narrenwerk.

[1] — die klarste Projektion von jedermanns Natur in die Dinge — vgl. BERGBOHM 353, WINDSCHEID Pand. I, § 23, S. 107, Anm. 1a.

[2] Das übrigens unsere Frage nicht entscheidet, sondern nur hypothetisch das Vorliegen der „Willkür" verneint. — Der entschiedene steuerrechtliche Fall fällt freilich unter Art. 134 RV.! Weiteres 55.

der Unfehlbarkeit einer Zauberformel[1] auftritt. TRIEPEL selbst allerdings — wie die meisten theoretischen „Übersetzer" des Gebots der „relativen Gleichheit" — ist viel zu sehr positivistisch aufgeklärt, als daß er durch die behandelten Umformungen einen objektiv faßbaren Inhalt des Gebots gegeben zu haben behauptete. Die Verkünder eines naiven Naturrechts konnten sich mit solchen Wendungen begnügen und die genauere Bestimmung dessen, wozu nun eigentlich der Gesetzgeber im Namen der Gerechtigkeit gehalten sei, ihrem robusten Gewissen entnehmen. Dem modernen Wunschrecht fehlt dazu — das Selbstvertrauen: es sucht, von Wendung zu Wendung springend, in zunehmender Dunkelheit, der peinlichen Frage, was denn nun eigentlich „relativ" gleich und ungleich sei, zu entgehen, und so stößt man an dem Punkte, wo man aufs höchste gespannt ist, was denn endlich als Inhalt der angeblich in Art. 109 I enthaltenen Forderung herauskommen wird, — auf (methodisch) unbegründbare Verweisungen, (logisch) unhaltbare Einschränkungen und schließlich auf das Eingeständnis der Unfähigkeit.

Methodisch unbegründbare Verweisungen: Enthielte Art. 109 I wirklich das Gebot an den Gesetzgeber, alle Deutschen „gerecht" zu behandeln, so hätte er damit nur das zur „Richtschnur und Schranke" der einfachen Gesetzgebung gemacht, was der Ausleger für gerecht „erkennt". Als maßgeblich für die „Unterscheidungen" des Gesetzgebers wäre also nur die Wertung der Menschen erklärt, die nach der Verfassung selbst berufen sind, darüber zu urteilen, ob ein Gesetz die Verfassung verletze, — wenn man ein Recht des Richters zur Prüfung einfacher Reichsgesetze auf ihre inhaltliche Übereinstimmung mit der Verfassung als gegeben ansieht, also des einzelnen Richters. Denn „gerecht" wäre ohne objektivierenden Zusatz, ohne den geringsten Hinweis auf ein bestimmtes Wertsystem[2] gebraucht — zum Unterschied von jenen gewohnten gesetzlichen (intrapositiven) Inanspruchnahmen des richterlichen Werturteils („Treu und Glauben" usw.), die bestimmte sachliche Gerechtigkeitsgrundsätze mitgeben und den Richter nur innerhalb eines dadurch objektivierten Bereichs „ermessen" lassen[3]. Wo indessen jener „posi-

[1] Stereotyp auch bei ALDAG 51, Z. 11—12, KAUFMANN 9 („Tatbestände des Lebens"), BÜHLER: RV. 104 (1927); POETZSCH-HEFFTER: Kom. z. Art. 109 (1928).

[2] Daß Gerechtigkeit inhaltlich nur durch ein Wertsystem bestimmt werden kann, folgt daraus, daß darunter die Vollkommenheit rechtlicher Ordnung, der Einsatz der Staatsgewalt für die „höheren Werte" verstanden wird (s. Anm. 3 S. 27). Ist gerecht diejenige Rechtsordnung, die der Entfaltung des „Wertvollen" die größten Möglichkeiten bietet, derart, daß ein Maximum von Lebensvollendung erreicht wird, so hängt die sachliche Bestimmung des Gerechten einzig von den Lebensend- oder -vollendungsvorstellungen, von den Lebenswertungen des Menschen ab (aus solcher Einsicht insb. Art. 151 RV: „Gerechtigkeit mit dem Ziele . . .").

Damit ist jedoch nicht etwa eine „Gleichberechtigung" aller möglichen Wertungen anerkannt, nur wäre die Entwicklung eines Wertsystems von gattungsmäßig abgestufter (gattungsmäßig absoluter: Anm. 1 S. 4) Gültigkeit hier abwegig; für die Auslegung des Art. 109 I ist die Tatsache entscheidend, daß über das Wesen der „Gerechtigkeit" bis heute keine Einigung erzielt ist, daß die verschiedensten Wertungen Anspruch auf „absolute" Gültigkeit erheben. Was nutzte die Verweisung auf jene unbekannte Größe der „Gerechtigkeit", die nach transzendentalem Dogma von den mangelhaften Menschen, an die der Gesetzgeber sich wendet, überhaupt nicht „in Reinheit" „erkannt" werden kann? Wenn daher mit Art. 109 I etwas für das menschliche Recht dieser schlechten Welt Wirksames gesagt sein soll, muß notwendig auf menschliche Begriffe von Gerechtigkeit verwiesen werden; gehen aber diese Begriffe unleugbar auseinander, wo der Bereich der materiellen Ideen, d. h. eben der „Werte" beginnt, welcher Begriff ist dann in Bezug genommen? — Darauf gibt es, mangels jeder erkennbaren Bezugnahme, nur die Antwort des Textes.

[3] Irreführend daher LEIBHOLZ (74, Z. 16—10 v. unt.), der unter dem Zeichen der unbegrenzten Möglichkeit einer Delegation rechtsschöpferischer Gewalt den Begriff der „relativen Gleichheit" = Gerechtigkeit als eine nur etwas „farblosere" Erscheinung jener bekannten Verweisungen einzuführen sucht. Denn der Begriff der „Gerechtigkeit" hat überhaupt keine „Farbe", d. h. keine Spur einer „Wertung" an sich, während bei allen jenen gewohnten „Ermessensbegriffen" Grenzen des Ermessens — wenn auch noch so weit — vom ermächtigenden Gesetze gezogen sind. Mithin geht auch ALDAGS (50/51) Kritik an GEORG

tive" Bereich aufhört oder, wie hier, gar kein solcher gegeben ist, muß die Subjektivität des Auslegers eintreten, falls er nicht durch besondere Vorschrift oder Gewohnheitsrecht an die in Präjudizien zu Tage tretenden Wertungen oder etwa an den Konsens einer Ausleger-Gruppe gebunden ist. In Art. 109 I, wie er nach Auffassung der Gegner lauten müßte, wäre von nichts dergleichen die Rede. Er enthielte nur eine völlig wertblanke Anweisung auf die Rechtsideale des Auslegers, der so, wo er im Einzelfalle die Übereinstimmung von Gesetz und Verfassung zu prüfen hätte, zwar nicht zu positiver Rechtsschöpfung, wohl aber zur Vernichtung des seinen Vorstellungen von Gerechtigkeit widersprechenden Gesetzes berufen sein würde.

Dieser unausweichlichen Konsequenz, die den Subjektivismus wie die politische Tendenz der bekämpften Lehre offenbaren würde, sucht man durch allerlei Zusätze zu „gerecht" zu entgehen, die ebenso willkürlich auftreten, wie „relativ gleich" an die Stelle des Begriffes gleich gebracht worden ist. — Warum soll der Ausleger bei der Bestimmung des Gerechtigkeitsbegriffs an die bedingten Inhalte des positiven Rechts und die nach Zeit und Ort wandelbaren Anschauungen der Gesellschaft (Triepel: Goldbil. 30) gebunden sein — wo doch im Gleichheitssatz nur von der „Gerechtigkeit", nicht aber vom rechtsphilosophischen System Triepels die Rede wäre? — Nein, wenn man den nackten Gerechtigkeitsbegriff in Art. 109 I hineindeutet, muß man das Feld schon allen Wertphilosophen räumen, und jeder verfassungsmäßig berufene Ausleger mag sich unter den Wunschrechten, welche die Geschichte uns beschert, das ihm passende aussuchen oder eigene Systeme bauen!

Eine erschöpfende Prüfung der unzähligen Wendungen, mit denen die Gegner in Widerspruch zu dem ursprünglich eingesetzten Begriff der relativen Gleichheit = Gerechtigkeit ihren Gleichheitssatz zu einer objektiv scheinenden Norm zu entwickeln suchen, würde allzulange auf Abwegen von der Methode festhalten. Denn jene Bemühungen, die schamhafte Stelle der Subjektivität zu verhüllen, machen geradezu den „Kern" der gegnerischen Lehre aus und nehmen den größten Teil der Schriften ein. Vielleicht wird die tatsächliche Vorherrschaft des Realismus durch nichts besser bewiesen als durch den Aufwand an Rhetorik, mit dem das neue Wunschrecht sich zu rechtfertigen versucht. Ein eigenes Buch wäre nötig, alle jene Begriffsverwischungs- und -vertauschungsversuche aufzudecken, die nun einmal für jedes Gemenge von Wunschrechtelei und Rechtswissenschaft charakteristisch sind. Mit der Zerstörung des gefährlichen realistischen Mimikry, mit dem Nachweis der Subjektivität in den bevorzugten Formeln wird daher die Aufgabe der Kritik als erfüllt gelten müssen.

Als erste Bezugsquelle der Gerechtigkeit erscheint wieder jenes älteste Requisit des Naturrechts, das „Rechtsbewußtsein" oder „Rechtsgefühl"[1], selbstverständlich

Jellinek fehl: Die angeführten Stellen W. Jellineks und v. Jherings passen nur auf den Fall einer wertbetonten Delegation. Zum Überfluß zeigen aber schon die Erfahrungen mit wertungshaltigen Ermessensbegriffen, daß bei einer gewissen Weite der Wertschranken die Subjektivität nicht mehr zu dämmen ist: „es gab eine Zeit, wo ein gewisser Mut dazu gehörte, eine vorwärtsweisende Entscheidung auf den neuen Maßstab von Treu und Glauben zu stützen... jetzt ist es umgekehrt, dieser schmiegsame, juristisch überhaupt nicht faßbare Maßstab droht alles zu überwuchern" (Hedemann: DJZ. 1924, Sp. 189/190). — Wenn aber jede Schranke fehlt...?!

[1] Über das Verhältnis der beiden Begriffe vgl. etwa Riezler: Rechtsgefühl 23, — zu „Rechtsgewissen" 54. — Über „Rechtsgefühl" als Praktiker etwa Bode: DRZ. 1925, Sp. 145f. — Über das „dem Volksgeist immanente Rechtsbewußtsein" der historischen Schule, von dem die folgenden Wendungen nur Sprößlinge zu sein scheinen, insb. Bergbohm, 490f.

Hierher gehört — trotz der „protestatio facto contraria" gegen „inhaltliche Absolutheiten" (42) auch Tartarin-Tarnheydens „Harmonie alles sozialen Wollens" (AöR. NF. 7, 43), nach der „im Einzelfalle" „theoretisch sehr wohl entschieden werden" könne. Dürfte doch gewiß sein, daß ein wirklich formaler Begriff im Sinne Stammlers zu Entscheidungen materieller in moderner Ausstattung. — Den Auftakt haben TRIEPELS „nach Zeit und Ort wandelbare Anschauungen der Gesellschaft" gemacht. Ihnen entsprechen die „fundamentalen Rechtsanschauungen in der betreffenden Materie" (31) wie die „ungeschriebenen Volksanschauungen" (51) ALDAGS, „das aus dem Kulturbewußtsein herausgeschnittene Rechtsbewußtsein der zu einer Einheit zusammengefaßten Gemeinschaft, das sich in den ... Gerichten (!) äußert" (96) wie „unser Rechtsbewußtsein" (98) LEIBHOLZens, das sich S. 113 sogar zu einem „kontinentaleuropäischen Rechtsbewußtsein" entwickelt. Hierzu kommen jene unzähligen gelegentlich fallenden Zauberworte, um die das Wunschrecht nie verlegen ist, und von denen schon einige bei Behandlung der Methode entkräftet sind.

Allen diesen Behauptungen der Existenz eines auch nur für die deutsche Rechtsgemeinschaft einheitlichen Rechtsbewußtseins ist nur die Tatsache der rechtspolitischen Zersplitterung gegenüberzustellen[1].

Konflikte („im Einzelfall") nicht führen kann! — Freilich ist der Meister (Privilegien und Vorrechte) mit schlechtem Beispiel vorangegangen; nachdem er nämlich (39 ob.) alle materiellen Hypostasen ausdrücklich abgelehnt, gibt er (39 unt.) als „Gedanke der menschlichen Gemeinschaft" materielle Prinzipien. Denn „den Menschen als Selbstzweck zu achten und einen jeglichen als den Teilhaber an gemeinschaftlichen Zwecken zu erkennen, als einen Menschen, mit dem man gemeinsam den Kampf um das Dasein führt", ist nur der Ausdruck bestimmter (christlicher) Wertungen. Man denke nur an NIETZSCHES „Umwertung" dieser Werte! — Vgl. die Kritik BRÜTTS: Die Kunst der Rechtsanwendung 120/21 und RIEZLERS 85/87 mit Angaben weiteren Schrifttums.

[1] Wo war das „einheitliche Rechtsbewußtsein" in der Frage der Fürstenenteignung, der Aufwertung? Wo ist es in Fragen der Steuergesetzgebung, des Reichsschulgesetzes, der Verwaltungsreform, des Strafrechts, des Eherechts — und überall?! Wir bitten um begründete Auskunft, denn unser „Gewissen" ist nicht beruhigt, wenn etwa trotz gewisser allgemein bekannter Tatsachen apodiktisch erklärt wird, die unitarische Frage sei im „deutschen Volksbewußtsein" stets im entschlossenen unitarischen Sinne beantwortet worden (HOLSTEIN: Staatsrl. 3, 57). Ähnlich BIERLING: 260/261, nachdrücklich THOMA: Staatsrl. 3, 58/59 und jetzt noch RÜMELIN: 19 Anm. 1 sowie DESSAUER 11.

— ganz abgesehen von jener Fälschung der Psychologie, die in der Annahme eines überindividuellen Bewußtseins überhaupt liegt. Alles Bewußtsein ist nur wirklich an den einzelnen wirklichen Lebewesen, in denen sich „das" Leben entfaltet. Daß es durch andere Lebewesen erregt, daß sein Inhalt durch fremde Individualität bestimmt, daß es für die Entfaltung anderer Organismen in Dienst genommen werden kann, ändert nichts daran, daß es eine Lebensfunktion des Einzelnen, ein Teil seines Leibens und Lebens ist. Und wenn durch Wechselwirkung der individuellen Bewußtheiten (z. B. „Massenpsychose") Kräfte entfesselt werden, welche sich zur Umgebung anders verhalten als die Summe der isoliert gedachten Bewußtheiten, so ist der zureichende Grund in der Beschaffenheit der einzelnen Lebewesen, nicht in der Annahme einer außerindividuellen Kraft („Massenseele") zu suchen. Daran ändert auch die schon vorgetragene Erkenntnis (Anm. 1, S. 4) nichts, daß das Individuum selbst keine feststehende Größe, sondern eine Organisation von vielfältiger Lebendigkeit ist, die durch alle Mitteilungen des Rechtserlebnisses — jene gemeinschaftsbildenden Vorgänge, die neuerdings „Integration" genannt werden — nur auf die ganze Welt (sich selbst eingeschlossen!) agiert und reagiert. Die natürlichen (wirklichen) Verschiedenheiten der Bewußtseinsinhalte sind, trotz des Mangels einer statischen „Substanz", trotz „Induktion" und „Angleichung", just eben so groß wie die individuellen Verschiedenheiten innerhalb der menschlichen Gattung; verschiedene Begabung, verschiedene Erhaltungsbedingungen innerhalb einer Rechtsgemeinschaft erzeugen notwendig Bewußtseinsverschiedenheiten. — Hierzu kommt, daß „das Bewußtsein" des Einzelnen keineswegs ein „mit allerlei fertigen Bewußtseinen vollgestopfter Raum" (BERGBOHM 495) ist, sondern eine Abstraktion aus der unfaßbaren Fülle wirklicher Bewußtseinsprozesse, mit denen das im Einzelnen organisierte Leben ständig die Welt gestaltet. Das sich selbst analysierende Individuum findet gar kein „Rechtsbewußtsein", sondern ein (universalpolitisches) Lebensbewußtsein, aus dem nur unter gegebenen oder angenommenen Kriterien ein Teil als „moralisches", „rechtliches" usw. Bewußtsein entnommen werden kann. — Aus solcher Anschauung ist auch das NIETZSCHE-Zitat zu verstehen, mit dem LEIBHOLZ, in komischem Mißverständnis, das Titelblatt seiner Schrift ziert: „Gerechtigkeit als bauende, ausscheidende, vernichtende Denkweise usw.!" Denn als „bauende usw. Denkweise" erkennt NIETZSCHE nur die Arbeit des Intellekts für Triebe, die im „biologischen Zentrum" (s. Wille zur Macht, No. 504 X [1922] 378) des Individuums jeweils vorherrschen. Jener „Gerechtigkeit", die LEIBHOLZ meint, ist der Vorkämpfer des „Perspektivismus" (a. a. O. 375) (s. a. Anm. 1, S. 32) so feind wie der „Wahrheit" und dem „Ding an sich!"

Denn diese Zersplitterung, die durch die Vielheit der Parteien noch nicht im entferntesten wiedergegeben wird[1], ist nichts anderes als der Ausdruck der Verschiedenheit des Wollens, der Wertungen, der Weltanschauungen der in der deutschen Rechtsgemeinschaft[2] vereinten Menschen. Wohl pocht jeder auf sein „Rechtsbewußtsein" und beschwört die „Gerechtigkeit", doch er meint damit nur sein eigenes Bewußtsein von Recht, dessen Inhalt von dem des Nachbarn verschieden ist. Wer das bestreitet, der ist nicht blind, sondern der will nicht sehen, weil er das Pathos der Allgemeingültigkeit für das in seiner Brust lebendige Gefühl braucht. Wer die Augen öffnet, der sieht mit dem ersten Blicke, daß es noch nie einen Staat gegeben hat, dessen Rechtsunterworfene über Recht und Gerechtigkeit dasselbe dachten, vom Gesetzgeber dasselbe verlangten, mit einem Wort, „von einheitlichem Rechtsbewußtsein" erfüllt waren. Wo ist „die deutsche Gesellschaft", „die deutsche Kultur", aus der LEIBHOLZENS idealer Richter sein Rechtsbewußtsein „herausschneidet"? — Da deutet jeder auf die eigenen Kreise! Denn die Wirklichkeit, das ist der Kampf der Menschen und Kulturen; wo die Wissenschaft von „einer Gesellschaft", „einer Kultur" spricht, gibt sie Abstraktionen oder bezeichnet einen jener engeren Verbände gleichgerichteter Lebenswillen, die sich geschichtlich noch nie mit einer Rechtsgemeinschaft gedeckt haben. Was hier unter diesem Namen auftritt, ist eine Erdichtung, mittels deren die Strebung eines Einzelnen oder einer Gruppe sich als Wille aller Rechtsgenossen ausgibt. In diesem, einzig wesentlichen, Punkte gleichen die modernen, geschmeidigen, „wandelbaren" Anschauungen der Gesellschaft durchaus den „unwandelbaren Gesetzen" des klassischen Naturrechts. Denn der „Wandel der Anschauungen" ermöglicht nur die Änderung der Rechtswünsche mit der Zeit und tut daher der Behauptung der „Allgemeinheit" nicht Abbruch: in jeder Gegenwart maßt sich die Lehre von der „sachlichen Rechtsgleichheit" an, über das „einheitliche Rechtsbewußtsein" Auskunft zu geben[3].

Dabei weiß diese Lehre eigentlich ganz gut, daß es gar kein „einheitliches Rechtsbewußtsein" gibt. Der Schlaf, den das intellektuelle Gewissen zur Zeit des geschichtlichen Naturrechts schlafen konnte, ist durch den Rechtsrealismus gründlich verdorben. Wir sind gar nicht erstaunt, wenn wir — im Gegensatz zu den soeben widerlegten Behauptungen — bei (dem im Grunde realistischen) ALDAG (43) von herrschenden Rechtsanschauungen[4] lesen, also plötzlich andere, „beherrschte" auftauchen sehen. Selbst LEIBHOLZ scheint zu merken, daß dem von ihm behaupteten Rechtsbewußtsein in der Wirklichkeit (= Erfahrung, „Empirie") nichts entspricht,

[1] Auf die Zahl der verschiedenen Wertungen kommt es übrigens nicht an! Wenn daher HOLSTEINS Vereinfachung der „Geistesgeschichte" (Staatsrl. 3, 56) auch nur drei „von soziologischen Verbundenheiten" innerhalb der Rechtsgemeinschaft „gelebte" verschiedene „Wertsysteme" gelten läßt, so ist damit die Unwirklichkeit des „allgemeinen Rechtsbewußtseins" zugestanden. Denn eine einzige Differenz in den Inhalten des „Volksgeistes" schließt bekanntlich die Behauptung der Einheitlichkeit aus. — Wer sich vom „allgemeinen Rechtsbewußtsein" in praxi überzeugen möchte, gehe in eine jener unzähligen Wirtschaften, in denen man lesen kann: „Iß dich satt und trink dich dick, doch schweig fein still von Politik."

[2] D. h. Gemeinschaft der Unterworfenheit unter das geltende Recht. — Wenn THOMA (Staatsrl. 3, 59, Z. 15/16) die „Rechtsgemeinschaft" leugnet, hat er den hochstaplerischen Doppelgänger des Rechts, das Wunschrecht („Recht") vor Augen, dessen Gemeinsamkeit allerdings nur soweit reicht, wie der Wille, der es behauptet.

[3] Deutlich ALDAG 42, Z. 12—13 und 50, Z. 7—4 v. unt.

[4] Wobei selbstverständlich der Begriff der „Herrschaft" noch unklarer ist als etwa beim Begriff der „herrschenden Lehre" (worunter man allenfalls die das Rechtsleben durch die Rechtsprechung beherrschende Auffassung verstehen kann). Sind die „stärkeren Bataillone" oder die „besseren Gründe" (ALDAG 11) gemeint? — oder die Anschauungen der „herrschenden Schichten" (die auch wieder differieren mögen) oder der „herrschaftliche" Funktionen ausübenden Beamten? — Ähnliches gilt für die „führende Kulturschicht" WÜSTENDÖRFERS (ArchzivPrax. 110, 323), der indes die Unbestimmbarkeit des Begriffes zugibt (323/24) und (326) bekennt: „es ist die subjektive Vernunft des Richters die in letzter Instanz entscheidende Rechtsquelle".

und sucht durch die unglaublichsten Sprünge seine Chimäre zu retten. „Das Rechtsbewußtsein", erklärt er (61) ohne Begründung, „kann deshalb einen zuverlässigen Anhaltspunkt und Maßstab für die Bewertung des positiven Rechtsmaterials bieten, weil die Gemeinschaft trotz ihrer empirischen Vielspältigkeit und Zerfahrenheit (— man stelle sich eine vielspältige und zerfahrene Gemeinschaft vor!) zugleich eine sich auch als solche fühlende geistige Einheit vernünftiger Wesen ist". Der Leser, welcher nicht für möglich hält, einen solch krassen Widerspruch, wie er für die einfache Auffassung in diesen Worten liegt, in den „Öffentlichrechtlichen Abhandlungen" gedruckt zu finden, wird vielleicht nach einem „tieferen Sinn" suchen. Vergebens, er wird an das Mysterium glauben müssen, daß die Rechtsgemeinschaft trotz ihrer wirklichen „Vielspältigkeit" in puncto Gerechtigkeit über Gerechtigkeit einig ist. Vielleicht rechnet LEIBHOLZ darauf, an Stelle des einheitlichen Rechtsbewußtseins jenes für die Rechtsgemeinschaft allerdings „einheitliche" Gefühl unterzuschieben, daß man der Gattung homo sapiens angehöre, — oder gibt er gar jene schon erwähnte Erscheinung, daß die Menschen gar zu gern von „geistiger Einheit", von „Recht", „Gerechtigkeit" und „Rechtsbewußtsein" reden, vielleicht daran glauben und danach streben, — also die Allgemeinheit der Vorstellung „Rechtsbewußtsein" für die Allgemeinheit des Inhalts aus, auf die es hier ankommt[1]? Dem dürfte durch die einleitenden Bemerkungen über das Verhältnis von Vorstellung und Wirklichkeit vorgebeugt sein (Anm. 7 S. 2/3). — Des Widersinnes unausbleibliche Umkehr erfährt man S. 77: „das Rechsbewußtsein ist nämlich trotz seiner lebendigen Einheit[2] vielfach ... nicht mit der genügenden Sicherheit zu ermitteln, zumal in der Gegenwart, wo das einheitliche Rechtsbewußtsein durch Parteien, Klassenbildungen usw. verdunkelt wird." — Die bescheidene Wirklichkeit also nur „Verdunklung" der subjektiven Fantasmagorie! — Doch es kommt noch schöner! Trotz „empirischer Vielspältigkeit" und „Verdunklung" des Rechtsbewußtseins ist „das menschliche Gewissen, das Rechtsgefühl, oder wie man es sonst nennen mag" (Nachwort 19, Anm. 47) imstande, „uns über den objektiven, wenn auch inhaltlichen Wandlungen unterworfenen Bestand der jenseits des Rechtsbewußtseins existentiellen (—!) Rechtsidee zu vergewissern"[3]. „Von Einheit des Rechtsbewußtseins"[4],

[1] Auch zu unterscheiden von dem „formalen Rechtstrieb" (Näheres bei BERGBOHM 473). — Wie es in der ganzen Welt Recht, aber doch kein „Weltrecht" gibt, ist auch die „Allgemeinheit" des Bewußtseins von Wunschrecht nur eine solche der seelischen Erscheinung, nicht aber des Inhalts; dieser ist vielmehr just so bunt wie seine seelischen Ursachen.

[2] Das unbekümmerte Ausgehen von der unbewiesenen Behauptung ist typisch: Vgl. BERGBOHM (360): „vor allem ist es eine schwierige Aufgabe, Theorien zu widerlegen, zu deren Rechtfertigung durch wissenschaftliche Gründe niemals Anstalten getroffen worden sind .... Wie die zünftigen Vernunftrechtslehrer schließlich keine andere Stütze ihrer Postulate anzuführen wußten, als daß „jeder nicht gewissenlose Mensch", sofern er im Besitze aller Vernunftkräfte ist, oder „jedes nicht gar zu verdorbene Gemüt" sie ohne weiteres zugeben werde, so halten auch die Späteren es lieber mit der angeblichen Evidenz als mit dem Beweis ihrer Behauptungen." — Dem entspricht denn völlig das „Zugeständnis" LEIBHOLZens (128/29): „Böswillig, durch Berufung auf diesen inhaltlich nicht fest fixierbaren (—!) Gleichheitssatz" könne „Beunruhigung in das Rechtsleben des Volkes" „hineingetragen" werden. Da die Stelle nicht von Menschen, sondern von den Ländern spricht, heißt „böswillig" die Landesregierung, die das „verdunkelte einheitliche Rechtsbewußtsein" nicht in LEIBHOLZscher Erleuchtung wahrzunehmen imstande ist! Die Wiederholung einer unbeweisbaren Behauptung wie die stillschweigende Voraussetzung ihrer Evidenz wirken bekanntlich suggestiv, wobei die Suggestion nicht nur den wissenschaftlichen Beweis ersetzt, sondern zugleich das Behauptete durch Hervorrufung seines psychischen Bildes wirklich zu machen sucht. Die Suggestion aber ist die Todfeindin der Erkenntnis.

[3] Man wird sich wieder vieles vergeblich fragen, z. B.: wie es möglich sei, daß die jenseits des Rechtsbewußtseins, also von dessen „Vielspältigkeit" und „Verdunkelung" unberührt gedachte „Rechtsidee" jenen inhaltlichen Wandlungen in den Anschauungen der Gesellschaft unterworfen sei, — doch schon drei Worte weiter, bei

[4] ist die „eine einzige" Rechtsidee offenbar wieder in das „Rechtsbewußtsein" selbst geschlüpft, während das „Rechtsbewußtsein" von vorher als „Rechtsanschauungen" erscheint.

geht es (Nachw. 20, Anm. 47) weiter, „darf man trotz der auch gar nicht verkannten Vielspältigkeit und Zerfahrenheit der Rechtsanschauungen jedenfalls dann sprechen, wenn es sich um Willkür im Sinne der neuen Lehre handelt." Dabei scheint LEIBHOLZ zu vergessen, daß diese „Willkür im Sinne der neuen Lehre" — eine Begriffsvertauschung gefährlichster Art, deren Kritik dem Abschnitt „logisch unhaltbare Einschränkungen" angehört — den Begriff der Gerechtigkeit, den Nachweis des „Rechtsbewußtseins der Gemeinschaft" (19) voraussetzt, auch wenn sie nicht jede seiner Negationen, sondern nur einen Teil davon begreift[1]. Zu deutsch sagt LEIBHOLZ nicht mehr als: Von Einheit des Rechtsbewußtseins darf man jedenfalls sprechen, wenn es sich um eine haarsträubende Ungerechtigkeit im Sinne der neuen Lehre handelt, — macht also wieder einmal einen netten runden Zirkel! Alle diese Leistungen aber werden gekrönt durch folgende „Begründung": „Denn von einem Rechtsbewußtsein der rechtssetzenden Organe kann man nicht mehr sprechen, wenn vom Richter aus dem allgemeinen Rechtsbewußtsein geschlossen wird, daß sich die Parlamentsmehrheit nicht von rechtlichen, sondern willkürlichen Erwägungen — denn Willkür ist nicht Recht — hat leiten lassen." — Man traut seinen Augen nicht! Ob die „Parlamentsmehrheit" sich von „offenbar ungerechten" (d. i. nämlich der winzige „Inhalt" des geheimnisvollen „Willkürbegriffs") Erwägungen hat leiten lassen, schließt der Richter aus einem „allgemeinen Rechtsbewußtsein", an dem die berufenen Rechtsschöpfer, d. h. die nach der Idee unserer demokratischen Verfassung durch sie vertretene Volksmehrheit, keinen Anteil haben sollen. Parlamentsmehrheiten regieren bekanntlich im Namen der Gerechtigkeit, so gut wie ihnen von der Opposition im Namen „derselben" Gerechtigkeit der Vorwurf der „Willkür" gemacht wird! Und was die Mehrheit des Volkes, vertreten durch die Mehrheit des Parlaments, als das Gerechte und Billige zum Gesetz erhoben hat, soll aufgehoben werden können durch den Schluß des Richters aus dem Rechtsbewußtsein einer „Allgemeinheit", zu der die Mehrheit der Rechtsgemeinschaft nicht gerechnet wird[2]? Und das Rechtsbewußtsein der Mehrheit soll bei der Betrachtung des „allgemeinen Rechtsbewußtseins" (d. h. vor seiner „Feststellung") deshalb nicht in Betracht kommen, weil es

— Indes, was helfen alle Versuche, in die gewollten Dunkelheiten einer „hin- und hertragenden Pfiffigkeitswissenschaft" (KNAPP) Licht zu bringen? — Was BERGBOHM (366, Anm.) über die Naturrechtler im allgemeinen sagt, klingt wie ein „Vademecum für Herrn LEIBHOLZ": „Gegen solche schillernde Weisheit im einzelnen zu polemisieren ist unmöglich. Hinter Phrasen, die nur des Wohlklangs wegen gesprochen werden (— von „Wohlklang" kann man allerdings hier weniger sprechen), darf man keine scharfumgrenzten und klar aufeinander bezogenen Begriffe suchen.... Ferner kann man jemanden, der sich in einem Atemzuge mehrmals flagrant widerspricht, wohl auffordern, seine Ansicht etwas sorgfältiger zu durchdenken, bevor er sie drucken läßt....". Daß die Stelle bei LEIBHOLZ nicht auf „zufälligem" sondern auf konstitutionellem Versehen beruht, beweist die wörtliche Wiederholung (nach Art einer Formel) in Arch. f. Rechtsphil. Bd. 22, H. 3, 492, Anm. 8 (1929!).

[1] Was übrigens v. HIPPEL gar nicht verkennt, wie LEIBHOLZ ihm (Nachw. 20 Anm. 47) vorhält. — Wenn die bisherige Kritik nicht soviel Aufhebens von dem „Willkürbegriff" macht, wie sein „Erfinder" wohl möchte, so nicht, um den „Anschein zu erwecken", als verpöne die Lehre von der Gerechtigkeitsgleichheit jede Verletzung der Gerechtigkeit, sondern weil es sich dabei, wie zu zeigen ist (47f.), nur um einen sekundären Abschwächungsversuch dieser Lehre handelt; wenn jemand besagten „Anschein erweckt", so höchstens LEIBHOLZ selbst, indem er in diesem „Nachwort" (17, Zeile 5—3 von unten, also 3 Seiten vorher!), wie sonst, wo es ihm gerade paßt, dem „Willkürbegriff" als „Korrelatbegriff der Gerechtigkeit" „die denkbar größte Spannweite" zuschreibt. Dieselbe, Nachw. 23 den Gegnern allgemein vorgeworfene, Verwischung seines „Willkürbegriffs" begeht LEIBHOLZ schon von Anfang, z. B. 110, Z. 12—10 v. unt. (Gleichheit usw.), wo binnen 3 Zeilen „willkürlich" als bloße Negation („Korrelat") von „innerlich berechtigt" (= gerecht) auftritt, während es doch nur die „quantitativ" beschränkte Negation, das „absolut Unberechtigte" bezeichnen soll. Ursache etwaiger Verwechslungen ist also nicht die Verwischungsabsicht der bösen Gegner, sondern die mangelhafte Unterscheidung des Autors selbst, die ihren innersten Grund in der (52f.) zu erweisenden Unbestimmbarkeit des „Quantums" der „Einschränkung" hat.

[2] Über diesen Widerspruch schon v. HIPPEL 149.

auf Grund eben dieser Betrachtung (d. h. nach seiner „Feststellung") gar nicht den Anspruch auf den „Ehrennamen" „Rechts"bewußtsein zuerkannt bekommt? — Unverhüllter kann die Anmaßung des wunschrechtlichen Subjektivismus', der sich zum „Rechtsbewußtsein der Rechtsgemeinschaft" aufwirft und die Ergebnisse der verfassungsmäßigen Gesetzgebung anficht, schwerlich auftreten!

Ist damit der letzte Schein von Übersubjektivität zerstört, den die Lehre von der Gerechtigkeitsgleichheit durch neuen Aufputz der alten Phrasen vom Rechtsbewußtsein und Rechtsgefühl erwecken konnte, so dürfen wir zur Entwirrung eines anderen Gespinstes übergehen, des feinsten vielleicht, das bisher von Rechtswünschen gesponnen worden ist, um ihre Wunschnatur zu verhüllen und als Recht zu erscheinen. Wir meinen die zweite „Quelle" der Gerechtigkeit, die nach fast übereinstimmender Formel mit „den bedingten Inhalten des positiven Rechts" (TRIEPEL, Goldbil. 30), „den anerkannten Grundsätzen der geltenden Rechts- und Staatsordnung" (ALDAG 26[1]) gegeben sein soll.

„Das sieht ja ganz positivistisch aus" — möchte da wohl mancher meinen — und in der Tat sind „die bedingten Inhalte des positiven Rechts" d. h. eben die Gesamtheit der durch das geltende Recht gesetzten Wertungen der einzige objektive Gegenstand der Rechtswissenschaft. Ob aber diese Wertordnung des geltenden Rechts — hier wäre der Ausdruck „immanente Prinzipien der Rechtsordnung" erlaubt —[2] den Inhalt eines in Art. 109 I gedachten Gerechtigkeitsbegriffs abgeben kann, ist die bis heute überhaupt noch nicht geprüfte Frage.

Es ist schon erwiesen, daß der in Art. 109 I gesehene wertblanke Begriff der Gerechtigkeit keine Unterschiebung eines bestimmten Wertsystems, also auch nicht des positiven zuläßt.

Vor der Untersuchung der neuen Supposition muß aber noch der Widerspruch auffallen, in dem die erste Unterschiebung der „bedingten Inhalte der nach Zeit und Ort wandelbaren Anschauungen der Gesellschaft" zu der zweiten der „bedingten Inhalte des positiven Rechts" steht. Denn es wird gerade von der bekämpften Lehre, die auf ihre Einsicht in den zeitlichen und örtlichen Wandel der Rechtsanschauungen (zum Unterschied vom Vernunftrecht der Aufklärungszeit) stolz ist, schwerlich ein Einwand dagegen erhoben werden können, daß die „Inhalte des positiven Rechts" als „Niederschlag" früherer Rechtsanschauungen mit den gegenwärtigen „Rechtsanschauungen der Gesellschaft" nicht übereinstimmen müssen, ja regelmäßig nicht übereinstimmen. — Wie aber kann man die im Rechtssystem objektivierten Werte von gestern und die nur durch das „sozialwissenschaftlich geklärte Rechtsgefühl des Richters"[3] zu ermittelnden Werte von heute, also zwei einander meist widersprechende Wertsysteme in einem Atemzug dem Begriff der Gerechtigkeit unterstellen? Das Verfahren zeigt die Formel ALDAGS (42, s. a. 49, Z. 21 v. unt. f.): „Die Frage, ob erhebliche tatsächliche Verschiedenheiten eine verschiedene rechtliche Behandlung rechtfertigen, beantwortet sich aus den allgemeinen Rechtsanschauungen, die zum Teil in den Verfassungen und den anderen Gesetzen niedergelegt sind." Hier wird der Anschein erweckt, als seien die im positiven Recht „niedergelegten" Rechtsanschauungen nur ein Teil der gegenwärtigen „allgemeinen", und über alle „zeitlichen Wandlungen" und ihre Folgen in dem zu verschiedenen Zeiten gesetzten Recht wird der eigenen Grundthese zuwider hinweggegangen. Dabei ist der Widerspruch ALDAG (43) keineswegs entgangen. Hören wir, was er zu seiner „Lösung" ver-

[1] Man vermerke, daß ALDAG, in seinem Streben, die Wunschrechtsidee mit seiner positivistischen Grundanschauung zu vereinen, gerade um die Erschließung dieser Formel bemüht ist, während z. B. LEIBHOLZ nur seinen ewig vorausgesetzten Begriff der Gerechtigkeit „aus praktischen Erwägungen" durch den „Willkürbegriff" handlich zu machen sucht. — So ist auch für die Zukunft zu erwarten, daß die von der bekämpften Lehre infizierten Positivisten sich vorwiegend auf den im Folgenden behandelten Abwegen ergehen werden.

[2] S. dagegen 47 u. 12, Anm. 2.

[3] Ein bezeichnenderweise für die gegnerische Lehre passender terminus der Freirechtsschule.

ordnet!: „Dieser Widerspruch ist, soweit vorhanden, unbeachtlich. Der Richter ist es, der über die Ausgestaltung des Begriffes der Rechtsgleichheit letzten Endes entscheidet. Für ihn aber hat das geltende Recht, auch wenn es seinen eigenen und den vorherrschenden Volksanschauungen als rückständig erscheint, den unbestrittenen Vorrang[1]." — Warum, fragt man, hat Supposition 2 den Vorrang? — und erinnert sich, daß man es nicht mit einer Frage der Rechtsanwendung zu tun hat, auf deren Gebiet der von ALDAG gebrauchte Satz nur von einigen Vertretern der sog. objektiven Theorie und der Freirechtsschule bestritten ist, sondern mit der Frage, unter welcher Weltanschauung der Richter das Gesetz auf seine Gültigkeit zu prüfen hat. Und hier dürfte klar sein, daß es mehr als unsinnig wäre, wenn Art. 109 I den Richter anwiese, auf Grund jener „rückständigen" Gerechtigkeit veralteter Gesetze neuen, womöglich in Harmonie mit den „Rechtsanschauungen" von heute geschaffenen Gesetzen die Gültigkeit abzusprechen. Dadurch wäre die so oft (gerade von Freirechtlern) beklagte Herrschaft des Gestern über das Heute sogar auf rechtspolitischem Gebiet sanktioniert[2]. In Wahrheit schmuggelt ALDAG das für die Rechtsanwendung notwendige Prinzip des Vorrangs der positivierten Werte als „Lösung" des unlösbaren, weil auf unlogischen Suppositionen beruhenden, Ideenkonfliktes in der Rechtsschöpfungsfrage der Gegner ein. Das beweisen auch die folgenden Sätze, die nur auf Probleme der Rechtsanwendung bezogen werden können: „Erst zur Ausfüllung von Lücken bedient er sich gesellschaftlicher Anschauungen in zweiter Linie. Nur ganz selten (wann?) haben diese die Kraft, einen geschriebenen Rechtssatz seiner Rechtswirksamkeit zu berauben." — Andere Autoren haben, unseres Wissens, noch gar keine Versuche zur Lösung des Widerspruchs gemacht. Indes ist vorauszusehen, daß der Versuch, mehrere weltanschauliche Systeme unter dem Begriff der Gerechtigkeit zu vereinen, scheitern muß, weil jeder Ausleger schließlich zu dem System greifen wird, das seine Rechtswünsche am meisten befriedigt. Die Mehrheit der Unterstellungen unter den Gerechtigkeitsbegriff führt notwendig zur subjektiven Auswahl.

Betrachtet man nun den Gedanken an die Bindung des Gesetzgebers durch die „in der Verfassung und den anderen Gesetzen niedergelegten" Rechtsanschauungen selbst, so ergibt das geringste Nachdenken, daß er dem geltenden Rechte widerspricht. Denn nach der Verfassung ist der Gesetzgeber in der rechtspolitischen Gestaltung grundsätzlich frei; er ist befugt, die bestehenden Gesetze aufzuheben und abzuändern, an Stelle der positiven Wertungen seine eigenen, an Stelle des Gestern das Heute zu setzen. Eine Ausnahme machen nur die Bestimmungen mit Verfassungskraft, welche dadurch zur Schranke der gewöhnlichen Gesetzgebung werden, daß zu ihrer Abänderung, d. h. eben zum Abweichen von den in ihnen gesetzten Wertungen, eine stärkere Machtentfaltung gefordert ist, als zum Zustande-

[1] ALDAG widerspricht sich selbst: Wie das „geltende Recht", das den „unbestrittenen Vorrang" hat, wiegt doch auch das Gesetz, dessen Gültigkeit ALDAG eben auf Grund des geltenden Rechts in Frage stellen will. Wozu der Vorrang der „positivierten" Volksanschauungen vor den „nicht positivierten", wenn die positivierten Anschauungen in Form des neuen Gesetzes den mit früheren Gesetzen übereinstimmenden Volksanschauungen weichen müssen? — Durch seine gefühlsmäßige Entscheidung verrät ALDAG nur seine realistische Grundeinstellung: Der konsequente Wunschrechtler müßte den Dualismus von Recht und Wunschrecht zugunsten des letzteren entscheiden.

[2] Vgl. das Zeugnis FREUNDS für das amerikanische Staatsrecht: „Die Beschränkung der gesetzgebenden Gewalt auf der Grundlage äußerst allgemein gehaltener Verfassungssätze läuft tatsächlich hinaus auf eine Unterordnung der positiven Gesetzgebung unter ein höheres ungeschriebenes Recht, in dem vernunft- oder naturrechtliche Sätze mit den Grundsätzen des .. überkommenen Rechts konkurrieren. Soziale Reformen, die .. neue Rechtsanschauungen zum Ausdruck zu bringen suchen .. haben mit der Schwierigkeit zu kämpfen, daß die Neigung besteht, die Grundsätze der verfassungsmäßig garantierten Gerechtigkeit mit den wesentlichen Grundsätzen des gemeinen Rechts zu indentifizieren . . ." (Amerik. Staatsr. 57) ähnlich RADBRUCH in „Die Justiz" I (1925/26), 14, FRITZ: DRZ. 1928, 215, Sp. 1, Z. 10/22 und WALTER SIMONS, Einleitung zu J. M. BECK: Die Verfassung der Vereinigten Staaten, VI.

kommen „einfacher Gesetze". Nur die Teile des geltenden Systems können also als „Richtschnur und Schranke" des gewöhnlichen Gesetzgebers angesehen werden, deren Änderung allein auf dem formell erschwerten, verfassungsmäßig festgelegten Wege der „Verfassungsänderung" möglich ist. Kommen daher einfache Gesetze als Wertfesseln der Gesetzgebung nicht in Betracht, so können auch nicht die in ihnen niedergelegten Rechtsanschauungen die Wertmaßstäbe zur Beurteilung der Gültigkeit neuer Gesetze liefern.

Indes — vielleicht würden die Gegner sich bereitfinden, die „anderen Gesetze" zu opfern, um ihr letztes Bollwerk, die in der Verfassung „niedergelegten" Rechtsanschauungen, zu halten. Sind damit die erwähnten Sätze mit Verfassungskraft gemeint, welche den Gesetzgeber so lange unter der gesetzten Wertung festhalten, wie die zur Verfassungsänderung nötige Macht nicht gebildet wird, so ist nichts dagegen einzuwenden, daß Rechtsschöpfungen, die ohne Entfaltung dieser Macht von jener Wertung abweichen, als Verfassungsverletzungen zur Vernichtung kommen. Aber nicht etwa deswegen, weil die Gesamtheit der mit Verfassungskraft gesetzten Werte einem in Art. 109 I hineingedachten Gerechtigkeitsbegriff zu unterstellen wäre, sondern weil diese Werte als einzelne, als Weisungen und Schranken des Gesetzgebers, durch die Verfassung „positiviert" (d. h. eben gesetzt) sind. Die Bindung des Gesetzgebers durch die formell gesicherten Rechtsgebilde hängt immer nur davon ab, ob die einzelnen Sätze Ausdruck einer bestimmten Wertung sind, zu deren Verwirklichung der einfache Gesetzgeber gehalten, deren Änderung ihm entzogen sein soll. Gewiß ist die Beobachtung richtig, daß die Tragweite der verfassungskräftig gesetzten Rechtsgedanken vielfach noch nicht genügend gewürdigt ist, gewiß wird manche Analogie zu erwägen sein, an die bislang noch niemand gedacht hat, — entscheidend für die Frage der Gebundenheit des Gesetzgebers wird jedoch immer der Nachweis der besonderen Stelle bleiben, an der die bestimmte herrschende Wertung gegeben ist. Wo weder ein Tatbestand der Verfassung noch eine Analogie statthat, ist der Gesetzgeber frei.

Die durch die „Rechtsanschauungen" der Verfassung bezeichneten Bindungen würden daher, wenn der Hinweis redlich realistisch gemeint wäre, schon unabhängig von Art. 109 I bestehen und ohne jede Rücksicht auf ihn bestimmt werden können. Danach wäre die im Gleichheitssatz erblickte „Bindung" des Gesetzgebers, die sich als bloße Verweisung auf das System der positiven Bindungen entpuppt, überflüssig und sinnlos. Gesetzte Schranken bedürfen keiner „Bestätigung" im Namen der Rechtsidee[1]!

Doch ist es „auch" anders gemeint und erweist sich, wie alles Überflüssige, bei schärferem Zusehen als gefährlich: Die Lehre von der Gerechtigkeitsgleichheit will die Grundlage für eine Rechtsprechung über die Gültigkeit von Gesetzen schaffen. Dieser ist selbstverständlich nicht dadurch gedient, daß sie auf die Gerechtigkeit der Verfassung verwiesen wird, da sie hiernach der Gesamtheit der einzelnen Bestimmungen genau so klug gegenüberstehen würde, wie ohne den Art. 109 I. Um die Berechtigung von „Gleichsetzungen" und „Unterscheidungen" auf einem bestimmten Gebiete beurteilen zu können, muß man die obersten Werte herausgearbeitet haben, die die Verfassung auf diesem Gebiet gesetzt hat — die vornehmste Aufgabe der Wissenschaft vom geltenden Verfassungsrecht!

Lehrreich ist, wie die Gegner sich zu dieser Aufgabe stellen.

„Nun ist natürlich(?) hervorzuheben", erklärt ALDAG (49), „daß es nicht darauf ankommen kann, ob diese allgemein geteilten Anschauungen im Staatsgrundgesetz oder in anderen Gesetzen niedergelegt sind" (bereits widerlegt), „das ist oft ein Werk des Zufalls." (Dazu erinnere man sich der Anm. 3 S. 9.) „Es müßte nach Darstellung der in Betracht kommenden Verfassungsbestimmungen auch noch ein

---

[1] Vgl. vor allem BERGBOHM 399/400.

Gang durch die ganze übrige Rechtsordnung angetreten werden, wenn das Bild vollständig werden sollte. Eine solche Darstellung würde jedoch einen unübersehbaren Umfang annehmen und ist daher unmöglich.“ Also nicht etwa nur in der ALDAGschen Arbeit, sondern schlechthin „unmöglich“! — Was hier Unmöglichkeit der Darstellung genannt wird, ist nichts anderes als die Unmöglichkeit des Begreifens. Die Gesamtheit der „Ideen“, die im positiven System Geltung gewonnen haben, in ihren Wertverhältnissen zu fassen und leidenschaftslos zu überblicken, das geht über die Kraft eines menschlichen Bewußtseins. Wer je bei einer nur begrenzten Frage sich selbst beobachtet, muß erkennen, daß der rechtspolitische Wille die Triebkraft abgibt, welche im geltenden Rechte Bestimmungen „entdecken“ läßt, die eine entsprechende Wertung enthalten, und, umgekehrt, übersehen läßt, was widerspricht. Fällt es aber schon bei der einzelnen Rechtsfrage den meisten Menschen schwer, die unwissenschaftlichen Umtriebe ihres „Gefühls“ zu paralysieren, so fordert die „reine“ Auffassung aller auf einem Gebiet der Rechtspolitik gesetzten Wertungen eine äußerst seltene Stärke des Erkenntniswillens und geistigen Vermögens, wo doch das normale, über die Gültigkeit des Gesetzes urteilende Bewußtsein des Richters solche Kapazität besitzen müßte. Ist es aber so schwierig, die Gesamtheit der „positiven Werte“ in Reinheit zu konzipieren, so muß der Versuch scheitern, durch Bezugnahme auf diese Werte über die Subjektivität hinauszukommen. Was in Wirklichkeit geschieht, zeigt der weitere Verlauf der ALDAGschen „Untersuchung“: An Stelle jenes vollständigen Systems der positivierten Werte tritt eine Auswahl; die an freier Ideenbildung gehinderte Subjektivität waltet zunächst in der Sortierung, sodann im Begriffe der in der Rechtsordnung „niedergelegten“ „allgemein geteilten Anschauungen“, die, wie bekannt, gar nicht „allgemein geteilt“ sein müssen. Das würde nicht anders werden, wenn man die Suche nach Gerechtigkeitsmaßstäben auf das Verfassungsrecht beschränkte. Denn auch die Verfassung ist ein von Wertungsunklarheiten und Wertwidersprüchen erfülltes Kompromiß, aus dem nur zu gerne sich subjektive Kompendien entwickeln.

Indes — möchte man einwenden — ist denn der Deuter positiver Bindungen, der Schöpfer von Analogien gegen diese Gefahr gefeit? Allerdings nicht, — jede Auslegung ist, sobald der auszulegende Gegenstand die rechtspolitischen Wünsche des Auslegers erregt, also zumal auf dem Gebiete des Staatsrechts, in steter Gefahr „unterzulegen“. Diese Gefahr auf ein Minimum zu bringen, den Ausleger vor den Versuchungen seiner Rechtswünsche zu schützen, ist deshalb das erste Streben aller rechtswissenschaftlichen Methode, das von jeher den Wert der Auslegungsmittel bestimmt.

Was aber geschieht hier? Das auszulegende System der verfassungskräftig bestimmten Bindungen des Gesetzgebers bietet den Rechtswünschen nicht genügend Spielraum; deshalb wird es durch den Transformator des Art. 109 I ins „Ideale“, „Metaphysische“ verflüchtigt — und zunächst durch die unübersehbaren Komplexe des übrigen geltenden Rechts „bereichert“. So werden aus den einzigen Bindungen des Gesetzgebers, die man kraft geltenden Rechts kennt, Ideenkonglomerate, die nur noch als Teile „höherer“ Zusammenhänge, vorerst: der ganzen Rechtsordnung, von Bedeutung sind; schließlich empfangen diese gehörig vermischten „positivierten“ Ideen ihre rechtliche Bedeutung nicht mehr durch den Positivierungsprozeß, sondern nach ihrer Verschmelzung mit nichtpositivierten als „Ausdruck“ der „Gerechtigkeitsidee“ (ALDAG 51), „Niederschläge“ jenes noch höheren und unübersehbareren Ideenwirrwarrs der „allgemein geteilten Rechtsanschauungen“, des „Volksrechtsbewußtseins“[1], die als Wunschphantasien des Subjektivismus' er-

[1] Typisch die Verquickung bei LEIBHOLZ 98, Z. 16—7 v. unt., wo mit den Schlußworten „durch die Verfassung“ die Erinnerung an bekannte wirkliche Bindungen aufgerufen wird, um „unser Rechtsbewußtsein“ zu decken. (Nach wunschrechtlerischer Logik dürfte „die Verfassung“ neben „unserem Rechtsbewußtsein“ über die „Maßgeblichkeit“ des gesetzgeberischen „Motivs“

kannt sind. Diese Herabsetzung der einzig verfassungskräftigen Bindungen zu untergeordneten Teilen eines ideengeschichtlichen Konglomerats tritt in allen angeführten Formeln zutage. So fährt ALDAG (49) ganz unbefangen fort: „bei weitem nicht alle gesellschaftlichen Urteile sind zu geschriebenen Rechtssätzen geworden. Auch soweit sie keine schriftliche Aufzeichnung (—!) im Gesetze erfahren haben, auch soweit sie nicht Gewohnheitsrecht sind (—!), sind die allgemeinen gesellschaftlichen Unwert- oder Werturteile über verschiedene Behandlung von Tatbeständen (—!) maßgeblich" und „beantwortet" (51) schließlich die Frage nach der „Erheblichkeit" eines Unterscheidungsmerkmals mit einer Formel, deren Mischung nichts zu wünschen übrig läßt, nämlich: „nach den in der Rechtsordnung, vornehmlich der Verfassung niedergelegten, aber auch den ungeschriebenen Volksanschauungen, letzten Endes aus den unwandelbaren Grundgedanken der Rechtsordnung selbst, als Ausdruck der Gerechtigkeitsidee". Nach alledem wird die Positivität, d. h. die eigentliche Rechtsnatur der „Ideen", unerheblich, die positivierten Ideen unterscheiden sich von den nichtpositivierten nur durch „mehr oder weniger zufällige" „Aufzeichnung"! Sind aber die einzig realen Bindungen des Gesetzgebers einmal ins „Ideale" verflüchtigt und in den höheren Regionen des „allgemeinen Rechtsbewußtseins" mit nicht real verfassungskräftigen Ideen konjugiert, so besteht die Gefahr, daß sie bis zur Unerkennbarkeit entstellt werden. Diese Gefahr ist um so größer, als man sich hütet, bestimmte materielle Sätze der schmiegsamen Gerechtigkeit für den gegenwärtigen deutschen Rechtskreis zu entwickeln, vielmehr sich jeden Rückgriff von Fall zu Fall eines zu schaffenden Gesetzes vorbehält. Das dunkle Pandämonium der „Vereinigten Ideen" ist daher nur der Tummelplatz der Rechtswünsche, der Subjektivität, die durch keine „Idee" mehr beengt ist, sobald verschiedene Ideen mit gleichen Ansprüchen auftreten. Für jeden Rechtswunsch wird sich schon eine „ungeschriebene" oder „geschriebene" Idee, wie ALDAG sagt (49), „finden oder dort, wo noch keine („Grundsätze") sich gebildet haben, ... aus ähnlichen alten ableiten" lassen!, d. h. eine in der Richtung ALDAGS weitertreibende „Rechtswissenschaft" würde zwar keine Wunschrechts-Systeme, aber nach Bedarf ausgewählte „Maßstäbe" und „Leitsätze" hervorbringen, in denen die Verfasser sich bespiegeln[1].

wenig zu sagen haben; aber doppelt genäht hält besser!) — Jedoch schon BERGBOHM kennt die „wunderbare Fusion des positiven mit irgend einem gedachten (= Wunsch-) Recht zu einem Recht par excellence .., wobei das positive einen (unmerklichen) Substanzverlust erleidet" (344). — Die verbreitete Auffassung der (formellen und einzigen) Rechtsquellen als „Erscheinungsformen" oder „Erkenntnismittel" des Rechts, das schon im „Inhalt des Rechtsbewußtseins des Volkes" gegeben sei, geht, wie BERGBOHM (499f.) in kaum übertrefflicher Weise zeigt, auf wunschrechtlerische Ideologien der „historischen Schule" zurück, die als Wurzel der meisten modernen Wunschrechtsausschläge anzusehen sind. Verteidigte die historische Schule durch den (demokratisch klingenden) Mythus vom „Volksgeist" die bestehenden (dem Fürsten günstigen) Rechtsinstitute gegen die Forderungen der Aufklärung, so revoltiert das dieser Ideologie entspringende Märchen vom „Rechtsbewußtsein der Rechtsgemeinschaft" gegen die zur Rechtsgeltung gelangte Herrschaft des Volkes.

[1] Nach LEIBHOLZ (Nachw. 32, erneut Arch. f. Rechtsphil. Bd. 22, 494) „in Zukunft" „die Aufgabe der Wissenschaft"! — „Während die schulgerechten Autoren des Naturrechts zur Zeit seiner Alleinherrschaft einen erschöpfenden Kodex des absoluten Rechts nach dem anderen publizierten, betreiben die Epigonen derselben das Geschäft nicht mehr in so großartigem Stil. Da sie nicht wie jene .. das geltende Recht in Masse auf doktrinärem Wege reformieren wollen, so fehlt ihnen das genügende Motiv dazu ..., die meisten üben die Naturrechtlerei bloß bei gelegentlichen Einzelfragen. Wenn sie trotzdem ganz allgemein die Existenz eines ideellen Rechts behaupten, so geschieht es mehr, um sich für mögliche Fälle eine Rekursinstanz über dem positiven Recht offen zu halten oder den Schein philosophischer Tiefe zu erwecken ....", so BERGBOHM 356—57, Anm. 1, mit dem unausweichlichen Ergebnis: „der Kritik gegenüber kann sich kein Anhänger eines unabhängig vom positiven daseienden Rechts darauf berufen, daß er ja nur gelegentlich die Existenz desselben zugestanden, keinen mit dem positiven Recht irgendwie konkurrierenden Dogmenkomplex aufgestellt habe, oder m. a. W.: die Kritik ist befugt, alle die sich irgendwie zu der Idee des nichtpositiven Rechts bekennen, als Autoren vollständiger ideeller Rechtssysteme zu behandeln." Von BERGBOHMS Einsicht in die wunschrechtliche Manier zeugt auch S. 115: „Soweit jemanden das

Wir stellen fest: als Bezugnahme auf die positiven Bestimmungen der Verfassung, die eine Bindung des Gesetzgebers enthalten, wäre Art. 109 I überflüssig. Man bezieht sich auf diese Bestimmungen nur, um sie mit subjektiven, unverbindlichen Wertungen zu subjektiven Produkten zu verquicken, sodann aber diese Produkte wieder als verfassungsrechtliche Bindungen ausgeben zu können.

Nach solchen Verwandlungskünsten dürfte die dritte und „letztliche" Verweisung auf die „immanenten Prinzipien der Rechtsordnung selbst" (TRIEPEL, Goldbil. 30) einigermaßen enttäuschen. Ein Blick auf den Zusammenhang beweist nämlich, daß mit diesem philosophisch klingenden Ausdruck nicht etwa die im positiven Recht zur Herrschaft gelangten Wertungen gemeint sein können, — denn das wären nur die soeben behandelten „bedingten Inhalte des positiven Rechts". Vielmehr kann es sich nach den folgenden Sätzen („das Recht ist eine Ordnung des Gemeinlebens nach objektiven Maßstäben. Alle subjektive Willkür ist eine Sünde wider den heiligen Geist des Rechts" TRIEPEL, Goldbil. 30) nur um ein jeder „Rechts"ordnung („—" = die diesen „Ehrennamen" verdient!) „wesensnotwendig" innewohnend gedachtes Prinzip, ein Prinzip der „Rechtsordnung" „an sich" handeln. Und so „übersetzen" denn auch die Jünger des Meisters Wort, indem sie „die Frage nach der Erheblichkeit von tatsächlichen Verschiedenheiten letzten Endes aus unwandelbaren Prinzipien der Rechtsordnung selbst" (ALDAG) beantworten. — Daß aber der Wandel „des" Lebens in den Menschen, also ihrer „Zwecke", den Wandel der „Werte" mit sich bringt, daß deshalb werthaltige Prinzipien der „Rechtsordnung an sich" d. h. notwendig jeder Rechtsordnung kaum nachweisbar sind, wird gegenüber der These von den „bedingten Inhalten des positiven Rechts usw." keiner Ausführung bedürfen, und es wäre hier überdies den Darlegungen BERGBOHMS (410f.) wenig hinzuzufügen. In der Tat wird durch den Hinweis auf die überall und nirgends innewohnenden „immanenten Prinzipien" gar kein neuer sachlicher Ideenkreis in Bezug genommen, sondern nur jene schöne petitio principii angesteuert: „dem heiligen Geiste des Rechts" widerspricht, was „ganz offenbar ungerecht" ist. Die „immanenten Prinzipien" sind nur der pathetische Anlauf zu den unlogischen Einschränkungen des mißbrauchten „Willkür"begriffs!

Das — trotz aller Verwandlungskünste — unverlierbare Gefühl, daß die Lehre von der Gerechtigkeitsgleichheit zur Anarchie der Subjektivitäten führen muß, das positivistische Gewissen der modernen Wunschrechtler ist die psychologische Ursache jener logisch unerklärlichen Versuche, ihre soeben entkräfteten Formeln einzuschränken!

Logisch notwendig ist: enthält Art. 109 I den Begriff der Gerechtigkeit, „erfüllt" durch die „allgemeinen Wertanschauungen usw.", so ist jedes Gesetz, das gegen diese verstößt, „ungerecht" und also verfassungswidrig; in welcher Weise die in dem Gesetze gemachten Unterschiede von den „gerechten" des „Volksbewußtseins" abweichen, ist unerheblich, erheblich allein, daß sie von ihnen abweichen[1]. — Wie

---

positive Recht gefällt, schließt er seine Auseinandersetzungen an dasselbe an und schlägt jeden Gegner mit dem Hinweise auf die ‚Quelle' zurück; wo es ihm dagegen mißfällt, da muß irgend etwas anderes, ein ‚Prinzip', eine Rechtsidee, ... aushelfen, wobei der kopfschüttelnde Widersacher, der es auch in diesem Falle mit der schlichten Auslegung der Quelle gehalten sehen möchte, etwas wie ‚Buchstabenjurist', ‚Gesetzesanbeter', wenn nicht noch Härteres zu hören bekommt. Begriffe und Rechtssätze, juristische Theorien und Philosopheme werden also bald aus den Rechtsquellen gewonnen, bald in das positive Recht hineingetragen, bald wieder aus Bestandteilen zusammengesetzt, die teils dem betreffenden Recht wirklich angehören, teils demselben fremd sind oder gar direkt widersprechen. Schließlich nehmen solche zwitterhaften Kompositionen von geltendem und erdachtem, solche Mosaiken aus realem und idealem Recht, zumal wenn die allzu harten Übergänge recht kunstvoll weggeglättet sind, sogar gern den Titel einer ‚höheren' Jurisprudenz für sich in Anspruch."!

[1] Ähnlich MORSTEIN-MARX, HansRZ. 6, 837. — Dazu beachte BURCKHARDT (70): „Das Gericht ... gibt dem Rekurrenten recht, aber weist seinen Rekurs ab ..., es ist nicht zu leugnen, daß ein derartiges Urteil dem Volke schwer verständlich und der Stellung des Gerichts nicht ganz angemessen ist."

aber diese „Abweichung" feststellen, wenn man objektiv den Inhalt des „Volksbewußtseins" nicht feststellen **kann**, wenn man bei dem ersten Versuche einsehen muß, daß es dergleichen nicht gibt?! — Das „allgemeine Bewußtsein", worauf man seine Theorie gegründet, kann man nicht preisgeben, und so muß man denn verschiedene Wertungen nebeneinander „gelten lassen", um wenigstens eine Art negativen Konsenses über das „absolut unvernünftige" unter den Auslegern herzustellen! In einzelnen Fällen schreiender Ungerechtigkeit, „vor allem eben bei den Willkürakten", erklärt LEIBHOLZ (77), tritt das „so oft verdunkelte" „einheitliche Rechtsbewußtsein" plötzlich „in voller Klarheit nach außen hin (?!) in Erscheinung", und aus „solchen praktischen Erwägungen" „rechtfertigt" er kurzweg „die Beschränkung der Gleichheitsforderung auf das Gebot der Willkür". — Nun wohl, wer selbstherrlich den Begriff der Gerechtigkeit in Art. 109 I hineingelegt hat, der mag ihn auch selbstherrlich „beschränken"! Wir andern wissen, daß wir nicht den Inhalt des Art. 109 I als Gesetzgeber auf Grund noch so „praktischer Erwägungen" zu **bestimmen**, sondern daß wir **auszulegen** haben. Hat man das Wort „gleich" zuwider dem Sprachsinne als „relativ gleich, relativ ungleich" verstanden, so muß man schon die Konsequenzen der untergeschobenen Gerechtigkeit ziehen. Machen sie Beschwerden, so ist die falsche Voraussetzung nicht durch neue Willkürlichkeiten zu halten, sondern aufzugeben[1]!

Wie aber, wenn nicht einmal ein negativer Konsens der Ausleger über die aus einer rechtspolitischen Frage auszuscheidenden „sachfremden" Erwägungen hergestellt werden kann, wenn die methodisch unhaltbaren Einschränkungen sich auch inhaltlich als trügerisch erweisen?!

„Willkür" ist nach TRIEPEL (Goldbil. 30) soviel wie „Mangel einer ernsthaften Erwägung". Es komme (Staatsrl. 3, 52) darauf an, ob „die Begründung einer unterschiedlichen Behandlung in einem sachlichen Zusammenhange mit dem Wesen des geregelten Verhältnisses" stehe oder nicht. Ist das nicht der Fall, „so würde" TRIEPEL „die Differenzierung für willkürlich und daher verboten erklären". Im Anschluß hieran halten sich die Wendungen ALDAGS (z. B. 26f.), der freilich in realistischem Instinkt dem „Willkür"begriff so wenig traut (s. insb. 38), daß er, wie gezeigt, bei Supposition 2 Zuflucht sucht. LEIBHOLZ dagegen hat, mit dem Instinkt des Wunschrechtlers, die „Bestimmung" dieses „Willkür"begriffs zu seiner Domäne gemacht: „wenn der von dem Rechtssatz normierte Tatbestand mit der an denselben geknüpften Folge schlechthin unvereinbar ist", erklärt er (76 unten), „wenn überhaupt kein innerer Zusammenhang zwischen der getroffenen Bestimmung und zwischen[2] dem durch dieselbe erstrebten (—!) Zweck besteht, oder wenn

[1] Solche Verstöße gegen die Methode dürften gewisse Verwandtschaften in Erinnerung bringen. Andeutungsweise sei auf die Gleichförmigkeit hingewiesen, die der hier angestrebte negative Konsens mit jenem „relativ Allgemeingültigen" hat, das nach LAUNS widerspruchsvoller Begründung seiner Deutungstheorie (Staatsrl. 3, 46) „letzten Endes" nur „durch die Übereinstimmung der großen Mehrzahl" gewonnen wird. — Die Mehrzahl der **Ausleger** des „Volksbewußtseins" gegen die Volksmehrheit, die nach der Idee der Demokratie im Gemeinwillensbeschluß das „absolut Allgemeingültige" erzeugt, — das ist der Gegensatz, aus dem fast alles neue Wunschrecht wächst.

[2] Man beachte, daß „zwischen" doppelt gesehen ist. Die Neigung zu pleonastischen Bildungen entspringt derselben Gedankenschwäche wie die Aufblähung des Rechtswunschs zum „allgemeinen Rechtsbewußtsein", der ‚Ungerechtigkeit' zur ‚Willkür' usw. Wir widerstehen der Versuchung, im Einzelnen nachzuweisen, wie jeweils mangelhafte Vorstellungen durch Verdopplungen gestützt werden (beispielsweise hier: durch das zweite „zwischen" erhält der „erstrebte Zweck", womit — wie noch zu zeigen — der zu **erstrebende** Zweck gemeint ist, eine sprachliche Scheinselbständigkeit, deren gedankliche Ursache die Auffassung des Zwecks als eines durch die „Natur der Sache" gegebenen ist), und weisen nur darauf hin, daß die „gemeinschaftlichen Kulturzusammenhänge", die „höher-wertigeren Sinnordnungen", die „nicht fest fixierbare Gleichheitsidee", die „überhaupt nicht sehr akute Gefahr" (31) (LEIBHOLZens) usw. nur die sprachlichen Zeichen jenes **doppelten Gesichtes** sind, das die Objekte der Erkenntnis verdoppelt und zum Ausgleich des wohl gefühlten Ungenügens die Hypostase ebenso nötig hat

ein solcher zwar besteht, aber in einem völlig unzulänglichen Verhältnis, so kann man diese Norm als willkürlich charakterisieren."

Nach diesen Umschreibungen — von gelegentlichen Begriffsverschiebungen und Unklarheiten ist abgesehen — stellt sich „Willkür" als Negativ des supponierten Gerechtigkeitsbegriffs im Versuche quantitativer Beschränkung dar. Zum Überfluß versichert LEIBHOLZ selbst (72), daß der „Willkürbegriff" „der gegensätzliche Korrelatbegriff (—!) von Gerechtigkeit", seine „radikale", „absolute Verneinung" (— also doch nicht „Korrelat"!) sei.

Dieser allem sprachlichen Herkommen widersprechende „Begriff" von „Willkür" ist aber nur ein neuer Wortmißbrauch, eine Begriffsvertauschung, die noch deutlicher als die bislang beobachteten das Verfahren des modernen Wunschrechts kennzeichnet. Unter Willkür verstand die Rechtswissenschaft bisher den Gegensatz des menschlichen Wollens zu dem objektiv gegebenen Recht[1]: was der subjektive Wille kürt, ist Kontrastvorstellung zu dem, was ein Rechtssatz gebietet, was bei seiner Anwendung als objektiv geboten zu „erkennen" oder zu „ermessen" wäre. Vorausgesetzt ist dabei ein fertiger, gegebener Tatbestand (Gesetz, Gewohnheitsrechtssatz); — wo noch kein Tatbestand ist, vor der Positivierung, kann von Willkür ebensowenig gesprochen werden, wie es „Einsicht", „Ermessen" gemäß nicht gegebenen Tatbestandsmerkmalen (Zwecken) gibt. Nichts anderes ist mit jenem Bilde VON JHERINGS gemeint: „so wenig der Schatten vor dem Licht da war, so wenig die Willkür vor dem Recht[2]". Denn unter Recht versteht VON JHERING bekanntlich nicht das Recht in Gänsefüßchen („Recht" = Gerechtigkeit), sondern das wirkliche, „geltende" Recht. So und nicht anders sind denn auch die anderen Äußerungen JHERINGS über den Willkürbegriff zu verstehen: „die Willensmacht, welche kein Gesetz über sich hat, ist nicht Willkür, sondern bloße Macht" („Zweck" I, 346), der Willkürbegriff „paßt nur für den Willen, der das Gesetz über sich hat, nicht auf denjenigen, der es selber aus sich entläßt" (I 346), „als rein negativer Begriff hat sie (die Willkür) den Gegensatz (d. h. die Existenz) des Rechts, dessen Negation sie enthält, zu ihrer Voraussetzung" (347). Das ist der rechtswissenschaftliche Begriff der Willkür, und VON JHERING hält es — was LEIBHOLZ und ALDAG verschweigen — für nötig, weitläufig zu erklären, wie auch andere Begriffsbildungen möglich seien. „In diesem schlichten Sinne", fährt VON JHERING (I, 349—350) fort, und wir müssen, um weiteren Satz-Mißbräuchen vorzubeugen, den ganzen Zusammenhang anführen, „gebrauchen wir den Ausdruck ‚Willkür' bekanntlich nicht bloß von der Staatsgewalt, sondern von jedem, der zu befehlen, d. h. die Aufgabe und die Macht hat, die Ordnung herzustellen, so vom Vater in bezug auf seine Kinder — wir beschuldigen ihn der Willkür, wenn er das eine Kind vor dem anderen vorzieht usw." „Aber, wird man hier einwenden, der Vater, der dies tut, übertritt doch kein Gesetz, denn kein Gesetz verbietet es ihm. Eben daraus ergibt sich, daß wir den Begriff des Gesetzes, wenn wir diesen Ausdruck beibehalten wollen, vom positiven Gesetz auf das Sittengesetz (—!) erweitern, oder sagen wir lieber, daß wir unseren Maßstab der Willkür von der rechtlich verbindlichen Norm auf die sittlich verbindliche ausdehnen müssen[3]. Die sittliche Bestimmung des väterlichen Verhältnisses zeichnet

wie die Häufung der Ausdrucksmittel. Eine Pathologie des Pleonasmus dürfte wertvolle Aufschlüsse über die seelischen Ursachen der Vorstellung gewisser „höherwertigerer Sinnordnungen" erbringen! Vgl. insb. die Ausführungen KELSENS über die Ursache der Verdoppelung des Erkenntnisgegenstandes in „Die philosophischen Grundlagen d. Naturrechtslehre u. d. Rechtspositivismus" 41f., zumal 43.

[1] Insb. dem Gesetz: vgl. das von TARTARIN-TARNHEYDEN (Festgabe f. STAMMLER 511) angeführte „altgermanische Sprichwort: die Faust des Gesetzes schmerzt weniger als der kleine Finger der Willkür".

[2] S. ALDAG 38, der aber, Z. 7—1 v. unt., unversehens einen anderen, von JHERING ausnahmsweise gebrauchten Begriff (s. Haupttext!) unterschiebt, um so das Recht mit den „allgemeinen Prinzipien" des Rechts zu vertauschen, — und LEIBHOLZ 76f.

[3] Vgl. die Bemerkung BÜHLERS (RV. zu Art. 109, 105 [2]), daß die Lehre von der „sach-

dem Vater gewisse Normen vor, an die er unserem sittlichen Gefühl nach gebunden ist, und die Nichtachtung dieser stigmatisieren wir als Willkür. Die Notwendigkeit dieser erweiterten Begriffsfassung der Norm bewährt sich auch im staatlichen Verhältnis ... Wir reden nämlich nicht bloß von willkürlichen Entscheidungen des Richters und Willkürakten der Regierung, wobei wir den Maßstab des positiven Rechts anlegen, sondern auch von willkürlichen Gesetzen. Nun aber steht die gesetzgebende Gewalt nicht wie der Richter und die Regierung unter, sondern über dem Gesetz, jedes Gesetz, welches sie erläßt, wie immer auch sein Inhalt beschaffen sei, ist im Rechtssinne ein vollkommen legaler Akt. Im juristischen Sinne kann die Gesetzgebung daher nie eine Willkür begehen, das würde heißen, daß ihr nicht das Recht zustände, die bestehenden Gesetze zu ändern — ein Widerspruch der gesetzgebenden Gewalt mit sich selber!" Also VON JHERING, der seine Naturrechtler offenbar gekannt und der Gefahr einer Begriffsvertauschung vorzubeugen gesucht hat! Freilich konnte er nicht hindern, daß die modernen Wunschrechtler, die sich für ihre Begriffsvertauschung auf ihn berufen, gerade die Stellen nicht mehr kennen, in denen er den rechtswissenschaftlichen Begriff der Willkür gegeben hat.

Ist damit dieser echte Begriff der Willkür, der das Gesetz voraussetzt und deshalb nur bei seiner Anwendung in Frage kommen kann, wiederhergestellt, so versteht man erst, warum die bekämpfte Lehre zur Veranschaulichung ihres „Willkür"-begriffs fast ausschließlich Beispiele aus der „Rechtsanwendung" vorführt[1]. Dadurch wird nämlich der Anschein erweckt, als habe der Begriffswechselbalg dieselben Eigenschaften wie der bei den Rechtsanwendungsbeispielen vom Leser subintelligierte echte Begriff der Willkür, der einen objektiven Inhalt ja durch den Gegensatz zu dem angewandten Gesetze gewinnt. Sodann wird unversehens, unter Ausnutzung der von v. JHERING bemerkten sprachlichen Mehrdeutigkeit, dem Positiv „Gesetz" das Scheinpositiv der „Gerechtigkeit" oder des Rechts in Gänsefüßchen untergeschoben und mit dem gleichen rechtlichen Herrschaftsanspruch, mit dem jenes über dem Anwender steht, über den Gesetzgeber gestellt: „wenn es

lichen Rechtsgleichheit" „den Gesetzgeber in der Art des Naturrechts an sittliche Postulate bindet und aus deren Verletzung nicht nur moralische, sondern unmittelbar rechtliche Folgen herleitet".

[1] Belege Anm. 3 S. 54. — Mit „intuitiver Sicherheit" geht insbesondere LEIBHOLZ über alle wesentlichen Unterschiede hinweg: vgl. etwa die „Parallelen" zur Lehre vom fehlerhaften Staatsakt (Verwaltungsakt) (s. auch KAUFMANN 61) und zur Judikatur der Schweiz über Verwaltung und Gesetzgebung (78), die Übertragung des durch die Lehre vom pflichtmäßigen, d. h. unter den Wertungen des ermächtigenden Gesetzes stehenden, „Ermessen" gewonnenen Willkürbegriffs auf die Gesetzgebung (88f.: heißt „nähere Abgrenzung des Willkürbegriffs"), insbes. die „Beispiele" (91, 92 und überall): Gesetzesverletzungen, die dem Leser „den" Willkürbegriff als vertrauten Bekannten vorspiegeln, oder etwa S. 105: Überschreitung der durch die Zwecksetzungen des Art. 48 RV. dem Reichspräsidenten gesetzten Ermessensgrenzen — mit auf dem Fuße folgender Erschleichung: 105, Z. 4—1 v. unt., wo LEIBHOLZ unter doppelter Versicherung der Richtigkeit seiner „Feststellung" so tut, als habe er den Begriff der „objektiv sachfremden" Motivation bei der Legislative demonstriert. — Aber auch ALDAG entnimmt seine sog. Beispiele für die Entwicklung des „Willkür"begriffs fast sämtlich der „Rechtsanwendung". Wenn es bei diesen Fällen ein objektives „Wesen der Sache", einen „Zweck des geregelten Verhältnisses" und deren Verletzung, „sachfremde Zwecke" usw. gibt, so nur durch die Überordnung eines gesetzlichen Tatbestands, der Werte bereits gesetzt hat! — Was soll das alles dem Gesetzgeber? Die Antwort wird den Wunschrechtlern freilich nicht schwer fallen: denn sie haben ein „höheres" „objektives" „Recht" bereit, dem sie den Gesetzgeber unterwerfen. Dabei wird die Unterworfenheit des Gesetzgebers unter die Verfassung, sein Ermessen unter verfassungskräftig bestimmten (objektivierten) Werten für die Unterworfenheit unter den Verfassungswunsch des Wunschrechtlers gehalten. Das freie, d. h. nur durch sachliche Wertsatzung der Verfassung beschränkte, „Ermessen" des Gesetzgebers wird dem „freien", d. h. unter dem Gesetze stehenden (gesetzmäßigen), „Ermessen" des „Rechtsanwenders" untergeschoben. (LEIBHOLZ 98, Z. 15—19; s. jetzt noch Arch. f. Rechtsphil. Bd. 22, 493 [oben, gegen RÜMELIN] u. 491, Z. 10—9 v. unt. sowie STIER-SOMLO 196/97.) Schiebewort: die pleonastische Bildung „freies Ermessen" („frei" drückt dabei nur die dem „Ermessen" im Gegensatz zur „Subsumtion" eigentümliche Freiheit aus! — Weiteres 98f.).

richtig ist (LEIBHOLZ 76), ... daß unter dem Willkürbegriff in absoluter Negierung der Rechtsidee das offenbar Ungerechte zu verstehen ist, sollte da nicht die Behauptung gewagt werden dürfen, daß eine Rechtsordnung, um als Rechtsordnung (— in Gänsefüßchen!) zu gelten, ein bestimmtes (?) Minimum an Gerechtigkeitsgehalt, die Ausschaltung inhaltlicher Willkür als integrierenden Bestandteil in sich aufnehmen muß?" Oh, warum so bescheiden? Die ganzen Ausführungen über den Willkürbegriff, vor dem die Gesetze ihre Geltung einbüßen, sind ja nichts anderes als die Bejahung dieser nur ein bißchen „aufgeworfenen", d. h. ohne Begründung „gelösten"[1] Frage! Indem man mit dem mehrdeutigen Worte Willkür den ans feststehende Gesetz denkenden Juristen vorspiegelt, man habe eine nicht weniger objektive Norm, das Gesetz daran zu messen, gibt man nur die „radikale" Umkehrung des subjektiven Gerechtigkeitsbegriffs.

Ist aber die Wechselbalg-Willkür nur ein „bestimmter" Grad von „Ungerechtigkeit", so kann sie auch nur die Umkehrung der bereits bekannten Zirkelschlüsse bringen. Gibt es kein „allgemeines Rechtsbewußtsein", keine objektive Gerechtigkeit in dem Sinne, in dem wir vom Gesetz als dem objektiven Gegenstand der Rechtswissenschaft sprechen, so auch keine objektive Ungerechtigkeit. Ist die „Natur der Sache" eine Hypostase des Rechtswunschs, gibt es vor der gesetzlichen Regelung kein unabhängig von menschlichem Wollen feststehendes „Wesen des geregelten Verhältnisses", so kann auch nicht bestimmt werden, ob eine „Unterscheidung" damit in „sachlichem" Zusammenhange stehe oder ob sie „sachfremd motiviert" sei. Immer und überall kann nur festgestellt werden, daß eine in Frage stehende rechtspolitische Wertung einer andern, vielleicht bisher geltenden, „radikal" widerspricht.

Die durch den Mißbrauch des Willkürbegriffs erweckte Illusion kann aber nur durch eine Reihe weiterer Wortmißbräuche erhalten werden, die im Grunde alle dieselbe „Vorspiegelung falscher Tatsachen" wiederbringen und daher nur beispielsweise — dort, wo sie am unmerklichsten auftreten — nachgewiesen werden sollen. Wenn es etwa im angeführten Satze LEIBHOLZens (76) heißt: „überhaupt kein innerer Zusammenhang zwischen der getroffenen Bestimmung und zwischen (—!) dem durch dieselbe erstrebten Zweck", so wird nur die Vorstellung eines bekannten Problems der „Rechtsanwendung" erregt, nämlich des Falles, daß sich der Gesetzgeber über das taugliche Mittel zu dem — aus der Entstehungsgeschichte bekannten! — objektiven Zweck seiner Vorschrift („erstrebten") getäuscht hat, während in Wahrheit die Berechtigung der Zwecksetzung selbst in Frage gestellt wird. LEIBHOLZ meint also: „wenn überhaupt kein innerer Zusammenhang zwischen der getroffenen Bestimmung und dem durch sie (— nach seinem Rechtsbewußtsein) zu erstrebenden Zweck besteht", und erweckt den Anschein, als liege ein solcher Zweck schon in der Sache selbst, (— abgesehen von dem doppelten „zwischen" s. Anm. 2 S. 48) dadurch, daß er wie von einem Fall gesetzlich gegebener Rechtsschöpfungszwecke spricht. Ähnlich wirkt es, wenn er (82) eine Reihe positiver Bestimmungen anführt, in denen eine nicht genau bestimmbare quantitative Einschränkung gesetzter Maßstäbe vorkommt. Wo immer durch Gesetz eine Wertung objektiviert, ein Zweck gegeben ist, kann die Tauglichkeit eines Mittels zu diesem Zweck beurteilt werden, und kann es daher Sinn haben, von „offenbarer" Tauglichkeit oder Untauglichkeit zu sprechen (319 ZPO., 560 BGB., 1717 I BGB. usw.). Solange aber, wie hier, der Streit gerade um den zu setzenden Zweck geht, — wo jeder unter dem „Zweck der Regelung" seinen Zweck versteht, kann der menschliche Verstand, der als Diener gegebener Zwecke auf die Erkenntnis der Verhältnisse von Mitteln und Zwecken beschränkt ist, überhaupt noch nicht einsetzen. Deshalb führt es weiter irre, wenn von „Gründen" oder Graden der „Vernunft" (z. B. TRIEPEL, Goldbil. 30) gesprochen wird: die Leistung des Verstandes, der

[1] S. die „elegante" Überleitung zu der „Behauptung" des ersten Satzes S. 72, deren Begründung man vorher oder hinterher vergeblich suchen wird. — Ob sie in der Wendung „u. E." verborgen ist?

Vernünftigkeit, kann immer nur in ihrer Arbeit unter einem Zwecke, im Nachdenken über die Tauglichkeit der Mittel, beurteilt werden. Bei Verschiedenheit der Ziele muß die Vernunft verschiedene Wege gehen! Zwei Bergsteiger etwa, die vom Königssee den Mittelgipfel des großen Watzmann ersteigen wollen, mögen über „Richtigkeit" und „Unrichtigkeit", über das Mehr oder Weniger an „sachlicher" Berechtigung, „Zweckmäßigkeit" von Anstiegen, Griffen usw. streiten, — sobald der eine den Südgipfel, der andere den Mittelgipfel im Sinne trägt, wird jeder die Vorschläge des andern „völlig abwegig" finden, — die Gründe dessen, der auf den Südgipfel will, werden bei dem, der den Mittelgipfel meint, selbst wenn er noch so „vernünftig" denkt, „nicht verfangen" oder auch nur einen „inneren Zusammenhang mit der Beurteilung des Falles aufweisen" (LEIBHOLZ 48)! — Die verschiedenen Urziele[1] sind weder „vernünftig" noch „unvernünftig", — sie sind und können vom Standpunkt anderen Seins nur als freundlich oder feindlich, fördernd oder schädlich erlebt werden. Erst wenn man über die Zwecke einig ist oder ein gemeinsamer Zweck „gesetzt" wird, bei der bloßen Erwägung der Mittel, darf die Kategorie der Vernunft verwandt werden. Folglich sind, wo es am objektiv gegebenen Zweck der Rechtspolitik fehlt, die schönen Worte vom „vernünftigen Grund" usw. nichts als Wortmißbräuche, welche die nicht vorhandene Objektivität eines Wunschrechtlerzwecks vorspiegeln.

Ist damit die Illusion eines objektiven „Korrelats" der LEIBHOLZschen „Willkür" zerstört, ist diese „Willkür" als Ausschnitt aus dem subjektiven Begriff der Ungerechtigkeit erkannt, so wird klar, daß alle Versuche, den Ausschnitt zu „bestimmen" oder zu verringern, nichts Objektives hervorbringen können. Daß der Selbstbeschränkungsversuch der bekämpften Lehre — wie sogleich zu zeigen ist — praktisch erfolglos bleibt, liegt also vor allem an der Unbestimmbarkeit des Gattungsbegriffs: von einer objektiv nicht bestimmbaren Ungerechtigkeit kann nie und nimmer auch nur ein „äußerster" Grad objektiv bestimmt werden.

Erst sekundär wird die Unbestimmbarkeit des Grades verhängnisvoll. LEIBHOLZ hat bereits selbst festgestellt, daß die Unterscheidung zwischen willkürlicher und nichtwillkürlicher Ungerechtigkeit logisch nicht haltbar, rein quantitativ, aber auch quantitativ „nicht abzugrenzen" ist, sodaß wir gegenüber solcher „Bankrotterklärung" Kritik sparen können. Zurückzuweisen ist nur noch der groteske Versuch, alle jene schwammigen Ausdrücke, durch die LEIBHOLZ das „Quantum" umschreibt: „offenbar unrichtig", „völlig zweckwidrig", „absolut ungeeignet" (82) mittels der soeben als unzulässig erkannten Verweisung als Bekannte aus dem positiven System zu legitimieren. Denn jene positiven Stellen sind Ausnahmen, die nur in den gesetzlich eng gezogenen Grenzen erträglich sind und ihre Entstehung auch nicht immer den klarsten Vorstellungen verdanken dürften[2]. Gesetzt, der Maßstab für „richtig" und „unrichtig" sei gegeben, so bedarf keiner Ausführung, daß wohl „richtig" und „unrichtig", nicht aber „unrichtig" und „offenbar unrichtig" mit objektiver Gewißheit voneinander abgegrenzt werden kann. Denn nach aller menschlichen Erfahrung erscheint den meisten Beurteilern ein „Unrecht" um so „offenbarer", je fester sie davon „überzeugt" sind. Das ominöse Quantum der „Unrichtigkeit" wird daher sehr oft vom Temperament, ja von der Stimmung des Auslegers abhängen[3], — was sich im dauernden Schwanken der Wendungen und

---

[1] Jedoch — wofür das Beispiel nicht mehr paßt — nur als Elemente, nicht als sekundäre Willensentfaltungen, die selbst Mittel zum Elementarzweck sind!

[2] Bedenklich z. B. 1591 I, 1717 I BGB.: „offenbar unmöglich".

[3] „An irgendeinem Punkte beginnt vor seinem geistigen Auge die formelle Tadellosigkeit des Rechts durch die Verwerflichkeit seines Inhalts verdunkelt zu werden; wo seine Empörung ein gewisses Maß übersteigt, wird es ihm endlich ganz unmöglich zuzugestehen: es ist schlechtes Recht, immerhin Recht — er hat es an seinem Maßstab gemessen und gefunden, es sei Nicht-Recht." (BERGBOHM 398.) Einen schlagenden Beleg für den hier gekennzeichneten Fehler liefert SCHÖNFELD, AöR. NF. 12, 161f., insb. 175; vgl. noch RÜMELIN 48/49.

Windungen um das „Quantum“ bereits ankündet: so bemerkt selbst GOLDSCHMIDT (DJZ. 26, Sp. 296/97) als ausgesprochener Verfechter der bekämpften Lehre, daß mit TRIEPELS „Mangel jeder ernsthaften Erwägung“ (ähnlich ALDAGS „überall gar nicht in Betracht kommen können“ [26], LEIBHOLZens „innerer Zusammenhang mit der Beurteilung des Falles“ (48), Sätze „über deren mangelnden Gerechtigkeitsgehalt bei allen rechtlich denkenden Unbeteiligten eine Meinungsverschiedenheit nicht obwaltet“ [Nachw. 31]) — wovon das Reichsgericht in seiner Entscheidung vom 4. XI. 25 ausgehe — nichts anzufangen sei, — mit Recht, da nun einmal alle „vernunftbegabten Wesen“ für ihre rechtspolitischen Erwägungen das Prädikat der „Ernsthaftigkeit“ in Anspruch nehmen. Indes dürfte jene Reichsgerichtsentscheidung von der gleichfalls TRIEPELschen Vorstellung des „plausiblen Grundes“ ausgegangen sein, die wieder ein größeres Quantum Ungerechtigkeit unter den „Willkür“begriff bringt. Ganz offenbar erscheint die Unsicherheit der „Willkür“begriffsbildner in ihren Auswahlsendungen: „entweder kein oder doch kein bei vernünftig und gerecht Denkenden verfangender Grund“ (TRIEPEL 30), „daß ... schlechterdings überhaupt kein oder doch jedenfalls nur ein in der Hauptsache unvernünftiger Grund angeführt werden kann“ (LEIBHOLZ 86/87, ähnlich BURCKHARDT 65), — der Leser mag ‚ausknobeln‘, was „ein in der Hauptsache unvernünftiger Grund“ ist, wodurch sich „ein innerer Zusammenhang mit der Beurteilung des Falles“ von einem „ernsthaften Grund“, ein „ernsthafter Grund“, der „angeführt“ oder „ausfindig gemacht werden kann“, von einem „ernsthaften Grund“, der „vorhanden“ und „maßgeblich“ war, die ernsthaften von den vernünftigen, die vernünftigen von den bei vernünftig und gerecht Denkenden verfangenden, die verfangenden von den in der Hauptsache vernünftigen, die teils angeführt werden können, teils wirklich waren, unterscheiden! — Er dürfte mit uns zu dem Ergebnis kommen, daß solche täuschenden Wendungen, die uns Worte für begriffliche Unbestimmtheit bieten, nicht länger zu dulden sind, daß sie keinesfalls über das Maß, in dem es der Gesetzgeber nun einmal für gut befunden hat, eingeführt werden dürfen; mag innerhalb gesetzlich beschränkter Spielräume die Praxis schlecht und recht fertig werden, — das überhandnehmende Eindringen dieser „flüssigen, nicht rational erfaßbaren Grenzbegriffe“ (LEIBHOLZ 82), d. h. Miß- und Nichtgriffe, droht dem Recht wie der Wissenschaft den Untergang [1]. Und wo es vollends, wie hier, an dem geringsten objektiven Kriterium der Richtigkeit fehlt, bringt der „Begriff“ der offenbaren Unrichtigkeit nur den pathetisch verstärkten Anspruch der Subjektivitäten wieder und führt geraden Wegs in das undurchdringliche Chaos der Willkürlichkeiten, an denen man die Früchte der bekämpften Lehre erkennt [2].

---

[1] Ähnlich schon BIERLING IV, 295; STOLL in JherJahrb. 76, 155.

[2] (Besondere Einschränkungsversuche.) Der begrifflich noch kaum entwickelte Einschränkungsversuch KAUFMANNS (dazu W. JELLINEK: Staatsrl. 3, 60) hat schon durch LEIBHOLZ (Nachw. 25f., Anm. 59) vom Wunschrechts-Standpunkte aus, jetzt auch im Sinne des Realismus durch RÜMELIN (45/55) berechtigte Kritik erfahren. — Nach allem dürften Hinweise genügen: a) die „Einschränkung“ des in Art. 109 I gedachten Gerechtigkeitsbegriffs durch dem Gesetzgeber vorbehaltene „freie Wahl des Gerechtigkeitsprinzips“ und „Rechtstechnik“ ist, wie die des „Willkür“begriffs methodenwidrig, also willkürlich (s. 37, 47f.); b) auch diese Einschränkung ist quantitativ unbestimmbar, denn die „obersten“ Gerechtigkeitsprinzipien (— mit „justitia vindicativa“ oder „distributiva“ ist nichts gesagt, da in dem quantum cuique tribuendum gerade das gesetzgeberische Problem liegt und „vindicare“ wie „distribuere“ nur Sonderformeln für das allgemeine „tribuere“ sind! —) sind nicht anders durch Zwecke der Menschen bedingt und also Gegenstand des rechtspolitischen Kampfes, als die „unteren“. Von welcher „Stelle“ ab soll der Gesetzgeber an seine eigenen Wertungen gebunden sein, wenn die „Bindung“ nicht vor Gedankenblässe praktisch bedeutungslos sein soll (— die „gewissen äußersten Grenzen“, mit denen sich KAUFMANN dem „Willkür“begriff nähert, sind also mit gutem Grund — als völlig ungewisse — dem „Takt des Richters“ anvertraut!) — und wozu wird dem Gesetzgeber überhaupt eine Wahl eingeräumt, wenn es „höhere Gesichtspunkte des natürlichen Rechts“ (10) gibt?! Der Vorbehalt der sog. „Rechtstechnik“ aber begegnet denselben Bedenken, solange unter diesem Begriff echte Technik und wertbetonte Vorschriften

Wer das Verhältnis von Theorie und Praxis recht beurteilt, dürfte nach den Früchten der Lehre von der Gerechtigkeitsgleichheit kaum noch verlangen. Er wird genug haben, wenn er die „Feststellungen" der theoretischen „Ergebnisse" bei LEIBHOLZ (86/87) liest: „der Willkürbegriff selbst ist materiell eindeutig nicht bestimmbar und formal durch ein Kriterium nicht abzugrenzen[1]", genug von der „Unendlichkeit der Rechtsidee", die sich „auch in ihrer Negation nicht in bestimmte formal-inhaltlich (—!) beständige Sätze pressen" läßt, oder wie sonst jene gewundenen Geständnisse der Unfähigkeit lauten, bei denen die gegnerische Theorie endet[2].

Daher dürften Hinweise genügen. — Zunächst steht jeder, der bei ALDAG und LEIBHOLZ nach Anwendungsbeispielen der Lehre von der Gerechtigkeitsgleichheit sucht, an denen sie trotz aller theoretischen Undefinierbarkeiten ihre „Praktikabilität" beweisen will, vor einem unentwirrbaren Gemenge von sogenannten Beispielen, unter denen die echten nicht eben zahlreich sind. Zumindest vier Fünftel der vorgeführten „Beispiele"nämlich gehören zu den Problemen der „Rechtsanwendung" oder der Bindung des Gesetzgebers durch andere Verfassungsbestimmungen als Art. 109 I[3], wodurch die gegnerische Lehre den Anschein gewinnt, als seien die — meist richtigen — Entscheidungen der Anwendung ihrer „Prinzipien" zu danken, während sie in Wirklichkeit auf Schlüssen aus den gesetzlich gegebenen Tatbestandsmerkmalen beruhen.

Wer die theoretische Taktik der Gegner erkannt hat, wird freilich verstehen, daß alle diese neuen Mischungen und Verdunklungen ihre notwendige Folge sind. Jedermann weiß, und auch ALDAG und LEIBHOLZ mußten wissen, daß die Brauch-

---

(z. B. „Volljährigkeit", „Verjährung") vermengt werden. Die wirkliche, wertblanke Technik, d. h. die Schöpfung des Ausdrucks, macht man — bezeichnenderweise! — trotz aller berechtigten Kritik dem Gesetzgeber gar nicht streitig: es würde keinem Gericht einfallen, ein Gesetz wegen schlechter Sprache oder Systematik, wegen Mißbrauchs von Fachausdrücken, Begriffsvertauschungen usw. für ungültig zu erklären!

[1] Ein klares „unmöglich" bei ALDAG 35, Z. 21 v. unt. (— man erinnere sich jetzt der Anm. 1 S. 41!). Wir würden nicht für nötig halten, darauf hinzuweisen, daß LEIBHOLZ (Nachw. 23/24) in Widerspruch zu obiger „Feststellung" schlankweg behauptet, Kriterien zur Abgrenzung der „Willkür" von der „Ungerechtigkeit" — das ist doch mit „formal" gemeint — gegeben zu haben, wenn er sich nicht noch etwas darauf zu gut täte, seine Begriffsverwirrungen in die Auslegung des Art. 105 einzuschleppen (24, Anm. 57 Nachw.), und wenn nicht zu befürchten stünde, daß noch ganz andere Rechtsgebiete mit der „Erfindung" des „Willkürbegriffs" unsicher gemacht werden. — Selbstverständlich können wir den LEIBHOLZschen Abschweifungen nicht nachgehen. Es sei nur angedeutet, daß z. B. die (24) „aufgeworfenen" Fragen ihre Lösung dadurch finden, daß die von LEIBHOLZ als „Ausnahmegerichte" hingestellten Sondergerichte (Gerichtsstände für politische Parteien oder Konfessionen) kraft positiver Verfassungsbestimmungen außerhalb des Art. 109 I (z. B. 109 III 1) oder Analogie zu diesen Bestimmungen unzulässig sind.

[2] S. auch ALDAG 38, BURCKHARDT 69.

Vielfach begegnet man der seltsamen Idee, eine begriffliche „Grenze" könne „vorhanden" sein, obzwar sie sich nicht „formal-logisch" „definieren" lasse. — Auf die „sonst-logische" Definition wird man vergebens warten, — es gibt nämlich nur „formale" Logik, und was man „nicht oder doch in der Hauptsache nicht" definieren kann, das hat man nicht „begriffen". Denn jede Definition ist nur die Abgrenzung eines Begriffs von andern und wird durch den Begriff notwendig konstituiert. Man mag zu verschiedenen Denkzwecken „vom selben Gegenstand" die verschiedensten Begriffe bilden, — um die Definition wird niemand verlegen sein, der einen Begriff wirklich gebildet, d. h. eben jene mysteriöse „Grenze" gesetzt hat. — Mit ewig „dunklen" Grenzen aber, über die man immer nur „methodisch diskutieren" kann, kommt die Wissenschaft nicht weiter. Nach alledem wird man verstehen, warum — wie ALDAG (32) feststellt — „das neueste schweizerische Schrifttum die Versuche aufgegeben hat, für den Inhalt" des Gleichheitssatzes „eine stichhaltige und praktisch verwertbare Formel zu finden". Diese Resignation ist nur Folge der Einsicht, daß mit allen Worten der Subjektivität richterlicher Entscheidungen über den Wert von Gesetzen nicht beizukommen ist, — wobei man sich mit der ausschließlichen und eng begrenzten Zuständigkeit eines Gerichts (des Schweizer Bundesgerichts) zu trösten sucht. (Vgl. ALDAG 32 u. das oben Folgende!)

[3] Z. B. s. ALDAG 28/30, 101/102, 103f., 112/113; LEIBHOLZ 78, 89, 91f., 94, 98, 100, 112.

barkeit ihres Verbots willkürlicher Ungerechtigkeit des Gesetzgebers nicht an Fällen bewiesen werden kann, bei denen nur die Ungesetzlichkeit von „Justiz und Verwaltung“, also die Anwendung eines gegebenen Gesetzes in Frage steht. Wenn sie daher dem Leser solche Fälle als Früchte ihrer Lehre vorstellen, wenn sie dann unter der Hand ein echtes Beispiel einführen und dazu in „Parallele“ setzen, so vollführen sie nur in praxi die bereits bekannte Vorspiegelung des Besitzes objektiver Merkmale: dem „falschen Beispiel“ eines anzuwendenden gesetzlichen Tatbestands, der solche Merkmale enthält, wird, nachdem die Anwendung als „Ausstrahlung der Gerechtigkeitsidee“ ausgegeben ist, das echte Beispiel eines übergesetzlichen „Prinzipes“ untergeschoben! Dieselbe Vorspiegelung liegt in der Verwendung von „Beispielen“, bei denen zwar Bindungen des Gesetzgebers in Frage stehen, jedoch nur solche, die sich wieder durch Anwendung eines gegebenen Rechtssatzes, nämlich eines anderen Verfassungssatzes als des Art. 109 I RV. ergeben[1]. Hierher gehört vor allem die beliebte Heranziehung der Steuerpolitik[2]! Denn in Art. 134 RV. sind bestimmte objektive Merkmale gegeben, unter denen die Steuergesetzgebung die Sachverhalte zu ordnen hat; indem man den Art. 134 als „Ausfluß der Gerechtigkeitsidee“ (—!) erscheinen läßt, requiriert man die objektiven Merkmale des positiven Tatbestands für seine „Gerechtigkeitsidee“, — als ob es ihrer bedürfte, wo die Verfassung schon bestimmte Wertmaßstäbe für die Behandlung von Sachverhalten gesetzt hat. Daher sind alle „Beispiele“ auf dem Gebiete des Steuerrechts oder anderen Gebieten, auf denen die Bindung des Gesetzgebers auch ohne Art. 109 I aus der Verfassung hergeleitet werden kann, irreführend[3]: Dem Positivisten wird einfach vorgemacht, die bekämpfte Lehre gebe ihm jene „Kriterien“, die ihm schon das Gesetz gegeben hat, und unter denen bekanntlich über Gleichheit und Ungleichheit von Sachverhalten objektiv geurteilt werden kann: durch die Sicherheit von Entscheidungen, an denen „die Rechtsidee“ nicht das geringste Verdienst hat, führt man unmerklich in das Reich der Subjektivität über[4]!

[1] Z. B. LEIBHOLZ (100), mit merkwürdigen Verdrehungen: was er großartig aus Art. 109 I hervorzaubert, ergibt sich einfach aus sinngemäßer Auslegung des Art. 111 RV. (Freizügigkeit). Nach demselben Rezept wird (103/104) das positive amerikanische Recht des „freien Übergangs“, wie andere allgemeine Freiheitsrechte, entgegen der ausgesprochenen amerikanischen Auffassung (—!), im Sinne der „Gleichheitsidee“ falsch interpretiert (s. insb. 104, Z. 10 bis 15)! — Vgl. auch etwa das Verfahren ALDAGS (72) mit Art. 110 II RV. (gemeinsames Indigenat).

[2] S. ALDAG 83f., 116f.; LEIBHOLZ 99, 110f.; BÜHLER, RV. zu Art. 109 (beide Beispiele durch Art. 134 und andere Grundrechte anstößig). — Daher ist insb. TRIEPELS „Beispiel“ (Staatsrl. 3, 52/53) „Beamtengehälterkürzung“ nicht einwandfrei; TRIEPELS Hauptargument (53) „Sondersteuer“ geht von Art. 134 RV. aus. (Zu OVG. 80, 42 schon S. 35, Anm. 2.) — So führt ferner HENSEL seine aus den positiven Merkmalen des Art. 134 RV. und der einzelnen Gesetze, welche ein „Ermessen“ einräumen, gewonnenen Sätze (Vierteljahrsschr. für Steuer- u. Finanzrecht 1927, 1f., insb. 65/67) auf Art. 109 I zurück (beachte zumal 66, Z. 2 v. unt. bis 67, Z. 2).

Bezeichnenderweise führen die Meinungsverschiedenheiten in Steuerfragen verhältnismäßig häufig zur Aufhebung von Gesetzen (vgl. BURCKHARDT 65/67; LEIBHOLZ 112), da das „allgemeine Rechtsbewußtsein“ in der Frage der Einkommensverteilung leider „nur zu oft verdunkelt“ ist!

[3] Ihren Höhepunkt erreicht die Verwirrung, wenn das positive Recht (Art. 134 RV.) gegenüber dem Wunschrecht für „praktisch überflüssig“ erklärt wird (s. ALDAG 84 u. insb. 121/124). Typisch, wie ALDAG auf jede Weise dem realen Art. 134 Bedeutung abzuziehen sucht: das so entnervte geltende Recht bedarf natürlich wieder der „Erleuchtung“ durch die neue Auffassung des Art. 109 I! — Richtig anscheinend das von ALDAG angegriffene Urteil des Finanzgerichts beim Landesfinanzamt Unterelbe vom 4. 10. 24.

[4] Diesem Verfahren dürften bereits namhafte Realisten — wenigstens vorübergehend — zum Opfer gefallen sein: z. B. W. JELLINEK, wenn er (Staatsrl. 3, 60) „nicht einsieht“, warum die Rechtsprechung der Verwaltungsgerichte zur Gültigkeit der Verfügungen „nicht auch auf den Gesetzgeber sollte angewandt werden können“ (— unter dem gesetzlichen Tatbestand, der zur Verfügung ermächtigt, kann über die Schranken der Ermächtigung, des ‚Ermessens‘, objektiv geurteilt werden —) — noch deutlicher jetzt (Verwaltungsrecht 1928, 155, 156): von ‚Unsachlichkeit‘ kann nur gesprochen werden, wo das ‚Wesen der Sache‘ objektiviert ist; zu JELLINEKS „krassem“ (— dazu RÜMELIN 78 —) Beispiel s. Anm. 1 S. 33, wo auf die Mischung der Beispiele bei FRIEDRICHS (JW. 27, 425f.) schon hingewiesen ist.

Daß die trügerische Vermengung von Beispielen und Nichtbeispielen bis heute nicht bemerkt worden ist, verdankt man in erster Linie der Requisition unbesehener amerikanischer und schweizerischer Rechtsprechung für die Zwecke der bekämpften Lehre. Ihre steigende Popularität beruht zum Teil auf der Sympathie für jene Staaten, in denen man nach den gegnerischen Darstellungen ein Vorbild für die Rechtsprechung über die Gerechtigkeit der Gesetze zu finden glaubt. Wenn es daher auch nach den Ausführungen zur Methode für unsere Auslegungsfrage gar nicht darauf ankommt, ob „im ausländischen Recht das ... Verbot der „Willkür“ eine ... erhebliche Bedeutung spielt“ (an der Contamination erkennt man den Verfasser [82]), so gebietet doch die Rücksicht auf die Problemlage, den Illusionen entgegenzutreten, die über das Wesen der für den Gleichheitssatz in Anspruch genommenen ausländischen Rechtsprechung verbreitet werden.

Sobald man nämlich die angezogenen Massen ausländischer Entscheidungen auf die Bedeutung untersucht, die darin „der“ Gleichheitssatz als Forderung an den Gesetzgeber, als „Willkür“verbot usw. gewonnen hat, stellt sich heraus, daß der weitaus größere Teil dieser Entscheidungen von ganz anderen gesetzlichen Tatbeständen als der Gleichheitsformel ausgeht.

Eine verhältnismäßig kleine Zahl „falscher Beispiele“ zunächst — die aber immerhin schon der der echten gleichkommen mag — liegt auf dem Gebiet der „Rechtsanwendung“. Hier wird die Vermischung dadurch begünstigt, daß die ausländische Wissenschaft, die eine Gesetzgebungs- und Verwaltungsakte umfassende Rechtsprechung verarbeitet, in den Begriffen der „Gesetzgebung“ und „Rechtsanwendung“ von der vorausgesetzten Alternative abweicht[1]. Dabei ist es bezeichnenderweise gerade die Rechtsprechung über Akte der „Rechtsanwendung“, welche z. B. die Anwendung des schweizerischen Gleichheitssatzes (Art. 4 BV.) durch das Bundesgericht tragen hilft: „Die Einteilung des Landes in 25 zum Teil sehr kleine Staaten und die politische Organisation derselben haben zur unvermeidlichen und unverkennbaren Folge eine nicht überall genügende Besetzung der richterlichen und administrativen Amtsstellen. Art. 4 ... ist das unentbehrliche Korrektiv einer oft unvollkommenen Rechtsprechung, darin liegt seine politische Berechtigung“ (BURCKHARDT 69[2]).

Die meisten unzulässigerweise als „Beispiele“ beanspruchten ausländischen Entscheidungen indes behandeln zwar verfassungsmäßige Bindungen des Gesetzgebers, jedoch solche, die auch ohne die als „Gleichheitssatz“ angesprochenen Wendungen gelten, d. h. sie gehen von positiven, wenn auch oft sehr unklaren Bestimmungen der ausländischen Verfassungen aus, die neben „dem“ Gleichheitssatz, zum Teil in stilistischer Verbindung mit ihm, bestehen und dem Gesetzgeber Schranken setzen, welche meist nur Vorstufen einer im deutschen Staatsrecht längst erreichten und in schärferer Formulierung realisierten Entwicklung sind. Während es uns z. B. selbstverständlich ist, daß die Grundrechte der Deutschen nicht von den „Ländern“ angetastet werden können und der individualistische Gedanke die Spitze gegen die Gesetzgebung des Reiches kehrt, liegt in der Schweiz wie in den Vereinigten Staaten der Schwerpunkt in der Korrektur der Gesetzgebung der Unterstaaten. So ist im 14. Zusatzartikel der amerikanischen Verfassung, der auch „das Gleichheitsprinzip“ enthält, eine ganze Reihe von Sätzen in primitiver Weise zusammengedrängt und aufs innigste mit dem Prinzip verquickt, das etwa als Vorstufe unseres „gemeinsamen Indigenats“ gelten kann: „Alle in den Vereinigten Staaten geborenen

[1] So erklärt BURCKHARDT (63): unter „Gesetzgeber“ „verstehen“ „wir“ „jede rechtssetzende Behörde“ — wobei also die Rechtsschöpfungen unter dem Tatbestand eines Gesetzes (Verordnung, Verfügung) mit der Schöpfung des Gesetzes als dem „souveränen“ (nur verfassungsgebundenen) Positivierungsakt in einen Topf kommen. Fehlt aber bei den ausländischen Schriftstellern die Scheidung der Beispiele, so auch bei ihren „Übersetzern“.

[2] Vgl. auch VON HIPPEL 145, W. JELLINEK: Staatsrl. 3, 59 und JAMES BRYCE: Moderne Demokratien I (1923) 386f. — Von alledem kann im Deutschen Reiche keine Rede sein.

oder naturalisierten und der Regierungsgewalt derselben unterworfenen Personen sind Bürger der Vereinigten Staaten und des Staates, in dem sie wohnhaft sind (Abs. I). Kein Staat soll Gesetze erlassen oder durchführen, die die Privilegien oder Immunitäten der Bürger der Vereinigten Staaten kürzen; und kein Staat soll irgend jemandem ohne gehöriges Rechtsverfahren (due process) Leben, Freiheit oder Eigentum entziehen noch irgend jemandem innerhalb seines Gebiets den gleichen Schutz der Gesetze (equal protection of the laws, „Gleichheitssatz") versagen" (FREUND, 347). In der Schweiz betreffen die Entscheidungen des Bundesgerichts gar ausschließlich das Verhältnis kantonaler Gesetze zur Bundesverfassung (— entsprechend der auf Art. 13 RV. beruhenden Prüfung unserer Landesgesetze)! Es ist dem Bundesgericht durch Art. 113 BV. ausdrücklich verboten, die Verfassungsmäßigkeit von Bundesgesetzen (— entsprechend unseren Reichsgesetzen) zu prüfen, und so räumt denn ALDAG selbst (62, s. auch 33) ein: „Der Schutz der Rechtsgleichheit wird damit zu einer Überwachung der Kantone bezüglich des Schutzes der verfassungsmäßigen Rechte der Bürger herabgedrückt."

So führt schon der erste Schritt der Untersuchung zu einer unerwarteten Differenzierung der in summa für die gegnerische Lehre requirierten ausländischen Rechtsprechung: die große Masse der ausländischen Entscheidungen entpuppt sich als redliche positive Jurisprudenz, d. h. Auslegung von Verfassungsbestimmungen, die unabhängig von den als „Gleichheitssatz" angesprochenen Wendungen bestehen. Der Anschein politischer Entscheidungen entsteht nur dadurch, daß die auszulegenden Formeln, denen das auf seine Übereinstimmung mit der Verfassung geprüfte Gesetz genügen muß, von großzügiger Unbestimmtheit sind, daß die Gerichte in schwieriger Einzelarbeit erst die Grenzen eruieren müssen, die die Verfassung zugunsten der Bürger des Oberstaats vor allem den Gesetzgebern der Unterstaaten mit jenen allgemeinen Wendungen hat setzen wollen, — und wie sie in unserer Verfassung mit größerer begrifflicher Deutlichkeit bereits im Einzelnen gezogen sind[1].

Das nach diesen Klarstellungen bleibende Häuflein echter Beispiele für die „Praktikabilität" eines souveränen richterlichen Ermessens über die Gerechtigkeit der Gesetze bietet nur das erwartete, typische Bild rechtspolitischen Meinungswirrwarrs. Wer es nach aller Überlegung noch bezweifelte, daß mangels objektiver Maßstäbe Subjektivität herrschen muß, wer es für möglich hielte, daß eine Praxis auf subjektiver Grundlage irgend etwas Quasi-objektives hervorbringen könne, wird schon an den ausgewählten Früchten, die ALDAG und LEIBHOLZ auftischen, erkennen, daß ein solches Wunder bisher sich nirgends ereignet hat, — gesteht doch LEIBHOLZ selbst — an verschwiegener Stelle (83, Anm. 3) — die „Möglichkeit von Fehl(!)sprüchen, die insbesondere (— nur darauf kam es an!) bei der hinsichtlich der Überprüfung von Gesetzen viel reichhaltigeren Judikatur der amerikanischen Gerichte nicht zu den Seltenheiten gehören", und auch ALDAG findet (69) die Entscheidungen des Schweizer Bundesgerichts „im Einzelnen zuweilen nicht unbedenk-

[1] Abgesehen von den Überschreitungen der richterlichen Befugnisse, zu denen die hochpolitische Natur der Fragen wie die Unergründlichkeit der Verfassungsformeln herausfordert: „der auslegende Gerichtshof befaßt sich nicht mit politischen Fragen, d. h. mit der inneren Weisheit oder Berechtigung entweder des Gesetzes oder der Verfassung selbst, sondern er entscheidet nur, ob das erstere mit der letzteren kollidiert. Da aber die Entscheidung oft schwierig ist, ob die in einer Verfassung verwandten allgemeinen Ausdrücke mit dem Wortlaut des Gesetzes, das jene allgemeinen Ausdrücke übertreten soll, vereinbar sind oder nicht, ergibt sich oft Anlaß zu Meinungsverschiedenheiten über die eigentliche Sinndeutung der Verfassung, d. h. das, was das Volk, das die Verfassung beschlossen hat, mit den von ihm verwandten Ausdrücken gemeint hat. Dadurch ergibt sich anscheinend für die Richter eine ermessensmäßige Entscheidung, die man aber kaum ermessensmäßig heißen kann, weil der ehrliche und sachkundige Richter sich nur um die Feststellung der Sinnbedeutung bemüht und seiner persönlichen Stellungnahme keinen Einfluß auf seine Entscheidung einräumt" usw. JAMES BRYCE,: a. a. O. II (1925) 93.

lich." — LEIBHOLZ wird wissen, warum er von „einer näheren Erörterung der überaus umfangreichen Judikatur der amerikanischen Gerichte sowie des Schweizer Bundesgerichts Abstand" nimmt, obwohl er von seinem Standpunkt aus eine immanente Kritik jener Judikatur auf Folgerichtigkeit in ihrem Gerechtigkeits- und Willkürbegriff schuldig wäre! (s. 14, A. 3). Jede auch nur etwas „nähere" Betrachtung würde nämlich zeigen, daß jene Entscheidungen, die mit den Begriffen der „Gerechtigkeit" oder der „Willkür" umgehen, sich in unentwirrbare Widersprüche verwickeln[1]. — Was aber hier entscheidet, ist die Tatsache, daß trotz aller „Einheit des Rechtsbewußtseins" des amerikanischen und Schweizer Volkes (s. LEIBHOLZ 120, Anm. 2, letzter Satz), trotz aller bekannten Einschränkungsversuche, die Entscheidungen nur die typischen, aus der Politik geläufigen Widersprüche enthalten, ja daß, soweit es sich um kollegiale Entscheidungen handelt, die Stimmen der einzelnen Mitglieder des Kollegiums über die Gültigkeit eines Gesetzes auseinandergehen. Freilich haben die Ritter vom „richterlichen Rechtsbewußtsein" verschwiegen, daß bei den Entscheidungen von rechtspolitischer Tragweite meist einzelne Gutachten gegen die Kollegialentscheidungen abgegeben werden[2]!

Wie diese subjektivistische Zerrissenheit der Urteile über die Gültigkeit von Gesetzen in der Schweiz und den Vereinigten Staaten ertragen wird, kann erst durch den von der Gleichheitsformelvergleichung vermiedenen Vergleich der Gewaltensysteme erklärt werden. Hier sei nur darauf hingewiesen, daß alle jene Subjektivitäten, die über die Ergebnisse demokratischer Gesetzgebung rechtspolitisch zu entscheiden haben, verfassungsmäßig vom Volke abhängig und damit — im Gegensatz zum deutschen Richter — rechtspolitische Organe des gesetzgebenden Souveräns sind.

Die Betrachtung des ausländischen Rechts zeigt, daß aus subjektivistischer Theorie so wenig eine objektive Praxis sprießt, wie objektive Merkmale in Entscheidungen vom Himmel fallen; die beiden einzigen Fälle aber, an denen sich die bekämpfte Lehre in unserem Staate bisher versucht hat, lassen, entsprechend der größeren politischen Zersplitterung, nur noch Schlimmeres befürchten. — Auch hier kommt es, wie bei den ausländischen Beispielen, nicht auf Unklarheiten und Widersprüche einzelner Schriftsteller mit sich selbst und untereinander an, sondern nur auf die unleugbare Tatsache, daß die vom Standpunkt der Lehre von der Gerechtigkeitsgleichheit gefällten Urteile trotz „Allgemeinheit des Rechtsbewußtseins", trotz „Beschränkung" auf die Fälle „offenbarer Ungerechtigkeit" in der eindeutigsten Weise einander widersprechen.

Der „Fall" zunächst, dem die gegnerische Lehre ihre Auferstehung dankt, betrifft zwar kein formelles Gesetz, kann aber als Erfahrung der Willkürdoktrin

[1] Vgl. z. B. die zutreffende Kritik ALDAGS (40/41) an BGE. 38 I Nr. 67, ferner das vernichtende Urteil GEORG JELLINEKS: „System" 98, dem MORSTEIN-MARX in HansRZ. 6, 838 zustimmt. Über die Widersprüche des Bundesgerichts mit sich selbst insb. s. BREIHOLDT: PrVBl. 47, 112, Sp. 1 und die dort bezeichneten Entscheidungen des BG., sowie BURCKHARDT (insb. 61/62). Schließlich zu den „Willkür"-Sprüchen der amerikanischen Praxis FREUND 56 und überall.

Zur Ehre des Schweizer Bundesgerichts ist indes festzustellen, daß es nicht mit der Prätention objektiver Gerechtigkeit auftritt, sondern bewußt nach rechtspolitischem Gutdünken entscheidet, indem es seine Befugnis dazu aus der positiven Gerichtsverfassung herleitet. Vgl. FLEINER: Schweiz. Bundesstaatsrecht (1923) 284 und BURCKHARDT 64f.

[2] Stets bemerkt z. B. bei den von EDWIN M. BORCHARD ausgewählten Fällen aus HALL: Constitutional law; vgl. auch FREUND (50): „meist sind solche Entscheidungen gegen den Widerspruch einer Minderzahl von Richtern erlassen worden und haben auch sonst zu lebhaften Protesten Anlaß gegeben. In verschiedenen Staaten haben solche Proteste in ausdrücklich ermächtigenden Verfassungsvorschlägen Ausdruck gefunden, die z. T. auch angenommen worden sind" (—!!). Die bekannten Mißstände, zumal die Korruption der nordamerikanischen Rechtsprechung, dürften eine Hauptursache für die bewußte Ablehnung des amerikanischen Systems durch die Nationalversammlung sein: beachte die Verwerfung der Richterwahl (Sten.-Ber. 1467f.), zumal die Reden HEINZE und KATZENSTEIN, wie die Erfolglosigkeit der COHNschen Hinweise auf die amerikanische Zuständigkeitsverteilung (Sten.Ber. 1559)!

gelten, soweit er wie ein Gesetz an Art. 109 I gemessen worden ist[1]: während TRIEPEL (Goldbil. 32f.) auf Grund ausführlicher rechtspolitischer Erwägungen zu dem Schlusse kommt, daß sich für die im § 28 des Art. 4 der 2. Durchführungsverordnung vom 28. 3. 24 zur Verordnung über Goldbilanzen vom 28. 12. 23 enthaltene „Benachteiligung“ der Vorzugsaktien kein „vernünftiger Grund auffinden“ lasse (33), scheint[2] der 2. Zivilsenat des Reichsgerichts (113, 6f., insb. 13, Urt. v. 29. 1. 26) einen solchen Grund gefunden zu haben, da er meint, daß vom TRIEPELschen Standpunkt aus von „Willkür“ „keinesfalls“ gesprochen werden könne. TRIEPEL behauptet danach die Ungültigkeit, das Reichsgericht die Gültigkeit des § 28.

Der zweite, eigentlich einzige und weit bedeutsamere Fall ist der Streit um die Gültigkeit der Aufwertungsgesetze, soweit nicht die Ungültigkeit aus anderen Vorschriften der Verfassung als Art. 109 I hergeleitet wird. — Die Vielheit der in dieser Frage streitenden „Rechtsbewußtheiten“, der Fanatismus, mit dem ein jeder sich zum Künder der einzigen Gerechtigkeit und zum Richter über das Gesetz aufgeworfen, ist so allgemein bekannt, daß es dem Leser überlassen werden kann, aus einigen Äußerungen einen Vorgeschmack von den Früchten der Lehre von der Gerechtigkeitsgleichheit zu gewinnen: man vergleiche etwa das — hypothetische — Urteil des Reichsgerichts vom 4. 11. 25 (111, 328f.) mit den Äußerungen KRÜCKMANNS (LZ. 26, Sp. 321 u. 415f.), J. GOLDSCHMIDTS (DJZ. 26, Sp. 33 u. 296/97 sowie JW. 26, 1344f.), ZEILERS (JW. 25, 22 u. 1740, LZ. 25, Sp. 944) und LEIBHOLZENS (99 u. Nachw. 29)[3]!.

Belegen die „praktischen Fälle“ nicht die „Praktikabilität“ der jüngeren Lehre, so sorgt der wunschrechtlerische Entscheidungseifer für zukünftige Möglichkeiten, an denen er seine Kraft am überzeugendsten beweisen zu können glaubt. — So kündigt TRIEPEL (Staatsrl. 3, 53) im Musterbeispiel an, daß er die gesetzliche Kürzung der Gehälter nur der oberen Beamtengruppen für ungültig halten würde, da die Differenzierung nicht in „innerem Zusammenhange mit dem Beamtendienstverhältnis“ stehe, — aber diesmal hat sein Vorbild, das Schweizer Bundesgericht selbst, schon einen solchen Zusammenhang gefunden, da es ein derartiges Gesetz für gültig erklärt (BGE. 41 I, Nr. 2 (ALDAG 103), FLEINER 284 [schweizerisches Bundesstaatsr.]). Zwar dürfte man in der Not sich wieder der „nationalen“, „lokalen“ usw. „Unterschiede“ erinnern (vgl. Anm. 3 S. 14), ob auch die Schriften ALDAGS und LEIBHOLZENS von der „Verwertbarkeit gewisser ausländischer Ergebnisse“ „durchdrungen“ sind! In Wahrheit unterscheidet sich in der aufgeworfenen Frage nicht das „aus dem Kulturbewußtsein herausgeschnittene Rechtsbewußtsein“ des Schweizer Volkes von dem des Deutschen, sondern die politische Einstellung des Bundesgerichts von der TRIEPELschen. — Wenn in der Schweiz der Ausschluß des weiblichen Geschlechts von den politischen Wahlen „auf einem vernünftigen Grund“

[1] Spezialuntersuchung hätte zu prüfen, wieweit die im folgenden als „rechtspolitisch“ bezeichneten Erwägungen TRIEPELS über die „Gerechtigkeit“ des § 28 positiven gesetzlichen Tatbeständen entstammen, die als dem § 28 übergeordnet empfunden werden.

[2] TRIEPEL dürfte sich darüber beklagen, daß die Entscheidung nicht, wie sie vom hypothetisch eingenommenen Standpunkt aus schuldig wäre, den von ihm in mühevollen Ausführungen gesuchten, aber nicht gefundenen „vernünftigen Grund“ verraten hat. Denn der einzige, entscheidende, mit „so aber liegt die Sache hier“ (13) eingeleitete Satz des RG. geht an den „vernünftigen Erwägungen“ TRIEPELS (Goldbil. 33 besonders Z. 9—30) vorbei und enthält nur die Behauptung, daß die Beschränkung der Aktienanteile am Liquidationserlös ein „vernünftiger Grund“ für die Beschränkung bei der Goldumstellung des Aktienkapitals sei. — Doch ist es nicht unsere Aufgabe, die Geister des Ipsedixitismus (BERGBOHM [360/61]) zu vertreiben, die TRIEPEL durch seine der Praxis nur zu bequemen Formeln herbeigerufen hat (vgl. 35, OVG. 80, 42). — Daß aus der apodiktischen Entscheidung des Reichsgerichts nur der Instinkt der Unterworfenheit des Richters unter die Wertungen des Gesetzgebers spricht, steht auf einem anderen Blatt (S. 113, Anm. 1).

[3] Vgl. jetzt noch RÜMELIN 49f.

beruht[1], während in Deutschland kraft Verfassungsvorschrift den Frauen die politischen Wahlrechte verliehen, also jene Differenzierungen für „unvernünftig erklärt sind, so ist die Ursache einzig in dem Unterschied der politischen Mächte zu finden, die das schweizer und das deutsche Recht geschaffen haben — trotz einer starken Opposition in der Schweiz, die auf dem deutschen, in Deutschland, die auf dem schweizer gesetzlichen Standpunkt steht. Wer immer in Deutschland das normale Weib als zu den Staatsgeschäften untauglich ansieht, muß die Gleichstellung in den politischen Gestaltungsrechten als mit dem „Wesen des Geschlechtsunterschieds“ „absolut unvereinbar“ „erkennen“ und, sofern er, wie LEIBHOLZ, selbst die Verfassung an seinem wunschrechtlichen Maßstabe auf „Gültigkeit“ prüft, die Reichsverfassung in diesem Punkte für unwirksam erklären. Nicht anders etwa bei der Bestimmung der Wahlfähigkeit nach dem Alter! — „Warum“, wird ein bestimmter politischer Wille fragen, „Wahlfähigkeit (vom 20. Lebensjahre) vor Volljährigkeit (vom 21. Lebensjahre)“? Wie können einem Menschen, dem man nicht einmal seine eigenen rechtlichen Interessen anvertraut, den man auf Kosten redlicher Dritter gegen sich selbst schützt, die höchsten Gemeinschaftsinteressen anvertraut werden? Das ist eine „absolut unsinnige“ Unterscheidung — also . . .“. Könnten auf diese Weise große Teile des Verfassungsrechts, an die im Augenblick vielleicht niemand denkt, die man aber im wunschrechtlichen Bedarfsfalle sogleich „entdecken“ würde, in Frage gestellt werden, wieviel leichter alle bedeutenden einfachen Kodifikationen! Bei allen kommenden Gesetzen, die elementare Gegensätze wachrufen, würde die „Rechtsidee“ reichlich Stoff zur Scheidung von „richtigem“ und „absolut verkehrtem“ Recht finden und, bei der Vielheit der Stellen, die sich die Entscheidung über „Recht“ und „Nichtrecht“ anmaßen könnten, die mühsam errungene Einheit des verfassungsmäßigen Rechts wieder vernichtet werden.

Die Wirkungen einer wunschrechtlerischen Praxis auf die deutsche Organisation können erst in der „großen Systematik“ gewürdigt werden. Hier genügt die Feststellung, daß der theoretische Subjektivismus in der Praxis nur einen undurchdringlichen Wirrwarr rechtspolitischer Sentenzen zeitigt, durch welche die Ergebnisse der verfassungsmäßigen Gesetzgebung bedroht werden: die nach der Verfassung diesen Ergebnissen unterstellten Staatsdiener werfen sich, gedeckt durch philosophisch klingende Zauberworte, mit ihrem rechtspolitischen Willen von Fall zu Fall zu Richtern über die Gesetzgebung auf und sind dabei um so beweglicher, als sie „im Gegensatz“ zur „klassischen“ Naturrechtlerei (des Vernunftsrechts) die Aufstellung klarer weltanschaulicher Grundsätze, an die sie sich selbst für gebunden hielten, vermeiden.

Damit dürfte die Aufgabe der Kritik der Lehre von der Gerechtigkeitsgleichheit, soweit sie an den Wortlaut des Artikels 109 I anschließen mußte, erfüllt sein. Zwar konnte von diesem Wortlaut wenig mehr die Rede sein, weil die bekämpfte Lehre mit ihm nicht arbeiten kann, weil der „Ausdruck“ des Art. 109 I für ihre „Prinzipien“ derart „unmöglich“ ist, daß ihre Ausführungen meistens „in der Luft zu schweben“ scheinen. In Wahrheit geht es der Lehre von der „sachlichen Rechtsgleichheit“ nicht um den Art. 109 I. Jeder andere Artikel der Verfassung von genügendem Format kann morgen oder übermorgen zur Ehre kommen, als Träger der „Rechtsidee“ angesprochen zu werden: Art. 109 I ist nur die Einbruchsstelle eines revolutionären Wunschrechts, das es trotz seiner „höheren Gültigkeit“ nicht verschmäht, sich in positiven Sätzen zu „verankern“, indem es als ersten „rechtsphilosophischen“ Dietrich einen falschen Begriff zum Worte „gleich“ einführt. Von

[1] — sogar des geistlichen Standes (vgl. FLEINER: Schweizer Bundesstaatsr. 284, — im übrigen 283 u. HUBRICH: Das demokr. Verfassungsr. 200!). Dazu vermerke etwa den Bericht über eine von 248297 Unterschriften getragene Petition für das Frauenstimmrecht im 2. Morgenblatt der „Frankfurter Zeitung“ vom 7. Juni 1929.

all den schillernden Seifenblasen des wunschrechtlichen Wortprunks — von der „relativen Gleichheit" bis zum „Willkürbegriff" — bleiben nur Wortmißbräuche und Willkürlichkeiten, durch die dem Gleichheitssatze jene jüngste „Gerechtigkeit" untergeschoben wird, die durch ihre Priester — von Fall zu Fall — spricht.

II. Die Entstehungsgeschichte des Art. 109 I.

Das Ergebnis der Untersuchung des Wortlauts ist unter der Voraussetzung richtigen Ausdrucks gewonnen. Gewißheit bringt erst die Betrachtung der Entstehungsgeschichte, welche der Möglichkeit mangelhaften Ausdrucks des gesetzgeberischen Willens Rechnung trägt.

Hatte die gegnerische Lehre ihre guten Gründe, vom Wortlaut des Art. 109 I nicht viel Aufhebens zu machen, so hat sie zumindest ebensogute, die Forschung nach der Willensbildung der Verfassunggeber teils unter methodischen Vorwänden abzulehnen, teils auf unwesentliche geschichtliche Tatsachen abzulenken. Denn wie sogleich zu zeigen ist, führt die vom Wortlaut unabhängige reine Untersuchung der gesetzgeberischen Willensbildung zu Art. 109 I notwendig zu demselben Ergebnis wie die Untersuchung des Wortlauts.

Ziel der entstehungsgeschichtlichen Forschung ist die Erkenntnis des die gesetzgeberische Tat beherrschenden Willens. Geschichtliche Gegebenheiten kommen daher nur als Zeichen der zur Abstimmung der Nationalversammlung führenden Willensbildung in Betracht[1].

Auszugehen ist also von den Verhandlungen der gesetzgebenden Körperschaft selbst.

Die der Beschlußfassung über Art. 108 I (= 109 I RV.) vorausgehende Aussprache über Art. 108 enthält zwar ausgiebigen Streit über Abs. II—VI (Sten.Ber. 1560f.), aber nicht die geringste Äußerung zu Abs. I. Der Berichterstatter (Düringer) war mit dem Satze: „§ 108, Abs. I stellt das allgemeine Prinzip voran, daß alle Deutschen nach dem Gesetze gleich sind" zu einem längeren Bericht über die im Verfassungsausschuß zu Abs. II—VI entstandenen Meinungsverschiedenheiten übergegangen.

Dasselbe Bild in den Lesungen des Verfassungsausschusses: bei ausgiebigen Debatten über Abs. II—VI anstandslose Annahme des Abs. I (Ber. des 8. Ausschusses 373, 499), — einzige Äußerung des Berichterstatters (Beyerle) zu Abs. I (370): „Der Artikel behandelt die Gleichheit vor dem Gesetz. Er ist ein alter Satz, den alle früheren Grundrechte enthalten haben."

Diese anstandslosen Annahmen des Abs. I sind nur daraus zu erklären, daß man ihm eine Bedeutung beimaß, die auf keiner Seite rechtspolitische Bedenken erregen konnte[2]. Solche allgemeine Anerkennung konnte aber kein materielles Gerechtigkeitsprinzip finden, das in seiner Bedeutung unermeßlich weit über die umstrittenen Absätze II—VI hinausgegangen wäre, sondern nur ein Satz, dessen Geltung in Deutschland wahrhaft „selbstverständlich" war[3]. „Selbstverständlich" aber war den Schöpfern der Verfassung wie der Masse des Volkes nur jene Bürgschaft reiner Gesetzlichkeit, der „formale" Grundsatz der vollkommenen Gesetzesanwendung,

[1] Verkannt von Aldag (s. insbes. 11, Z. 4—8), dessen geschichtliche Darlegungen wegen zahlreicher Verstöße gegen die Methode nur als Materialsammlung dienlich sind.

[2] Mit Recht weist v. Hippel (142 — ähnlich Anschütz: Staatsrl. 3, 48 und Thoma ebenda 58) darauf hin, daß gegen eine etwaige Auffassung des Gleichheitssatzes im Sinne der Lehre von der „sachlichen Rechtsgleichheit" sich die Regierungsparteien (wegen der Bedrohung der Legislative) wie die Länder (wegen der unitarischen Konsequenzen) hätten wenden müssen. Aber damit sind die politischen Folgen, um die in der Nationalversammlung — bei ihrer Zusammensetzung — die schwersten Kämpfe hätten entstehen müssen, längst nicht erschöpft: s. V. Teil und jetzt noch Rümelin 37—40!

[3] Ähnlich Morstein-Marx, HansRZ. 6, 837/38; Breiholdt PrVBl. 47, 110f.

den schon der Entwurf der für die Verfassung vielfach vorbildlichen „Frankfurter Verfassung“ vom 28. 3. 1849 (VI Art. II, § 137, Abs. 3) vorgesehen (vgl. insb. THOMA: Festg. f. OVG. 1925, 218), und den die preußische Verfassung von 1850 (Art. IV) aufgenommen hatte. Mit dem Anruf dieser gewohnten und als lebendig vorausgesetzten Vorstellung („alle früheren Grundrechte“) konnten daher die Berichterstatter ihre Aufgabe als erfüllt ansehen[1]!

Daß die Verfassunggeber durch Art. 109 I nur den („formalen“) Grundsatz des Rechtsstaats zu erneuern dachten, kommt denn auch in zahlreichen Einzelheiten zum Ausdruck. Im PREUSZschen Vorentwurf wie im Regierungsentwurf lautet der Absatz: „Alle Deutschen sind vor dem Gesetze gleichberechtigt“, was der Abgeordnete SPAHN (Sten.Ber. 379) als einen stärkeren Ausdruck des „Ebenbürtigkeitsrechts aller deutschen Reichsangehörigen“ begrüßt, — der Ausschuß stellt die überkommene Fassung stillschweigend wieder her und bekundet dadurch, daß am überkommenen, von niemand angefochtenen Inhalt nicht gerüttelt werden soll[2].

[1] Die Gewißheit dieser zwanglosesten Deutung erlaubt, auf einzelne Schlüsse aus den Berichterstatter-Aussprüchen zu verzichten. — Fehlschlüsse z. B. bei ALDAG (8), der in BEYERLES Äußerung „bestätigt findet“: 1. „daß der Art. nicht zwei verschiedene Dinge regeln will, sondern daß der erste Satz gleichsam die Überschrift des Ganzen und einen allgemeinen, im Folgenden in seiner Beziehung auf Einzelheiten näher erläuterten Grundsatz enthält“ — Wo steht davon in BEYERLES Worten auch nur das Allergeringste? Wenn BEYERLE zu Abs. I sagt: „der Artikel behandelt...“, so ist das eine sprachliche Ungenauigkeit, gemeint ist Abs. I. Denn der unmittelbar folgende Satz: „er ist ein alter Satz“ kann sich nicht auf „Artikel“, sondern nur auf Absatz I beziehen. Ursache der Ungenauigkeit dürfte eine dem Berichterstatter (im Bedürfnis nach Kürze) unterlaufene Verschmelzung zweier Gedanken sein: „der Artikel behandelt die Gleichheit“ und „Absatz I behandelt die Gleichheit vor dem Gesetz“; soweit also mit Absatz I die Vorstellung einer „Überschrift“ verbunden ist, geht sie — wie bei jedem unbefangenen Leser des Artikel 109 — nicht darüber hinaus, daß der Gleichheitssatz Einleitung und Kennzeichen (Stichwort) einer Folge von Gleichstellungen ist, und läßt über das gedankliche Verhältnis zu Abs. II—VI nichts erkennen; — oder wie will ALDAG erklären, daß der Berichterstatter über Absatz I als einen von Abs. II—VI nur „in seiner Beziehung auf Einzelheiten erläuterten Grundsatz“ der „sachlichen Rechtsgleichheit“ wortlos hinweggeht, um sich über einige „Anwendungsfälle“ zu verbreiten? Damit ist deutlich, daß die von der gegnerischen Lehre gewünschte Ordnung der Gedanken in die harmlose Äußerung des Berichterstatters durch Kopulation mit der Einleitungs- und Stichwortvorstellung hineingedeutet ist. 2.: „Der Satz“ sei „wie vieles andere in den Grundrechten, gewissermaßen unbesehen, als ein altes demokratisches Erbstück aus älteren Verfassungen übernommen.“ — Hier steckt die ‚Einlegung‘ in den Worten „gewissermaßen unbesehen“ und „demokratisches Erbstück“ — wo ist das in der Äußerung des Berichterstatters „ausdrücklich gesagt“? Schon die Berichte des 8. Verfassungsausschusses zeigen, daß die Grundrechte das Ergebnis geistiger Kämpfe sind, bei denen kein Satz auch nur „gewissermaßen“ unbesehen bleiben konnte (vgl. auch Sten.Ber., Rede des Abgeordneten KOCH 1501 oben). Wenn Abs. I unbeanstandet geblieben ist, so nur deshalb, weil er von allen Seiten als politisch außer Diskussion, nämlich als hergebrachtes und gesichertes Prinzip angesehen worden ist. Nicht weniger gewiß dürfte es sein, daß die preußische Verfassung, an die jedermann zuerst denken mußte und — wie oben zu zeigen — gedacht hat, keine „demokratische“ „Erblasserin“ war; die Erinnerung des Berichterstatters, welche auf innerdeutsche Vorbilder hinweist, kann also für „demokratische Herkunft“ nicht in Anspruch genommen werden, — vielmehr wird die demokratische Provenienz von ALDAG hineinbehauptet, um unter dem Oberbegriff „andere demokratische Verfassungen (‚Urkunden‘ 8), aus denen der Satz (—!) herübergenommen ist“ die „Rechtsvergleichung“ einführen zu können, die preußische Verfassung aber (9) in der Versenkung des „Bedeutungswandels“ verschwinden zu lassen. Man achte zumal auf das „ebenso“ 8, Z. 15 v. unt.: grammatisch zu ergänzen: „heißt es“, nicht, wie zu subintelligieren nahegelegt: „wird als Vorbild gedient haben“!

[2] ALDAG „scheint mit der Satzänderung keine Sinnänderung verbunden zu sein“ (8) — aber die Gesetzgeber von Weimar haben sich nachweislich mehr um richtigen Ausdruck bemüht, als gewisse Schriftsteller, bei denen es auf dieses oder jenes Wort nicht ankommt. So gewiß wir in den Formen der Sprache denken, hat bei richtiger Sprache jede Ausdrucksänderung eine Ausdruckswillensänderung, eine — dem Sprecher oft unbewußte — Änderung des Gedankens zum Grunde. Wer daher eine gegebene Ausdrucksänderung für bedeutungslos erklärt, schuldet den Nachweis, daß der Gedanke trotz verschiedener Formung konstant geblieben ist — etwa, weil der Gesetzgeber einen Sprachfehler gemacht oder echte Synonyme für einen Begriff gebraucht hat. Zu einem solchen Nachweis aber wird man die Tatsachen vergebens suchen: der Abgeordnete SPAHN zunächst hat, wie sein Ausspruch zeigt, in „gleichberechtigt“ eine Sinnesänderung, also

PREUSZ selbst wollte mit „gleichberechtigt“ weder eine Neuerung bringen noch die Möglichkeit zu Deuteleien geben; denn er hat die Grundrechte „auf einige möglichst unverfängliche Sätze beschränken und die Ausarbeitung der gefährlichen Streitfragen ... einer Zeit überlassen wollen, da die ... Organisation des Reichs ... erst glücklich unter Dach gebracht wäre“ (im Ausschuß 91). Nicht anders hat der Verfasser des Gegenentwurfs „volksverständlicher Grundrechte“, NAUMANN, unter seinem Art. 28, Abs. I (= 109 I) nur „den alten Gedanken vom Rechtsstaat aller Deutschen“ (Ausschuß 179) gedacht, mit dem Satze: „Männer und Frauen haben dieselben staatsbürgerlichen Rechte und Pflichten“ wie den folgenden aber „den weiteren Gedanken vom nationalen Volksstaat der Gegenwart anzufügen“ geglaubt[1]. — Für die Aufnahme des „selbstverständlichen“ alten Satzes in die Grundrechte bestanden die verschiedensten, von keiner Seite angefochtenen Gründe[2]. Einmal hatte man sich entschlossen, um „Konsequenzen, die aus Reden und Schweigen, aus Ausführungen und Unterlassungen gezogen werden“ könnten, vorzubeugen, „Dinge, die an und für sich selbstverständlich“ wären, „wieder aufzunehmen“ (PREUSZ: Verfassungsaussch. 184; ähnlich FRIEDRICHS: JW. 1927, 426, Sp. 1 oben). Dieser Aufnahme „alten Stoffes“ ging eine „Nachprüfung“ seines „Verhältnisses zum heutigen Staate“ voraus (s. NAUMANN: Aussch. 179). Dabei sah man im Gleichheitssatz nur den Grundsatz des „Rechtsstaats an sich“, der zwar oft genug in Verfassungen proklamiert worden, im Rechtsleben aber längst nicht durchgedrungen war und mit dem man endlich Ernst zu machen gedachte[3]. Die Bedeutung der Gesetzlichkeits-Verheißung — die noch ausführlich zu behandeln sein wird — war so allgemein gegenwärtig, daß gegen die Absicht, sie an die Spitze aller Bürgerrechte zu stellen, keine Stimme laut wurde: das Bekenntnis zum Rechtsstaat (im „formalen“ Sinne) ist vielleicht das einzige, das alle Parteien von Weimar verbunden und ihre „Zusammenarbeit“, d. h. den geistigen Kampf an Stelle des Bürgerkriegs ermöglicht hat[4].

Die Erkenntnis, daß nur der durch die herrschende Auslegung des Art. 4 der preußischen Verfassung vom 31. 1. 1850 entwickelte, den Verfassunggebern selbstverständliche Gedanke vollkommener Gesetzlichkeit zur widerspruchslosen Annahme[5] des Art. 109 I geführt haben kann, erlaubt zwei wichtige Folgerungen:

Erstens ist nicht etwa Art. 4 der alten preußischen Verfassung rezipiert, sondern eine bestimmte Auffassung von ihm, welche die Verfassunggeber beherrscht hat, die Auffassung eben, die in Art. 4 nur das Gebot der vollkommenen Gesetzesanwendung sah und 1919 buchstäblich „allgemein“ anerkannt war. Hätten jene gelegentlichen unentwickelten Versuche, in Art. 4 eine Forderung an den Gesetz-

---

kein Synonym von „gleich“ gefunden. Der Ausschuß hat entweder seine Auffassung geteilt oder die des Verfassers PREUSZ, der beide Fassungen als gleichbedeutend im Sinne der herkömmlichen Auslegung wertete. In beiden Fällen kann die Wiederherstellung aber nur den Sinn haben, einer Auslegung im Sinne SPAHNS (also der NAWIASKY-V. HIPPELschen Lehre) vorzubeugen. — (Die dritte kombinatorische Möglichkeit, daß der Ausschuß die Fassungen als synonym im SPAHNschen Sinne angesehen hätte, scheidet aus, weil von diesem Standpunkt die stillschweigende Herstellung der alten Fassung unbegreiflich wäre, nachdem soeben der Sprecher einer Koalitionspartei die neue Fassung [gleichberechtigt] zum Zeichen des neuen Sinnes erklärt hatte.)

[1] Vgl. auch die Bemerkung des Präsidenten (Sten.Ber. 1559): „Art. 108 (= 109) regelt eine Reihe auseinandergehender Materien.“

[2] Zum folgenden: (mit unbeträchtlicher Abweichung) ANSCHÜTZ, Staatsrl. 3, 48; — Gegen den Einwand der „Bedeutungslosigkeit“ insb. noch 90f.

[3] S. QUARCK: Sten.Ber. 1905; NAUMANN: Berichte des 8. Verfassungsausschusses 178, PREUSZ, ebenda 184; Ablaß, ebenda 185: Art. 4 der Preuß. Verfassg. von 1850 sei von der Verwaltung nicht eingehalten, sondern geradezu in sein Gegenteil verkehrt worden.

[4] Wogegen im Reich der „materiellen“ „Rechtsstaatsideen“, d. h. der Staats- und Rechtsideale eben der Kampf der Wertungen war.

[5] S. noch Sten.Ber. 1568, Präsident: „ich darf wohl annehmen, daß der Satz „alle Deutschen usw.“ die Billigung des Hauses findet ohne besondere Zustimmung“ (Zustimmung). — Annahme in dritter Lesung, Sten.Ber. 2123.

geber zu finden, die als vereinzelte Vorläufer der jüngeren Lehre über Art. 109 I angesprochen werden (z. B. STAMMLERS, 1903)[1], auch nur irgendeinem Menschen vorgeschwebt, der auf das Zustandekommen des Art. 109 Einfluß hatte, so hätten zumindest Andeutungen der ihnen eigentümlichen Probleme fallen müssen. Der Inhalt des die ganze Rechtspolitik erfassenden Grundsatzes, sein Verhältnis zu den einzelnen materiellen Beschränkungen in Art. 109 II—VI und anderwärts, seine Folgen bei der Zuständigkeitsverteilung zwischen den Organen der Gesetzgebung und Rechtsprechung, zwischen Reich und Ländern, kurz Grundfragen der Verfassung wären von denjenigen wortlos übergangen, die an solche Auslegungsmöglichkeiten gedacht hätten — eine unmögliche Zumutung an Menschen, die um so geringfügige „Erläuterungen" des „Grundsatzes" wie Abs. II—VI lange und erbittert gekämpft haben[2]. — Wenn aber feststeht, daß die Gesetzgeber erst in Abs. II—VI rechtspolitische Festlegungen umstritten, dagegen den Gleichheitssatz nach herrschender Überlieferung des „formalen" Rechtsstaatsgedankens aufgefaßt haben, so ist die weitere Vorgeschichte, zumal die Entstehungsgeschichte des Art. IV PrV., unwesentlich. Nicht, was ANSCHÜTZ an Doktrinen vorgefunden, nicht das Für und Wider geht uns an, das zur Bildung der herrschenden Meinung über Art. IV PrV. geführt hat[3], sondern nur das fertige Vorurteil, das im Verhalten der Nationalversammlung eindeutig zum Ausdruck gekommen ist und keine Spur von „Bedeutungswandel" erkennen läßt[4].

Zweitens spielt in der Motivwelt der Schöpfer des deutschen Gleichheitssatzes

---

[1] Privilegien und Vorrechte, insb. 36—39 (weitere bei ANSCHÜTZ: Staatsrl. 3, 48). — Da für diese Schrift das Prädikat „vertiefter Betrachtungsweise" in Anspruch genommen wird (TRIEPEL: Goldbil. 28), ist festzustellen, daß die Behauptungen STAMMLERS nicht weniger apodiktisch auftreten als die Lehre von der „sachlichen Rechtsgleichheit". Die „Begründung" heißt „gewißlich nicht" (36).

[2] Verfassungsausschuß 370f. (beachte zumal den Antrag SINZHEIMER [371], in Abs. II „grundsätzlich" zu streichen — undenkbar, wenn Abs. II wirklich als „Einzelanwendung" des „Prinzips der sachlichen Rechtsgleichheit" erschienen wäre, — ferner das Scheitern des Versuchs KATZENSTEIN [372], „unzweideutig die völlige Gleichartigkeit aller Bürger festzustellen", wie den Streit von DELBRÜCK-SINZHEIMER über die Berechtigung einer „Unterscheidung" — wobei das Wort „gleich", wie überall, wo von „gleichen Rechten" die Rede, für „absolut gleich" gebraucht wird!) — Sten.Ber. 1559f.: die Wiederholung des Streites, der immer nur um die „Berechtigung" einer „Unterscheidung" oder „Nichtunterscheidung" im winzigen Einzelfalle geht! — Aus diesem Grunde kommt auch der Äußerung des Abgeordneten GRAF V. POSADOWSKY-WEHNER (Prot. 1562), in der Art. 109 I im Sinne der „persönlichen Rechtsgleichheit" erscheint, nicht das Gewicht zu, das ihr v. HIPPEL (143) beimißt. Die von v. HIPPEL selbst als „beiläufig" bezeichnete Anführung des Gleichheitssatzes diente nur als (auswechselbarer) Beleg für den unangefochtenen Gedanken, daß die „allen modernen Verfassungen" eigentümliche Nivellierung der staatsbürgerlichen Rechtsstellung den durch Rechtsunterschiede konstituierten Begriff des politischen Standes (Adelsstandes) ausschließe; sie konnte daher keineswegs als „Interpretation" des Art. 109 I erscheinen und Widerspruch hervorrufen. Vielmehr dürfte sie kaum beachtet worden sein, weil die ganze Aufmerksamkeit durch die Frage beansprucht war, ob der Adel sofort oder erst später abgeschafft werden sollte. Gerade dieser Streit um das „sind aufzuheben" des Art. 109 III 1 aber beweist, daß die Nationalversammlung nicht von einer „offenbar einmütigen Ansicht" ausgegangen sein kann, nach der schon Art. 109 I die Nivellierung der staatsbürgerlichen Rechtsstellung, mithin die Abschaffung des Adels, enthalten hätte; denn zu allermindest hätten sich die Fürsprecher der sofortigen Aufhebung gewiß darauf berufen, daß ihr Wille — nach dem Ausspruch von POSADOWSKY-WEHNERS — doch schon in Art. 109 I gebilligt sei. In Wahrheit hat aber von POSADOWSKY-WEHNER mit seinem Zitat wohl ebensowenig eine „Interpretation des Gleichheitssatzes" geben wollen, wie die Nationalversammlung es als solche aufgefaßt und beachtet hat, vielmehr den Gleichheitssatz als das führende Stichwort aller Nivellierungen des Art. 109, partem pro toto, angeführt, — wie denn „Gleichheit vor dem Gesetz" bei rethorischer Gelegenheit häufig nur als Symbol für die Gesamtheit der staatsbürgerrechtlichen Gleichstellungen dient (vgl. etwa BÜHLER RV., Stichwort zu Art. 109).

[3] Gegenüber der (abwegigen) Darlegung der Entstehungsgeschichte des preuß. Art. 4 durch ALDAG vgl. ANSCHÜTZ: Komm. z. Pr. V. 1912, 108f.

[4] Schon hier entpuppt sich der oft berufene „Bedeutungswandel" der „Revolutionswelle" als ein leeres Schlagwort: der Gesetzgeber wäre doch wohl der erste, dem ein Bedeutungswandel seines Ausspruchs zu Gemüt kommen müßte! Vgl. ANSCHÜTZ: Staatsrl. 3, 48.

weder das ausländische noch das Völkerrecht die geringste Rolle. — Überall, wo ausländisches Recht in irgendeinem Sinne für die Verfassung Motiv geworden ist, wird man vergleichende Ausführungen der bildungsfreudigen Männer von Weimar finden[1]. Man beachte zumal die bewußte Ablehnung des amerikanischen und Schweizer Systems der Wählbarkeit der Richter zugunsten der „Unabhängigkeit" (Sten.Ber. 1467f.), bei welcher Gelegenheit die Abgeordneten Heinze und Katzenstein (1469—70) die politische Korruption der amerikanischen Gerichtshöfe (— der Sprecher über die Gerechtigkeit der Gesetze! —) mit Erfolg als warnendes Beispiel hingestellt haben[2]. Bei Behandlung des Art. 109 I dagegen, im Plenum wie in den Ausschüssen, keine Spur eines vergleichenden Hinweises (vgl. v. Hippel 142/43) — erklärbar nur dadurch, daß den Mitgliedern der Nationalversammlung der Gedanke an eine andere Deutung des Gleichheitssatzes als die hergebrachte gar nicht gekommen ist[3]. Ist mithin ausgeschlossen, daß ausländisches Recht bei der Schöpfung des Art. 109 I Motiv geworden ist, so ist für „abhängige" Rechtsvergleichung bei Auslegung des Art. 109 I kein Raum. Aus demselben Grunde aber entfallen die völkerrechtlichen sog. Minderheitsverträge. Denn das Reich hat erst am 15. 5. 22 einen Vertrag dieser Art abgeschlossen, das Genfer Abkommen über Oberschlesien, das mithin für die Motive zu Art. 109 I nicht in Betracht kommt.

Die Entstehungsgeschichte zeigt somit als wirklich, was die Untersuchung des Wortlauts bis auf weiteres voraussetzte: das „richtige" Verhältnis des gesetzgeberischen Willens zum sprachlichen Ausdruck. Was der Satz des Art. 109 I sagt, das haben nach allen Überlieferungen der Willensbildung die Verfassunggeber mit ihm auch sagen wollen: unabhängig voneinander führen die Untersuchungen des Wortlauts und der Entstehungsgeschichte auf die Bedeutung des Gebots vollkommener Rechtsanwendung.

III. Kleines System.

1. Art. 109 RV.

Dieses Ergebnis wird durch Betrachtung des Systems endgültig.

Schlüsse aus dem System sind um so sicherer, je (psychologisch) einheitlicher das auszulegende Gebilde ist. — Als nächsthöhere Ausdruckseinheit erscheint aber, in der Form wie in der Geschichte seiner Gestaltung, Artikel 109.

Aus der Form des Artikels zunächst dürfte sich kaum etwas schließen lassen. Denn es handelt sich nicht um eine einheitliche Sprachschöpfung, sondern um die Mosaikarbeit der Parteien, der durch jede „organische" Auffassung (— „Deduktion" der Abs. II—VI von Abs. I usw.) Gewalt angetan wird. Der unbefangenen Betrachtung stellt sich Art. 109 als eine Folge voneinander unabhängiger Befehle dar, wie es die Selbständigkeit der Absätze — im Gegensatz zu den untergeordneten Abs. III 2 und Abs. IV 2 — anzeigt. Abs. I erscheint ohne weiteres noch nicht als „leitender Gedanke" oder „Überschrift"[4], sondern nur als Auftakt und gewohnter Tonanschlag der einzelnen staatsbürgerrechtlichen Gleichstellungen.

---

[1] S. etwa Beyerle: Verf.-Aussch. 366f., auch Cohn, ebenda 496 (zur „Titel"frage [Schweizer Vorbild]).

[2] Von der Gleichheitssatzvergleichung freilich nicht bemerkt — s. schon Anm. 2, S. 58 und noch S. 117.

[3] Während man anderwärts von „gleichem Recht für Alle", „Gerechtigkeit" usw. gesprochen hat! (So etwa Henke [Sten.Ber. 1463] als Vertreter des abgelehnten Antrags auf Volksgerichte.)

[4] Aldag, 7, mit typischer „Einlegung": er stellt aus Art. 109 einen „leitenden Gedanken" heraus, indem er unbewußt die eigene Auslegung des Abs. I voraussetzt (petitio principii), sodann setzt er seinem Prinzip Abs. I in der von ihm bekämpften Bedeutung „voran" und stellt befriedigt fest, daß nun zwischen Abs. I und Abs. II kein Zusammenhang bestehen würde, während

Um über das Verhältnis oder die Beziehungslosigkeit der einzelnen Gedanken Gewißheit zu erhalten, hat man die Absätze einzeln auf sprachlichen Gehalt und Entstehungsgeschichte zugleich zu prüfen[1].

A. Absatz II.

Zuerst Abs. II: „Männer und Frauen haben grundsätzlich dieselben staatsbürgerlichen Rechte und Pflichten." Darin sollte das umstrittene[2] Wort „grundsätzlich" nach allgemeiner Auffassung nur eine „Hintertür öffnen"[3], damit man die „durch die Verschiedenheit der Geschlechter nötigen Ausnahmen"[4] ohne Verfassungsänderung einführen könne. Hiernach wäre der ganze Abs. II überflüssig gewesen, wenn man unter Abs. I schon das Prinzip der „durch die Natur der Sache" geforderten Gleichheiten und Verschiedenheiten verstanden hätte. Denn das Gebot der sachlichen „Rechtsgleichheit" enthält gerade das Gebot einer nur grundsätzlichen Gleichstellung der Geschlechter, vorbehaltlich der im „Wesen des Geschlechtsunterschieds" begründeten „Unterscheidungen"[5]. Daher ist es undenkbar, daß die Nationalversammlung das „Prinzip" für alle Fälle einstimmig und stillschweigend zur Verfassung erhoben, beim ersten besten „Anwendungsfall" aber schon um das „Prinzip" heftig gekämpft habe. — Warum ist es keinem Anhänger des „Prinzipes" beigefallen, sich in diesem Kampfe um das „grundsätzlich" des Abs. II darauf zu berufen, daß es doch nur eine notwendige Folgerung[6] aus dem sei, was man in Abs. I einmütig zum Gesetz erheben wolle? Warum hat niemand gefürchtet, daß die Deutung des Abs. I durch Gleichordnung eines „Unterfalles", noch dazu in der Form einer Einschränkung, leiden könnte, wo doch sonst die Furcht vor dem argumentum e contrario lebendig war[7]? Wie konnte man es verantworten, die viel wichtigeren „Anwendungsfälle", welche die jüngere Lehre uns beschert hat, nicht in die Verfassung aufzunehmen? Darauf gibt es nur eine Antwort: weil kein Mensch daran gedacht hat, Abs. I die Bedeutung

---

seine „Deutung" im (— vorausgesetzten —) Zusammenhange die „natürlichere" sei. — Selbstverständlich wirkt die petitio principii schon in dem Vorurteile eines bestimmten Zusammenhanges — in Wahrheit ist die Aufreihung der Bestimmungen unter dem Schlagwort der „Gleichheit" die „natürliche" Erklärung, welche durch die Worte des Präsidenten, Sten.Ber. 1559, bestätigt wird.

[1] Zum Folgenden (Abs. II u. III 1) insb. ANSCHÜTZ: Staatsrl. 3, 48.

[2] S. Anm. 2, S. 64 — noch im Plenum Anträge (JUCHACZ u. QUARCK) auf Streichung! (Sten.Ber. 1560 u. 1565).

[3] Ablaß (Ausschuß 496) vgl. ALDAG 74.

[4] Berichterstatter BEYERLE im Ausschuß 370.

[5] „Welchen Sinn würde es haben, wenn das im Abs. I bereits Gesagte im Abs. II noch einmal, aber in einschränkender Form wiederholt würde?" (BREIHOLDT, PrVBl. 47, 112, Sp. 1 — wodurch freilich LEIBHOLZ (Nachw. 11) in seinem Zirkel nicht gestört wird, da nach seiner Meinung überflüssige Sätze in den Grundrechten nichts Verwunderliches haben). Dem ist hinzuzufügen: die „Einschränkung" bestünde nur der Form nach (scheinbar) und wirkte deshalb geradezu widersinnig: warum heißt es in Abs. I nicht „grundsätzlich gleich", warum hat hier niemand eine „Hintertür" für nötig gehalten? — Einzige Antwort: weil niemand in Abs. I das „Prinzip" gesehen hat!

[6] Von ALDAG (7, Z. 23—22 v. unt.) bezeichnenderweise als „Einschränkung" angesehen (— ebenso wie das „sind aufzuheben" des Abs. III, 1 vgl. 67, A. 3) und mit dem „Argument" verteidigt, daß der Gesetzgeber seinen Grundsatz einschränken könne. Daß der Gesetzgeber von seinen Grundsätzen Ausnahmen machen kann, weiß der Leser auch ohne ALDAG, — ob er aber in Abs. I überhaupt einen Grundsatz, in Abs. II und III 1 Ausnahmen hat geben wollen, ist die von ALDAG verdeckte Frage.

[7] „Sein Umfang (des Kapitels der Grundrechte) mußte um so mehr anschwellen, als das Berühren gewisser Gegenstände das Erwähnen anderer nur um deswillen nötig machte, weil sonst aus dem Schweigen falsche Schlüsse gezogen werden konnten" (PREUSZ im Verfassungsaussch. 91). — Aus der ‚untechnischen Natur' der Grundrechte kann also nichts gegen den hier vorausgesetzten Grad von Durchdachtheit eingewandt werden. Auch wo der Verfassunggeber seine Sätze nicht „technisch meint", schuldet er der Logik den Tribut, die ‚monumentalen' Züge seiner Rechtsgedanken nach dem Verhältnis dieser Gedanken zu zeichnen.

des „Prinzips der sachlichen Rechtsgleichheit“ beizulegen, weil man von vornherein in Abs. II keinen „Anwendungs- oder „Ausnahmefall“ zu Abs. I, sondern nur das selbständige konkrete Problem gesehen hat, das mit Abs. I in keine Gedankenverbindung treten konnte. — Dieselben Gründe aber widerlegen auch die Lehre, die in Abs. I das „Prinzip“ der absoluten Rechtsgleichheit“ in „persönlicher Beziehung“ sieht, mit der belanglosen Änderung, daß im Verhältnis zu ihrem Abs. I Abs. II als „Ausnahme“[1], die abgelehnten Anträge auf Streichung von „grundsätzlich“ als Konsequenz erscheinen. Denn der demokratische Grundsatz der Gleichwertigkeit aller Staatsbürger für den Dienst im Staate, der in der Entstehungsgeschichte des Absatz II hervortritt (s. Sten.Ber. 1560f., Abg. Teusch) und das Leitmotiv aller absoluten Gleichstellungen der „Persönlichkeiten als solcher“ ist, kann weder spurlos in Abs. I eingegangen, noch ebenso spurlos sogleich in Abs. II durchbrochen worden sein.

B. Absatz III, Satz 1.

Ein zweiter, gleichfalls zur Widerlegung der jüngeren Lehre allein ausreichender Grund ist aus Abs. III 1 zu entnehmen: „Öffentlich-rechtliche Vorrechte oder Nachteile der Geburt oder des Standes sind aufzuheben.“ Das bis zur dritten Lesung umkämpfte „sind aufzuheben“[2] wäre eine „Ausnahme“ (Einschränkung), das ursprüngliche „bestehen nicht“ (des vierten Entwurfs) nur eine Anwendung von Abs. I im Sinne der „Rechtsgleichheit in persönlicher Beziehung“, aber kein Redner konnte ein solches „Verhältnis“ von Abs. I und Abs. III 1 „sehen“, weil keiner in Abs. I das „Prinzip der persönlichen Rechtsgleichheit“ hineingesehen hat. — Ob vom Postulat der Gerechtigkeitsgleichheit aus Absatz III 1 als Ausnahme oder Folge erscheint, dürfte vom Inhalt des Gerechtigkeitsbegriffs, also vom politischen Standpunkte des Auslegers abhängen[3] — für beide Auffassungen bleibt es unerklärlich, daß die Nationalversammlung mit allen geistigen Mitteln um die Einzelheit gekämpft hat, ohne des „überragenden Prinzips“ zu gedenken, das sie in Abs. I einmütig beschlossen haben soll[4].

C. Absatz III, Satz 2 bis Absatz VI.

Der Rest des Art. 109 (Abs. III 2 bis Abs. VI) wendet sich gegen alle staatlichen Differenzierungen der Bürgerehre nach „oben“, und man mag darin einen Ausdruck des demokratischen Prinzips der Gleichwertigkeit der Bürger auf dem Gebiet der Ehrsymbolik finden. Bezeichnend ist die Durchbrechung dieses Grundsatzes durch Ausnahmen von Satz zu Satz: das Fortleben der Adelszeichen als „Namensteil“, des mit Ämtern und Berufen verbundenen Rangzeichenwesens, der akademischen Würden, ist nur Ergebnis des heftigsten Kampfes um das „wesentlich gleich“ und „wesentlich ungleich“, — soweit aber das Prinzip durchgedrungen, ist jede Differenzierung verboten (absolute Gleichheit).

Ist aber von „relativer Gleichheit“ in den Absätzen III 2 bis VI nichts zu finden, so können sie auch nicht Anwendungsfälle des Prinzips der „relativen Rechtsgleichheit“ sein. Abs. III 1 mit seinem Gebot „absoluter Gleichmacherei“, Abs. II in seiner Doppeldeutigkeit als „Prinzip“ und „Ausnahme“ jedoch sind so zweifelhafte Vertreter der „sachlichen Rechtsgleichheit“, daß aus ihnen ein ‚Prinzip der

[1] Vgl. v. Hippel 143/44.

[2] S. insb. Ausschußber. 370f., Sten.Ber. 2123.

[3] Aldag versichert zwar, „sind aufzuheben“ sei „Ausnahme“ — Leibholz (Nachw. 12) hält es (mit W. Jellinek) für eine „Einschränkung“ — von anderem Standpunkt könnten indes aus dem „Wesen des Lebensverhältnisses“ sehr wohl Differenzierungen der öffentlich-rechtlichen Stellung hergeleitet, d. h. die Standesunterschiede zu „sachlich berechtigten“ Ungleichheiten erklärt werden. Nicht anders „schillert“ bei scharfem Zusehen auch das Verhältnis von Abs. II zu Abs. I.

[4] Im Einzelnen gelten die zu Abs. II vorgetragenen Gründe.

Gerechtigkeit‘ nicht abgeleitet werden kann. Nach alledem wird es kaum noch verständlich erscheinen, wie Abs. II bis VI als bloße „Erläuterungen“ des Abs. I hingestellt werden konnten; die Erklärung ist jedoch einfach: man hat, weil es gerade paßte, „relative“ und „absolute“ Gleichheit, d. h. Gerechtigkeit und Gleichheit wieder einmal zusammengeworfen, um aus absoluten Nivellierungen (mittels „Analogie“) ein Prinzip der relativen „Gleichheit“ zu machen[1].

Der Lehre von der persönlichen „Rechtsgleichheit“ aber braucht man nicht zu sagen, daß sie angesichts der in Art. 109 überwiegenden Ausnahmen gegenüber dem argumentum e contrario einen schweren Stand haben würde, denn sie gründet ihre Analogie weniger auf Art. 109 als auf eine Betrachtung aller Grundrechte.

Damit betreten wir die höheren Stufen des Systems.

2. Die übrigen Bestimmungen der Verfassung.

Von den Bestimmungen der Verfassung, in denen von Gleichheit die Rede ist, sind diejenigen, die sich des Wortes „gleich“ bedienen, schon bei der Untersuchung des Gleichheitsbegriffs (26) behandelt. Dort ist begründet, daß die Art. 17, 22 (gleiches Stimmrecht), 110 (gemeinsames Indigenat), 119 I 2 (Gleichberechtigung der Geschlechter), 121 (gleiche Entwicklungsbedingungen für die Unehelichen), 137 V 2 (gleiche Rechte der Religionsgesellschaften), 165 I (Gleichberechtigung von Arbeitnehmern und Unternehmern) ausnahmslos den Begriff der „absoluten“ = wirklichen Gleichheit enthalten.

Zu demselben Ergebnis führt die Betrachtung der Vorschriften, die ohne Gebrauch des Wortes „gleich“ Gleichheit herzustellen suchen: sie enthalten sämtlich nicht den Begriff der „sachlichen Rechtsgleichheit“, sondern den echten Begriff der Gleichheit.

Da ist zunächst die große Gruppe der Freiheitsrechte, die allen Deutschen in absolut gleicher Weise gewährleistet sind: in dieser Allgemeinheit der Rechte liegt eine ausnahmslose Gleichstellung der Rechtsgeschützten, welche kaum noch empfunden wird[2]: Art. 111 (allgemeine Freizügigkeit), Art. 114 (allgemeine Freiheit der Person), Art. 112 III (Freiheit von Auslieferung), Art. 115 (allgemeine Freistatt der Wohnung), Art. 113 (allgemeine Sprach- und Kulturfreiheit[3]), Art. 116 (allgemeine

---

[1] Man beachte zumal, wie aus den Verboten jeder Differenzierung in Abs. II—VI in Abs. I das Gebot jeder Differenzierung im Namen der „Gerechtigkeit“ wird!

[2] Richtig ALDAG 47; zum Folgenden vgl. jetzt noch THOMA: Die Grundrechte usw. 21/22.

[3] Hier verrät NAWIASKY (Staatsrl. 3, 34 — s. auch 35 zu Art. 134), der im übrigen mit dem Folgenden meist übereinstimmt, daß er sich über die (— nicht vorhandene — vgl. S. 30, Anm. 2) Grenze zwischen „persönlicher“ und „sachlicher“ Rechtsgleichheit nicht klar ist. Art. 113 enthält mit nichten „auch vielleicht in beschränktem Umfange“ „sachliche Rechtsgleichheit“, denn die Sprach- und Kulturgemeinschaften werden in keiner Weise „sachlich“, „gerecht“ usw. differenziert, sondern „schematisch“ in ihren Entwicklungsmöglichkeiten untereinander und mit den deutschsprachigen „absolut“ gleichgestellt.

Für die Lehre von der „sachlichen Rechtsgleichheit“ dürfte Art. 113 neben Art. 109 I überflüssig sein! — In Wirklichkeit ist Art. 113 RV. die einzige Bestimmung der Verfassung, welche einen Minderheitenschutz verheißt und sich ausdrücklich an den Gesetzgeber wendet. Denn wenn auch der Begriff der „fremdsprachigen Volksteile“ keineswegs alle Minderheiten und andrerseits nicht nur Minderheiten umfaßt, so ist doch, wie die Entstehungsgeschichte lehrt, gerade in Art. 113 das Bekenntnis zum Gedanken des Minderheitenschutzes ausgesprochen und aller Schutz, den man durch die Verfassung gewähren wollte, gewährt worden (vgl. HERMANN PLETTNER; Das Problem des Schutzes nationaler Minderheiten; SACK: Berl. 1927 [88—94]). Artikel 109 kommt neben Art. 113 wie jedes andere Grundrecht nur indirekt in Betracht, insoweit nämlich der Minderheitenschutz gerade darin besteht, daß dem Angehörigen der Minderheit der Schutz der Grundrechte in der gleichen Weise zugesagt wird wie den anderen Staatsangehörigen. — Der einzige völkerrechtliche Vertrag des Reichs, das deutsch-polnische Abkommen über Oberschlesien vom 15. 5. 22 (Art. 64—158, RGBl. 1922 II, 238/304) ginge daher — abgesehen von der Frage, ob er nach seiner Verkündung als einfaches Reichsgesetz die Deutung der Verfassung überhaupt berühren kann — direkt nur die Auslegung des Art. 113 an. Die im Vertrag vorausgesetzten Grundrechte aber, deren Anerkennung dem Reiche zur Pflicht gemacht ist (Art. 73 des Abk.),

Handlungsfreiheit, soweit nicht Strafgesetze schon bestehen), Art. 117 (allgemeines Briefgeheimnis usw.), Art. 118 (allgemeine Freiheit der Meinungsäußerung), Art. 123, 124 (137 II) (allgemeine Versammlungs- und Vereinsfreiheit — zu Art. 118 und 124 vgl. auch 130 II), Art. 135 (allgemeine Glaubensfreiheit), Art. 142 (allgemeine Freiheit von Kunst und Wissenschaft), Art. 151—154 (allgemeine grundsätzliche Handels-, Gewerbe-, Vertrags-, Eigentums- und Erbfreiheit), Art. 159 (allgemeine Koalitionsfreiheit).

Dieselbe Gleichstellung ohne Ausnahme bringen die sog. positiven bürgerlichen und die politischen Rechte, seien sie „aktuell" oder „programmatisch" gemeint: die „Schutzrechte" der Art. 112 II, 122 I, 158, die „Genußrechte", vornehmlich Art. 145, 146 I, III, 147 I, III, 148, welche alle wirtschaftlichen, gesellschaftlichen, religiösen usw. Unterschiede zu beseitigen suchen, um allen deutschen Kindern unbedingt gleiche Bildungschancen zu verschaffen[1], Art. 155, 163 (Verheißung von Wohnung und Arbeitsgelegenheit bzw. Unterhalt für jeden Deutschen) — die politischen Rechte (— soweit nicht schon behandelt) der Art. 126 (allgemeines Petitionsrecht), Art. 128, 136 II (allgemeine Ämterfähigkeit), Art. 132, 133 (allgemeine Dienstpflichten) und schließlich, als Mittel der Verwirklichung der gleichen politischen Rechte, Art. 160.

Dieser Gesamtheit der „negativen" und „positiven" bürgerlichen und der politischen Rechte und Pflichten, die allen Staatsbürgern in „schematisch" gleicher Weise gegeben sind[2], stehen nur zwei Bestimmungen gegenüber, in denen „sachliche Rechtsgleichheit", d. h. Unterscheidungen wie Nichtunterscheidungen im Namen der „Gerechtigkeit" gefordert werden: Art. 134 und 151. Zu Art. 134 ist schon ausgeführt, daß er keineswegs die wertblanke Idee der „Verhältnismäßigkeit", „Billigkeit", „Gerechtigkeit" in die Verfassung einführt, sondern eine bestimmte Wertvorstellung einsetzt. Nicht anders fordert Art. 151 keineswegs Gerechtigkeit „an sich", sondern „die Gerechtigkeit mit dem Ziele der Gewährleistung eines menschenwürdigen Daseins für alle". Deutlicher als durch die sprachliche Verbindung von „Gerechtigkeit" mit dem Ziele des politischen Wollens, das diesen Satz geschaffen hat, kann gar nicht gesagt werden, daß Gerechtigkeit nur unter einem

---

sind charakteristischer Weise bis ins Einzelne bestimmt (Art. 75f.) und in der Reichsverfassung bereits entsprechend im Einzelnen „positiviert". Wenn es daher in Art. 67 I des Abk. heißt: „alle deutschen Reichsangehörigen sind vor dem Gesetze gleich und genießen ohne Unterschied des Volkstums, der Sprache oder der Religion die gleichen bürgerlichen und staatsbürgerlichen Rechte", so ist klar, daß der erste Teil des Satzes nicht schon das enthalten kann, was der zweite hinzufügt (ebenso jetzt THOMA in: ‚Die Grundrechte usw.' 23, Anm. 18), oder daß er überhaupt nicht technisch gemeint, vielmehr nur das erste Glied eines Hendiadyoin ist, welcher die staatsrechtlich schon bestehende absolute Gleichheit der bürgerlichen und staatsbürgerlichen Rechte völkerrechtlich garantiert, — jene „für Mitteleuropa längst selbstverständliche" (LAUN: „Nationalitätenfrage" im Wörterbuch des Völkerrechts von STRUPP 1923, 102) Allgemeinheit positiver Rechte, die im Gegensatz zur „relativen Gleichheit" absolut bestimmt sind. Und wenn schließlich Satz 1 des Abs. II des die Aufzählung der positiven Gleichstellungen einleitenden Artikel 75 lautet: „Gesetze oder Anordnungen dürfen keine unterschiedliche Behandlung der einer Minderheit angehörenden Staatsangehörigen vorsehen — (Satz 2:) auch dürfen sie nicht zu ungunsten dieser Person ungleich ausgelegt oder angewandt werden" (folgen Einzelheiten), so zeigt der sachliche Zusammenhang wie die untergeordnete Stellung dieses Satzes, daß mit ihm kein selbständiges „Proportionalitätsprinzip", sondern nur eine allgemeine Umschreibung und Erläuterung der folgenden, im einzelnen an den Gesetzgeber gerichteten Forderungen auf „absolut gleiche" bürgerliche und staatsbürgerliche Rechte für die Minderheit (— wiederholt in Art. 75 I) gegeben ist, der die Reichsverfassung schon durch die Allgemeinheit dieser Rechte wie durch das Verbot der „Klassenbildung" (Art. 109 III 1) genügt, m. a. W.: Art. 75 des Abkommens gewährt den Minderheiten keine weitergehenden Rechte, als sie schon durch die Staatsbürgereigenschaft nach der Verfassung haben.

[1] Vgl. NAWIASKY: Staatsrl. 3, 34; v. HIPPEL 144.

[2] Interessieren dürfte, ob alle diese „nivellierenden" Bestimmungen der Verfassung vor dem gestrengen Auge des „Willkürrichters" Bestand haben — wenn nicht, so sind es eben Ausnahmen! Vgl. v. HIPPEL 144, Z. 12—9 v. unt.

gegebenen Ziele bestimmt werden kann, und gegeben ist das ‚menschenwürdige Dasein für alle'.

Was folgt aus alledem für die Deutung des Art. 109 I?

Vor Beginn der logischen Operationen mit Analogie und Umkehrschluß (argumentum e contrario) erscheint es als nützlich, sich auf das Wesen der Analogie zu besinnen. Analogie ist die Inanspruchnahme einer Rechtsfolge für Sachverhalte, die den Begriffen des die Rechtsfolge regierenden gesetzlichen Tatbestands nicht unterfallen. Daß solche Übertragungen überall zulässig sind, wo Sachverhalte die tatbestandsschöpferischen, d. h. für den Zweck des Tatbestands wesentlichen, Merkmale aufweisen, — sofern nicht das Gesetz sie verbietet (wie § 2 StGB.) — mit anderen Worten: die Zulässigkeit der Analogie im Staatsrecht überhaupt, bedarf keiner Ausführung. Übertragen werden aber kann immer nur eine bestimmte, gesetzlich gegebene Rechtsfolge.

Damit sind jene unreinen „Analogien" ausgeschaltet, die, wie innerhalb des Art. 109, so bei weiterer Betrachtung des Systems, „absolute" und „relative" Rechtsgleichheit mengen, um die Fülle der Bestimmungen absoluter Gleichheit zugunsten der „relativen" einzuwiegen[1]. Ein „Grundsatz" der „sachlichen Rechtsgleichheit" kann nur aus den Bestimmungen „relativer", ein Grundsatz „persönlicher Rechtsgleichheit" nur aus den Satzungen absoluter Gleichheit abgeleitet werden.

Sind somit die gegnerischen Analogien scharf zu unterscheiden, so unterliegen sie doch zunächst dem gleichen Einwand: die Analogie ist imstande, aus einzelnen Tatbeständen (a, b) ein im Gesetze nicht ausgesprochenes „Prinzip" (P) zu entwickeln, das über diese Tatbestände hinausgreift und etwa noch die Sachverhalte c bis f erfaßt. Nun behaupten aber die Gegner, daß die von ihnen aus den einzelnen Bestimmungen gewonnenen Prinzipien im Gleichheitssatze (Art. 109 I) ausgesprochen dastehen. Danach wären jene einzelnen Bestimmungen wiederum, aus denen sie die Prinzipien gewinnen, überflüssig. Das Dasein des Prinzips wird also aus Bestimmungen abgeleitet, deren Dasein neben dem vermeintlichen gesetzlichen Ausspruch des Prinzips zumindest problematisch wird: Art. 134 und 151 wären nach der angeblichen „Verankerung" des Grundsatzes der „sachlichen Rechtsgleichheit" in Art. 109 I bloße „Anwendungsfälle", deren vereinzelte Hervorhebung als überflüssige[2] und irreführende Wiederholung erscheinen müßte und durch keine Notwendigkeit besonderer Betonung zu rechtfertigen wäre. Und was den Grundsatz der „persönlichen Rechtsgleichheit" betrifft, so vertrüge sich seine Verkündung in Art. 109 I wohl mit der Masse der Grundrechte, deren Allgemeinheit als selbstverständlich ausgesprochen ist, doch kaum mit jenen zahlreichen positiven bürgerlichen und politischen Rechten, auf deren Allgemeinheit die Verfassung den Ton legt und deren absolute Gleichheit ausdrücklich zu verordnen sie sich „förmlich nicht genug tun kann"[3]. Wird mithin schon durch die Existenz der Bestimmungen, aus denen der Gleichheitsgedanke abgeleitet wird, die Annahme ausgeschlossen, daß dieser Gedanke in Art. 109 I bereits ausgesprochen sei, so vollends durch die Tatsache der Analogie selbst. Denn die Ableitung des allgemeinen Gedankens (P) aus den einzelnen Bestimmungen (a, b) kann immer nur einen unausgesprochenen („ungesatzten"), also einen Rechtssatz neben Art. 109 I ergeben, nicht zur Deu-

---

[1] Typisch jetzt STIER-SOMLO 190—196 (in der seinen Stellungswechsel tragenden Argumentation).

[2] Diese „Konsequenz" zieht denn auch ALDAG 84 u. 121.

[3] So NAWIASKY: Staatsrl. 3, 36, ohne zu bedenken, daß gerade die zugunsten seiner Analogie ins Feld geführte „Betonung" des „Prinzips" „in jedem möglichen Zusammenhange" zum umgekehrten Schlusse zwingt: wenn die Verfassung es in allen Einzelfällen, in denen sie Gleichheit herstellen wollte, für nötig hielt, die Gleichstellung ausdrücklich zu betonen, kann sie nicht von einem Satze ausgehen, in dem alle diese Gleichstellungen schon ausgesprochen wären. Man müßte denn annehmen, daß die Schöpfer der Verfassung den Art. 109 I, kaum daß sie ihn ausgesprochen, schon wieder vergessen hätten.

tung des Art. 109 I selbst führen. Jede Auslegung des gegebenen („gesatzten") Gleichheitssatzes als Prinzips einer aus anderen Bestimmungen gewonnenen Analogie enthält notwendig eine unbegründete und widersprüchliche Supposition. Selbst wenn daher die eine oder andere Analogie im Sinne der gegnerischen Thesen als berechtigt erscheinen würde, wäre damit für die Auslegung des Gleichheitssatzes (Art. 109 I) höchstens das Gegenteil von dem bewiesen, was damit bewiesen werden soll: das Vorhandensein der verschiedensten Bestimmungen, aus denen die Grundsätze der „persönlichen" oder „sachlichen" Rechtsgleichheit entwickelt werden können, das Nichtvorhandensein von Bestimmungen, zu deren Ersatz es der „Prinzipien" erst bedarf, schließt die Möglichkeit eines Ausspruchs der „Prinzipien" in 109 I aus. — Demgegenüber halte man das widerspruchslose Verhältnis der Ergänzung zwischen der hier gegebenen Deutung des Gleichheitssatzes und den angeführten Bestimmungen wie allen etwa nötigen Analogien.

Mit der Feststellung aber, daß die Auslegung des Art. 109 I durch die gegnerischen Konstruktionen aus anderen Bestimmungen nicht berührt wird, ist die Grenze unserer Aufgabe, der Auslegung des Art. 109 I, erreicht. Zur Frage der Berechtigung dieser Konstruktionen selbst, einer Analogie im Sinne der Gegner, die selbständig neben Art. 109 I stehen würde, können nur — hilfsweise — Andeutungen gegeben werden[1].

Daß die beiden einzelnen, inhaltlich bestimmten Grundsätze der Besteuerung nach der wirtschaftlichen Leistungsfähigkeit und einer Wirtschaftsordnung mit dem Ziele eines menschenwürdigen Daseins für alle keine allumfassende, inhaltlich unbestimmte Forderung an den Gesetzgeber hergeben, dürfte einleuchten. Ihre Darstellung als „Anwendungsfälle" eines aus ihnen nimmer zu gewinnenden, anderwärts mit keiner Silbe angedeuteten, neuen Grundsatzes führt zum circulus vitiosus.

Berechtigter ist die Frage nach der Analogie auf dem Gebiet der absoluten Gleichheit bürgerlicher und politischer Rechte. — Gewiß erscheint die Gleichheit dieser Rechte als Folgerung aus dem demokratischen Prinzip der Gleichwertigkeit aller Bürger für den Staat, — ob es aber im Sinne der Verfassung liegt, dem Prinzip eine über die von ihr selbst vorgesehenen Anwendungsfälle hinausgehende Herrschaft über den Gesetzgeber einzuräumen, ist die noch offene Frage. Diese Frage aber kann u. E. nur von Fall zu Fall, höchstens für eine Gruppe ‚wesensverwandter' Persönlichkeitsrechte, nicht aber für eine unübersehbare Gesamtheit beantwortet werden. Bei der Verschiedenheit auch nur der „Grundrechte" wird jeder Versuch, die Zulässigkeit oder Unzulässigkeit einer allumfassenden Analogie nachzuweisen, zu gewaltsamer Konstruktion oder zum Schwanken zwischen Analogie und Umkehrschluß führen. Denn so gut man sich darauf berufen kann, daß der Verfassunggeber alle gewollten Gleichstellungen im Einzelnen gegeben („enumeriert") und dadurch bekundet habe, daß er weitere nicht einführen wolle (Umkehrschluß), kann man geltend machen, daß gewisse selbstverständliche Folgerungen des bei jenen einzelnen Satzungen unbewußt angewandten Prinzips zur Zeit der Rechtsschöpfung gar nicht gesehen oder beachtet werden konnten (Analogie), — eine Problemlage, die dazu herausfordert, sich ohne Begründung auf einen „Standpunkt" zurückzuziehen. Eine Lösung dürfte nur von einer Verarbeitung der einzelnen Satzungen zu erwarten sein, die zur Bildung von Gruppen unter bestimmten, als verfassungsschöpferisch erwiesenen Leitgedanken führt, durch deren Tragweite die Möglichkeit von Analogien jeweils begrenzt sein wird[2]. Auf diese Weise sind u. E. eine Reihe von Analogien im Sinne NAWIASKYS und v. HIPPELS zu gewinnen, durch

[1] Ausführlich NAWIASKY: Staatsrl. 3, 30f., insb. 36 u. wohl in unserem Sinne jetzt noch RÜMELIN 60f.

[2] Auf solche Begrenzung zielt z. B. die Frage 1 bei NAWIASKY 42.

welche die befürchteten „Differenzierungen" des einfachen Gesetzgebers ausgeschlossen werden. Ein Bedürfnis nach einem allgemeinen Satz, der jede „in absehbarer Weise" (NAWIASKY 39) gemachte Unterscheidung „in persönlicher Beziehung" verböte und, wie die bisherigen Versuche bestätigen, begrifflich unbestimmt bleiben muß[1], besteht ebensowenig wie danach, daß die gesuchte „Barriere" (NAWIASKY 39) in Art. 109 I eingelassen wird. In vielen Fällen vollends bedarf es gar nicht erst der Analogie, sondern nur einer sinnvollen Auslegung gegebener Bestimmungen, um über alle Schwierigkeiten hinwegzuhelfen, die der älteren Lehre zu errichten man sich vergeblich bemüht[2].

IV. Der Sinn des Gleichheitsgebots.

Ehe wir nun die höchste Stufe des Systems betreten, um das Verhältnis der Auslegungen des Art. 109 I zu gewissen Grundgedanken der Verfassung wie des Rechtsganzen zu erkennen, ist die gedankliche Tragweite und praktische Bedeutung unseres eigenen Ergebnisses zu prüfen.

Ergebnis war der Satz, daß das Gesetz die Staatsbürger im ganzen Bereich seiner Auswirkung gleichmäßig erfasse. So unscheinbar er anmuten mag, wäre doch eine besondere Abhandlung nötig, um seine Bedeutung zu zeigen. Wir müssen uns daher bei der folgenden Entwicklung wie bei der Gegenüberstellung mit den „Grundgedanken" auf Andeutungen beschränken, die zur letzten Probe auf den erbrachten Beweis, daß dieser Satz und kein anderer in Art. 109 I enthalten sein kann, unerläßlich erscheinen.

---

[1] Begriffliche Notwendigkeit! Zwischen Differenzierungen, die „unmittelbar" die Rechtsstellung der Personen ändern, und solchen, die es „mittelbar" tun, also nicht als Verletzungen der „persönlichen Rechtsgleichheit" angesehen werden sollen, gibt es keine begriffliche Grenze (s. schon S. 30, Anm. 2): „mittelbar", „unmittelbar", „in absehbarer Weise" sind nur Verlegenheitsworte, mit denen die Unmöglichkeit abstrakter Unterscheidung verborgen und die Bahn der subjektiven Willkür freigegeben wird — nicht anders, als durch das Wort der „Klasse" oder andere Bezeichnungen der verpönten Gruppierung. Denn die Gruppe, die „Klasse" wird jeweils durch die „unmittelbare" Differenzierung k o n s t i t u i e r t. Von einem engeren (dem wirtschaftspolitischen) Begriff der „Klasse" geht LEIBHOLZ (Nachw. 13) aus, wenn er meint, nach v. HIPPEL würde ein Gesetz gegen Freimaurer, Ärzte, Professoren (Berufsstände, Parteien) nicht unter Art. 109 I fallen. „Klasse" ist aber wie „Stand", „Religion", „Rasse" (NAWIASKY 39) für v. HIPPEL wie NAWIASKY nur B e i s p i e l für den Begriff der „sozialen Gruppe", die durchaus nicht — wie LEIBHOLZ (Nachw. 14/15) NAWIASKY zu unterstellen scheint — mit überkommenen Gruppenschemen übereinstimmen muß, sondern möglicherweise erst durch das unterscheidende Gesetz begründet wird. Deshalb ist von einer „Klärung" der Begriffe der „Klasse" oder „sozialen Gruppe" wenig zu hoffen: Am Ende des Zirkels wird man unter dem Begriff der „sozialen Gruppe" nur wieder die „unmittelbaren Differenzierungen der persönlichen Rechtsstellung" in irgendeiner Umformung hervorbringen. Erst die Konkretisierung der „Analogie", d. h. ihre Entwicklung aus bestimmten Rechten und Rechtsgruppen, wird eine allen subjektiven Versuchungen standhaltende eindeutige Abgrenzung der durch die Verfassung verpönten Unterscheidungen ermöglichen.

[2] So verstoßen etwa Abweichungen der einfachen Gesetzgebung von der Gleichheit des Stimmrechts (NAWIASKY 32 oben, ALDAG 81) oder der von NAWIASKY (36/37) aufgezählten Freiheitsrechte gegen eben diese Rechte, — oder etwa „die Einräumung einer privilegierten Stellung bestimmter Personen in Bezug auf die Anwartschaft auf das Amt eines Staatspräsidenten" (NAWIASKY: Bay. Vf. 261) oder auch die Entziehung staatsbürgerlicher Rechte der Juden (v. HIPPEL 145/46 Anm. 60) schon gegen Art. 109 III 1. Denn solche Differenzierungen der politischen oder Freiheitsrechte würden einen politischen „Stand" im Sinne des Art. 109 III 1 begründen. Daß aber das G e b o t der Aufhebung aller Standesunterschiede das V e r b o t der Neubegründung einschließt, dürfte unbestritten sein. — So wird in den meisten Fällen, welche das Bedürfnis nach einer „Erweiterung der herrschenden Auslegung des Gleichheitssatzes" dartun sollen, weder eine „erweiterte Auslegung" noch eine von Art. 109 I unabhängige Analogie, sondern nur die schlichte richtige Auslegung gegebener Gleichstellungen nötig sein.

1. Allgemeiner Teil.

A. Der Gleichheitssatz als Ausdruck des Staatskompromisses zur Erzeugung des Rechts.

Auszugehen ist von dem Begriffe des Gesetzes, den wir in Art. 109 I gefunden haben: Gesetz als Ergebnis des in der Verfassung festgelegten regelmäßigen Verfahrens der Rechtsschöpfung.

Dieses Verfahren in seiner Gesamtheit — von der formellen „Initiative“ bis zur „Verkündung“ — bezeichnet die Voraussetzungen, die ein menschliches Wollen erfüllen muß, um der Rechtsgemeinschaft als „Gesetz“ zu gelten; „Gesetzgeber“ ist die Gesamtheit der Gewalten, denen nach der Verfassung eine Entscheidung darüber zukommt, ob ein Wollen die Geltung des Gesetzes erlangen soll.

Das „Zusammenwirken“ der sog. Gesetzgebungsfaktoren ist kein „formales Spiel“[1]; vielmehr drückt die verfassungsmäßige Form der Gesetzgebung nur Machtverhältnisse aus, auf denen der Bestand des Staates wie der Rechtsgemeinschaft beruht.

Die absolute, unangefochtene Herrschaft eines Einzelnen prägt kein besonderes Verfahren der Gesetzgebung aus, — erst der Staat, in dem um die Macht gekämpft wird, schafft Kampfregeln. sei es eine „Aristokratie“, seien es „Stände“ oder „Klassen“, sei es schließlich das Volk, welche auf „Konstitution“[2] dringen. Und die Bedeutung verfassungsmäßiger Rechtserzeugung nimmt in dem Maße zu, in dem der Anspruch auf Herrschaft lebendig und allgemein wird: wo schließlich, wie in der Demokratie, sich die gesamte Rechtsgemeinschaft politisch zu Worte gemeldet hat, ist die „Erzeugungsregel“ der Gesetze das wichtigste Stück der Verfassung, jene „friedliche“ Form „geistigen“ Kampfes, die den drohenden Krieg bannt[3].

Wenn verschiedene Subjektivitäten die Welt des Rechts gestalten wollen, wenn alle Versuche der gegenseitigen „Überzeugung“ gescheitert sind, wenn der Kampf innerhalb einer Rechtsgemeinschaft gerade darum geht, welcher Wille rechtliche Geltung, d. h. das Mittel der Gemeingewalt für sich gewinne, so bleibt nur der Kampf oder das „Kompromiß“. Der Kampf wird dort gewagt werden, wo eine Subjektivität mit den ihr zu Gebote stehenden Mitteln derart zu siegen hofft, daß ihre Wertungen über kurz oder lang die gegnerischen in der Motivation der Rechtsgenossen aus dem Felde schlagen. Dieser Fall ist selten, — fast alle modernen Staaten sind, zum Teil nach schweren inneren Kämpfen, auf einem Kompromiß, der von einer „Repräsentation“ der Rechtsgemeinschaft oder der Rechtsgemeinschaft selbst vereinbarten „Verfassung“, gebaut. Und so ist die deutsche Verfassung vom 11. 8. 1919 eine Vereinbarung, durch die das seiner Einheit und staatsbildenden Autorität bewußte „Deutsche Volk“ „sein Reich“ begründet hat[4].

---

[1] Solche Selbstverständlichkeit gegen jenes wunschrechtlerische Gerede von der Bedeutungsarmut des herrschenden „formalen“ Gesetzesbegriffs, durch das man nur versucht, den zum Erringen der Rechtsgeltung einzig wesentlichen Willensaufwand des Gesetzgebungsverfahrens bedeutungslos zu machen, um eigenen Wünschen allerlei „Rechtsquellen“ (Geltungsquellen) außerhalb dieses Verfahrens zu eröffnen. — Hätte man den zehnten Teil des Sinnes, den man für die Verfahren der Zivilprozeßordnung bewiesen hat, für die Formen der demokratischen Verfassung übrig, so könnte es auch diesen Formen an „Sinn“ nicht fehlen.

[2] D. h. geschichtlich: Beschränkung des Alleinherrschers durch „verfassungsmäßige“ Mitwirkung bei Ausübung der Staatsgewalt (— genauer: Bildung des Willens, dessen Durchsetzung die Staatsgewalt dient) — geschichtlich, aber nicht begriffsnotwendig, meist durch Einflußnahme auf die regelmäßige Rechtsschöpfung („Legislative“).

[3] Man möchte — aber wohl gemerkt nur bildlich — sagen, daß das Verfahren der Gesetzgebung auf der stetigen „Verdrängung“ des Bürgerkriegs beruht; die gelegentlichen Tätlichkeiten der Abgeordneten sind nur „Symptome“. — Daß man nicht immer bei Tintenfässern und Spucknäpfen bleibt, zeigt etwa der Artikel „die Schüsse in der Skupschtina“ im 2. Morgenblatt der Frankfurter Zeitung vom 21. 6. 28.

[4] S. den Vorspruch zur Reichsverfassung, der allerdings von der u. E. irrigen Vorstellung einer bloßen „Erneuerung“ „seines Reiches“ ausgeht. Das alte Reich war nicht des Deutschen Volkes, sondern ruhte, wie die Einzelstaaten, auf der staatsbildenden Macht der Dynastien;

Von hier aus läßt sich die staatsbildende Bedeutung des Gesetzgebungsverfahrens erkennen: nur verhältnismäßig wenig Werte können in der Verfassung selbst aufgerichtet werden. Um die Fülle der Wertungen, die das Rechtsleben der Gemeinschaft beherrschen sollen, steht der Kampf noch bevor. Die Regeln dieses Kampfes auf den eigenen Sieg anzulegen, einen möglichst starken Anteil an der Satzung der Werte zu gewinnen, ist daher das allgemeine Streben der im Verfassungskampf streitenden Willensmächte. Führt das Ringen um die „Erzeugungsregel" des Rechts zur „Verfassung" des Gesetzgebungsverfahrens, so ist damit das Staatsgrundkompromiß geschlossen: bestimmte Gewalten sollen in einem bestimmten Verfahren die Willensentscheidungen fällen, unter denen die staatliche Herrschaft ausgeübt werden soll, d. h. diese Gewalten haben die ausschließliche Befugnis, Wertungen die eigentümliche rechtliche Geltung für die Rechtsgemeinschaft zu geben, soweit nicht die Verfassung selbst für gewisse Fälle der Not anderen Gewalten — ausnahmsweise und vorübergehend (meist übrigens in politischer Abhängigkeit von den ordentlichen Positivierungsgewalten — vgl. Art. 48 RV., Art. 55 PrV.) — Rechtsschöpfungsmacht anvertraut. In der „Verfassung" der Rechtsschöpfung liegt beschlossen, daß jede Inanspruchnahme der Staatsgewalt für eine Wertung (einen Rechtswunsch) auf die vereinbarten Rechtsschöpfungsgewalten zurückgeführt werden muß: soweit diesen Gewalten überhaupt die Befugnis verliehen ist, ihre Positivierungsmacht auf andere Instanzen zu übertragen („delegieren"), kann jeder Willensakt dieser Instanzen nur soweit als Recht gelten, wie er sich in dem von der verfassungsmäßigen Positivierungsgewalt eingeräumten Willensspielraum hält. Somit ist die ordentliche Rechtsschöpfungsgewalt der „Legislative" die Legitimitätsgrundlage aller ordentlichen Inanspruchnahmen der Staatsgewalt für menschliches Wollen (Rechtsschöpfung). Nur wenn die rechtsverbindliche Willensbildung der Menschen, die staatliche Herrschaft ausüben (des Verwaltungsbeamten, des Richters), von der Willensbildung der verfassungsmäßigen Rechtsschöpfungs-

---

„begründet" soll aber nicht etwa auf den Zeitpunkt des Verfassungserlasses bezogen werden: das „neue Reich" ist mit dem Übergang der Verfassungsgewalt auf das Deutsche Volk entstanden, welcher spätestens in der Vollziehung der Wahlen zur Nationalversammlung zu sehen ist.

Weist somit die Geltungsgeschichte des neuen Systems einen positiven Legitimierungs-Akt der Rechtsunterworfenen auf, so bedarf es für den gegenwärtigen Staat gar keiner Entscheidung der Frage, ob der Rechtscharakter einer Ordnung schon durch den nachhaltigen Sieg der garantierenden Gewalt oder erst durch die Rechts-Anerkennung der Ordnungsadressaten begründet wird. Um jedoch auch hier eine Lösung anzudeuten, sei darauf hingewiesen, daß die äußere Durchsetzung von Herrschaftsansprüchen die psychische Durchsetzung nach sich zu führen pflegt. Die unerschütterte Behauptung der Gewalt wirkt nämlich suggestiv, und zwar um so stärker, je länger sie dauert: Zuerst finden sich die verhältnismäßig gleichgültigen Massen mit der Neuordnung ab; ihr Friedensbedürfnis ist, soweit nicht ihre vitalen Interessen bedroht sind, stärker als das Motiv zum Bürgerkrieg, und ihr tatsächlicher anhaltender Gehorsam erzeugt im Wege der Suggestion notwendig die Vorstellung des rechtlichen Müssens. Nach und nach richten sich auch die kämpfenden Gruppen auf den Bestand der bekämpften Ordnung ein; sie kämpfen, unter Meidung des Waffenganges, mit den von der neuen Ordnung gebotenen Mitteln fort, — sie suggerieren sich schließlich selbst den Rechtscharakter einer Ordnung, die zu zerbrechen sie nicht mehr hoffen können. So wirkt die von der massenhaften und andauernden (stets wiederholten) Verwirklichung des aufgezwungenen Willens ausgehende Suggestion und Autosuggestion jenes ‚Wunder', das Gewalt in Recht verwandelt. Die Gewalt, welche hinreicht, ein äußeres Verhalten der Unterworfenen über die genügende Zeit zu erzwingen, überwältigt auch die Seelen, die äußere Haltung erzwingt die innere, die physische Durchsetzung hat bei durchschnittlicher Seelenstärke die psychische über kurz oder lang zur Folge. (Daher ist insb. die Rechtsprechung auf dem richtigen Wege, wenn sie, die subjektive Spekulation über vom Richter wissenschaftlich nicht erfaßbare Seelenvorgänge vermeidend, auf die äußeren Tatsachen abstellt, welche jene nach aller Erfahrung mit sich bringen, — s. etwa RG. 100, 25f., 104, 257f., RGSt. 53, 65f.)

Wie dem aber auch sei: Ist einmal eine neue Legitimitätsgrundlage gelegt, so kann der Rechtscharakter aller folgenden Ordnungsakte nur von ihr aus beurteilt und keinesfalls von der jeweiligen seelischen Reaktion der Betroffenen abhängig gemacht werden.

gewalten abhängig gemacht wird, hat der Kampf um die Verfassung dieser Gewalten Sinn: der verfassungsmäßige („legale") Einfluß auf ihre Entscheidung ist der positive, die absolute Unterwerfung unter sie, der Verzicht auf alle nicht verfassungsmäßigen („illegalen") Einflüsse der negative Teil des Kompromisses, durch den die verfassunggebenden Mächte die zentrale Instanz des Gesetzgebers vereinbaren, — die Entscheidung aber, durch die die „verfaßte" Gewalt in der „verfaßten" Weise Wertungen aufrichtet, welche die Rechtsgrundlage für jede Verwendung der Staatsgewalt geben sollen, ist das Gesetz[1]. Das Gesetz ist — wie bereits gesagt — nur das durch Formen gesicherte Ergebnis des in den Bannkreis verfassungsmäßiger Positivierung gezwungenen Machtkampfs im Staate; werden die Garantien seiner Erzeugung gebrochen, weigern die Kompromittenten der Verfassung dem Ergebnis die Anerkennung, so ist der Bürgerkrieg nicht fern.

Ist man sich so der alten Lehre wieder bewußt geworden, die im Gesetz das „Produkt" eines verfriedlichten Machtkampfes sieht, so öffnet sich das Verständnis für die Forderung, daß das Gesetz die Staatsbürger im ganzen Bereich seiner Auswirkung gleichmäßig erfasse. Diese Forderung ist nur wesentlicher Bestandteil des Verfassungs-Kompromisses zur Erzeugung des Rechts und bedeutet nichts anderes, als daß die Wertentscheidung, die auf dem vereinbarten Wege falle, das Rechtsleben der Rechtsgemeinschaft beherrsche: Wer an jenem Kompromisse teilnimmt, will nicht die Anarchie, sondern die Zwangsordnung der Rechtsgemeinschaft, genannt Staat; einmal aber, wenn ein Staat sein soll, muß die Entscheidung über die herrschenden Werte fallen[2], und also müssen alle Verfasser des Gesetzgebungsverfahrens die Endgültigkeit, die unbedingte Durchführung dessen wollen, was aus dem Verfahren als „Gesetz" hervorgeht. Der im Gesetz zur Herrschaft gelangte Wille und kein anderer soll über die Rechtsgemeinschaft herrschen, oder — indem wir uns des Zusammenhanges von Wille und „Unterscheidung" erinnern — nicht mehr und nicht weniger Unterschiede sollen von Rechts wegen zwischen den Rechtsunterworfenen gemacht werden, als das Gesetz bestimmt.

B. Das Gleichheitsgebot als Forderung des Rechtsstaats.

Mit dieser dem Begriffe des verfassungsmäßigen Gesetzes angehörenden Forderung ist zugleich ein Kernstück jenes Vorstellungskomplexes gegeben, der mit dem Worte „Rechtsstaat" verbunden wird.

Die Begriffe von „Rechtsstaat" sind — logischerweise — nicht weniger zahlreich als die Begriffe von „Recht" und lassen sich entsprechend[3] diesen in „formale" und „materielle" Begriffe scheiden. — Die Verfechter materieller Rechtsstaatsgedanken pflegen unter Rechtsstaat den Staat zu verstehen, der ihre politischen Ideale, ihre Staats- und Rechtswünsche erfüllt, — nicht anders als der Wunschrechtler der Rechtsordnung den Ehrentitel einer Rechtsordnung in Gänsefüßchen nur dann zuerkennt, wenn sie mit seinen Begriffen von Gerechtigkeit harmoniert. Dabei ist jedoch zwischen Staatsidealen und Rechtswünschen ein erheblicher

[1] Sachlich übereinstimmend mit WENZEL (Staatsrl. 4, 160): „die von der souveränen Instanz der Rechtsgemeinschaft in dieser ihrer Eigenschaft gesetzten Rechtsnormen oder kurz die primären Rechtsnormen", sofern WENZEL unter „souveräne Instanz" die Gesamtheit der entscheidenden oder möglicherweise entscheidenden Gesetzgebungsinstanzen versteht. Der Ausdruck „Urrecht" indes dürfte sich nur für den engeren Sinn empfehlen, der dem Bestandteil „Ur" entspricht: Norm für die Schöpfung der Verfassung selbst (∼ KELSENS „Grundnorm") z. B.: Was das Deutsche Volk, repräsentiert durch die Nationalversammlung, mit Mehrheit beschließt, soll seine Verfassung sein. Für die Verfassung selbst scheinen die Ausdrücke „Grundnorm" oder „Grundgesetz" am Platze.

[2] Vgl. THOMA: Staatsrl. 3, 59.

[3] Dabei ist aber — wie im folgenden entwickelt — der Gegensatz von „formal" und „materiell" kein absoluter, wie zwischen Rechtsbegriff und Rechtsideal, sondern, entsprechend der schwach politischen Färbung des „Rechts"begriffs in der Bildung Rechtsstaat, ein relativer.

Unterschied: die materiellen, im engeren Sinne politischen, Rechtswünsche, die neuerdings im wunschrechtlichen Bedarfsfalle in das Zauberwort vom Rechtsstaat hineinkriechen[1], sind zur begrifflichen Bestimmung gänzlich unbrauchbar, — nach ihnen wäre der Rechtsstaatsbegriff gemäß den schwankenden Subjektivitäten seiner Verfasser variabel; die Staatsideale und im weiteren Sinne politischen Organisationsprinzipien sind nicht in diesem Maße subjektiv. Die Wünsche etwa nach gerichtlicher Kontrolle der Verwaltungsakte oder Beteiligung des Volkes an der Gesetzgebung sind zwar nicht formal im strengen Sinne, sondern politisch, insofern darin schon Werturteile arbeiten, — indes sind sie nicht derart politisch gefärbt, daß sie nicht mehr der Verwirklichung der verschiedensten Rechtswünsche Raum ließen, — und vielleicht ist es gerade die Eigenschaft des demokratischen Ideals, allen Subjektivitäten rechtliche Gestaltungsmöglichkeit zu bieten, welche in Verbindung mit der „formalen" Rechtsstaatsidee dem rechtsstaatlichen Idealkomplex die politische Stoßkraft gegeben hat[2]. — Die mit der Rechtsstaatsidee geschichtlich verbundenen Staatsideale interessieren hier aber nur soweit, wie sie mit ihr begriffsnotwendig verbunden erscheinen, ja die nirgends in Reinheit gegebene „Rechtsstaatsidee" überhaupt nur aus ihnen gewonnen werden kann — woran man zugleich erkennt, daß die Rechtsstaatsidee selbst auf Wertungen beruht. Diese nur den Rechtsstaatsgedanken tragenden Wertungen gilt es zu fassen, den allgemeineren Gehalt, der unbestritten in der konstitutionellen Monarchie die gleiche Geltung beansprucht wie in der Demokratie.

Die sog. klassischen[3] Vorkämpfer des Rechtsstaats sind in ihren „Definitionen" herzlich unbekümmert[4], und vergebens wird man bei ihnen nach einer klaren und methodisch einwandfreien Begriffsbestimmung suchen; indes läßt sich an dem eisernen Bestand ihrer mit geringen Variationen stets wiederholten praktischen Forderungen erkennen, welcher Begriff von Rechtsstaat ihnen vorgeschwebt hat.

Die erste Forderung lautet: der Staat „soll die ... Grenzen seiner Wirksamkeit wie die freie Sphäre seiner Bürger ... genau bestimmen" (JULIUS STAHL), „alles in ihm rege Leben" soll „in den Grundangeln des Rechts sich bewegen" (OTTO BÄHR)[4], in unserer Sprache: der Wille soll genau bestimmt werden, der als „Staatswille" durch das Mittel der Staatsgewalt über die Bürger herrscht. — Diese Forderung ist eine „formale", insofern sie nicht auf die Herrschaft eines bestimmten Willens, einer materiellen Wertung, sondern nur auf die Bestimmtheit der Herrschaftsverhältnisse gerichtet ist. Gegenüber einer gewissen modischen Verachtung formaler oder wertblasser Ideen ist zu betonen, daß das Verlangen nach rechtlichen Fesseln der Staatsgewalt seinen durchgreifenden und bis heute alle politischen Schwankungen überstehenden Erfolg nicht einer „geschichtlichen Machtlage", sondern seinem eigenen, verhältnismäßig bleibenden Werte verdankt. Das Verlangen nach „unverbrüchlichen" Ordnungen ist nur die Reaktion des staatsunterworfenen Einzelnen auf einen unberechenbaren Gebrauch der Staatsgewalt, der zu jeder Zeit sein Leben vernichten kann. Der Mensch bedarf zu seiner Entfaltung vor allem einer gewissen Regelmäßigkeit, er muß seine Lebensbedingungen kennen, um sich einzurichten, vor allem jener „Luxus" geistiger Arbeit, deren Ergebnis man Kultur nennt, gedeiht nur auf dem Boden einer zuverlässigen Ordnung. Lange bevor der Durchschnittsuntertan den kühnen Gedanken faßt, auf die Ausübung der Staatsgewalt selbst Einfluß zu nehmen, begehrt er zu wissen, in welcher Weise er

[1] Z. B. bei Gelegenheit des Aufwertungsstreits vgl. etwa J. GOLDSCHMIDT: JW. 1924, 245 — und die Apologie des Mißbrauchs bei HOLSTEIN: Staatsrl. 3, 57 („Rechtsstaat" = „Gerechtigkeitsstaat").

[2] Gerade der inhaltsarme (relativ formale) Charakter einer Forderung ermöglicht es Persönlichkeiten der verschiedensten Willensrichtung, sich für sie einzusetzen, wenn sie nur in der die Forderung tragenden allgemeinen Wertung übereinstimmen.

[3] Zur Geschichte des Begriffs THOMA: JöR. IV, 197f.

[4] S. THOMA a. a. O. 201, insb. Anm. 1 u. MERKL 73.

bei seinen Geschäften mit ihr zu rechnen habe. Wie er an seinen Mitmenschen den „Charakter", d. h. die Berechenbarkeit der Reaktionsweise, schätzt, so auch am Staat — nur mit dem unvergleichlich höheren Interesse an einer Gewalt, die für ihn unwiderstehlicher ist als die Elementargewalten der Natur, — und so ist noch heute jener Typ des „Unpolitischen", der gerne auf die Bestimmung des Staatscharakters verzichtet, wenn nur irgendeine Ordnung gewährleistet wird, die vielleicht stärkste „Partei". Der Ruf nach Ordnung wird daher mit Notwendigkeit gegenüber jeder unberechenbaren Ausübung der Staatsgewalt erhoben und richtet sich vor allem gegen die Irrationalität normfreier Einzelherrschaft. Der Idealfall eines allgemein verehrten Führers, dessen Persönlichkeit ein unverbrüchliches Gesetz verbürgt, ist erfahrungsmäßig selten; das geschichtliche Erlebnis, dem das Verlangen nach Normierungen entwächst, ist die Ausübung unbegrenzter Gewalt durch Mittelmäßige, die das staatliche Werkzeug sogar zur Befriedigung ihrer irrationalen Privatwünsche gebrauchen[1]. Aber über der geschichtlichen Situation, in der die Forderung nach Festlegung der Staatsgewalt eine Waffe gegen die absolute Monarchie wird, darf nicht verkannt werden, daß diese Wendung keine begriffsnotwendige ist: der demokratisch legitimierte Volkskommissar, der, jeder Bindung enthoben, nach „billigen Ermessen" die Abgaben der Bürger zu bestimmen hätte, der „Richterkönig", der im Zivilstreit nach „Treu und Glauben" und im Strafrechtsfalle nach dem berühmten Satze, der alle Strafgesetzbücher der Welt entbehrlich macht: „jede nichtswürdige Tat ist strafbar nach dem Maß ihrer Nichtswürdigkeit" und allenfalls noch: „das Maß der Nichtswürdigkeit ergibt das Volksbewußtsein", entscheiden wollte, sie würden, sofern sie nicht zu jenen mit geglaubter Gesetzmäßigkeit entscheidenden Führern gehörten, sehr bald den Ruf nach Regeln hören, und „Precedents" oder „Präjudizien" müßten jene Regelmäßigkeit herstellen, nach der sich die Gewaltunterworfenen richten könnten.

Auf einigen Gebieten aber hatte schon die absolute Monarchie dem Bedürfnis nach Bestimmung der Grenzen, in denen die Staatsgewalt gebraucht werden darf, leidlich genügt, vor allem dem „privatrechtlichen" der Streitigkeiten zwischen „Untertanen". Wo derart die Grenzen bereits bestimmt waren, blieben nur die sogleich zu erörternden Forderungen, daß sie unbedingt, auch bei Berührung der fürstlichen Interessen, innegehalten würden. Die Forderung nach Schöpfung determinierender Rechtssätze fand ihr Angriffsfeld auf dem Gebiet, auf dem die „obrigkeitliche Gewalt" dem Einzelnen „in eigener Sache" gegenübertrat, dem des „öffentlichen", vor allem des Verwaltungsrechts. — Es ist nicht nötig, zu zeigen, wie der rechtsstaatliche Gedanke diese Domäne persönlicher Herrschaft Schritt für Schritt erobert hat. Denn die einzelnen Wünsche, in denen er Ausdruck findet, sind nicht nur Gemeingut der Lehrbücher[2], sondern größtenteils bereits verwirklicht: Wenn man als Grundlage der verwaltenden Tätigkeit genau umschriebene Ermächtigungen fordert, jeden unerläßlichen Ermessensspielraum so scharf wie möglich begrenzt, wenn schließlich jeder Verwaltungsakt, durch welchen Staatsgewalt gegen den Bürger geübt wird, einer gesetzlichen Grundlage bedarf, so ist das alles nur der Ausdruck des Bestrebens, die Wertungen festzulegen, für welche die öffentliche Gewalt eintritt, die Ausübung dieser Gewalt berechenbar zu machen; und wenn etwa Otto Mayer den Rechtsstaat geradezu als Staat des „wohlgeordneten Verwaltungsrechts" definiert, so ist damit kein inhaltlicher Gerechtigkeitsanspruch an das Verwaltungsrecht, sondern nur die „formale" Anforderung der „Durchrechtlichung" (Merkl) oder „juristischen Formung" (R. Thoma) gestellt, die gerade im Reich der Verwaltung am schwersten zu erfüllen ist und noch heute die Aufmerksamkeit besonders beansprucht[3].

[1] Näheres etwa bei Merkl 69, — zum folgenden 70.

[2] Vgl. etwa die Zusammenstellung bei W. Jellinek: Verwaltungsrecht 83f. (1929).

[3] Vgl. Thoma: Rechtsstaatsidee und Verwaltungsrechtswissenschaft, JöR. IV, 196f. zumal 214 u. Merkl 75/76.

Die zweite Forderungsgruppe der Rechtsstaatslehrer bezeichnet die sog. „Unverbrüchlichkeit“[1] der geforderten Normierungen, jene formale Qualifikation, die den im Worte „Rechtsstaat“ gemeinten Rechtsbegriff von dem Grundbegriffe des Rechts unterscheidet. Die Bildung Rechtsstaat wäre tautologisch und sinnlos, wenn damit jeder Staat gemeint wäre, in dem das geltende Recht gilt[2], — sie ist nur daraus zu erklären, daß man dem Worte Recht stillschweigend einen neuen Begriff untergeschoben hat, nämlich desjenigen Rechts im allgemeinen Sinne, an das der Träger der Staatsgewalt gebunden ist. — Was nutzte es dem Bürger, wenn zwar die Betätigung der Staatsgewalt bis ins Einzelne normiert war, aber durch Normen, die der Monarch nach eigenen, unberechenbaren Wünschen durchbrechen konnte? Die „Gesetze“ oder „Verordnungen“ der absoluten Monarchie haben keinen anderen rechtlichen Charakter als die „Reglements“, „Ordonnanzen“ usw.: sie sind vollwertiges geltendes Recht im Sinne des Grundbegriffs, aber nicht im Sinne der vom Rechtsstaat geforderten Festlegung der Staatsgewalt („zweiseitige Bindung“)[3]. Erst durch die Garantie der Unantastbarkeit und unbedingten Durchführung des „Gesetzes“ in jedem „Anwendungsfall“ wird das Gesetz zum „Rechtsgesetz“ im Sinne des Rechtsstaats, d. h. zur zuverlässig berechenbaren Regel für die Ausübung der öffentlichen Gewalt.

Das technische Mittel zu dieser Festlegung ist die schon entwickelte „Verfassung“ der Rechtsschöpfung; die in der Hand des Monarchen vereinigte Staatsgewalt wird „geteilt“, da eine dauerhafte Fesselung des Monarchen an eigene Entschlüsse unmöglich erscheint, so lange alle Entscheidungen über die Verwendung der Gewalt bei ihm liegen. Zwar hatte schon der absolute Staat dem Sicherungsbedürfnis durch Einsetzung „unabhängiger und nur dem Gesetze unterworfener“ Gerichte zu genügen gesucht, die sich durch standhafte Gesetzestreue Ansehen erworben hatten, aber wer bürgte dafür, daß nicht eines Tages der gesetzestreue Richter zum Teufel gejagt und ein Gesetz ad hoc erlassen wurde?[4] Erst durch „Verfassung“ von Schranken der fürstlichen Gewalt, durch Schaffung von „Kompetenzen“, durch „Gewaltenteilung“ schien die Unverbrüchlichkeit der rechtlichen Ordnung, eine Rechtsordnung im engeren Sinne des Rechtsstaats gewährleistet. Als Rechtsstaat erscheint daher nur ein „Verfassungsstaat“, der einen ausschließlichen, vom Träger der Gewaltfülle unterschiedenen, regelmäßigen Schöpfer der die Ausübung der Staatsgewalt bindenden Regeln einsetzt und damit „unverrückbare“ Grundlagen für die Berechnung der Gewalt schafft[5]. — Als Vollen-

---

[1] Die angeführte Definition STAHLS fährt fort: „. . . und unverbrüchlich sichern“.

[2] Ähnlich MERKL 74. Verbindung des Wunsch-Rechtsbegriffs mit dem Satze: „jeder Staat ein Rechtsstaat“ z. B. bei MÜNCH: DRZ. 1924, 337f.

[3] Aus dieser Begriffsvertauschung resultiert der durch die Berichte HELLERS u. WENZELS (Staatsrl. 4) aktualisierte Streit um das Wesen der „Rechtsnorm“, — in dem, wie so oft bei Begriffsverschiebungen, beide Parteien Recht haben: wer den juristischen Grundbegriff von Recht meint, muß in der „Dienstanweisung des staatlichen Kanzleivorstandes“ wie im „Befehl des Unteroffiziers“ einen Rechtssatz finden, — wer den Rechtsbegriff der „Rechts“staatstheorie im Sinne trägt, welcher in wichtige Verwaltungsgesetze eingegangen und deshalb für die Wissenschaft zur Auslegung dieser Gesetze grundlegend geworden ist (Unterscheidung von „Rechts“- und „Verwaltungs“-vorschriften), hat Recht, den herkömmlichen Begriff von den „in Freiheit und Eigentum“ der Bürger unmittelbar eingreifenden Sätzen in Schutz zu nehmen. Denn dieser „Rechts“begriff ist zwar nicht glücklich gebildet weil er ein inhaltliches Kriterium aufnimmt, das nur Motiv für seine Erschaffung gewesen ist, aber er gibt dem Praktiker wenigstens ein Sinneszeichen, an dem er erkennen kann, ob der in jenen Produkten des Kampfes zwischen ungebundener Machtfülle und Rechtsstaatsverlangen begegnende Begriff des „Rechts“ bereits der einer „zweiseitig bindenden“ Norm ist. Das aus Bedrohung des Bürgers durch die Staatsgewalt entstandene rechtsstaatliche Begehren bescheidet sich mit der unverbrüchlichen Regelung aller staatlichen Eingriffsmöglichkeiten in das individuelle Interesse. — (Zur Auffassung der Nationalversammlung vgl. SINZHEIMER: Ber. d. 8. Verfassungsaussch. 182!).

[4] Vgl. jetzt SCHIFFER: Die deutsche Justiz (1928), 1f. u. W. JELLINEK: Verwaltungsrecht, Einl. § 5, II, 79f., zumal 81/82 (MÜLLER-ARNOLD-Fall).

[5] Vgl. W. JELLINEK: Verwaltungsrecht 84, Ziff. 1; C. SCHMITT 131. — In Wahrheit ist

dung[1] des Rechtsstaates aber gilt der Staat, welcher allen Gebrauch der öffentlichen Gewalt unter jene Wertungen stellt, die das „Grundgesetz“ selbst wie der von ihm bestellte Gesetzgeber aufrichten, — der „Gesetzesstaat“ im oben dargelegten Sinne unseres geltenden Verfassungsrechts.

Die von der Legislative geschaffenen Bindungen der Staatsgewalt durchzuführen, darauf zielt die dritte und letzte Gruppe rechtsstaatlicher Forderungen: der Rechtssatz, der nur „auf dem Papier steht“, d. h. von den staatsgewaltübenden Personen ungestraft mißachtet werden kann, ist für den Bürger wertlos. „Recht und Gesetz können nur da wahre Bedeutung und Macht gewinnen, wo sie einen Richterspruch zu ihrer Verwirklichung bereit finden“ (Otto Bähr)[2]. Daher verfolgen alle jene bekannten, aus dem Titel „Rechtsstaat“ abgeleiteten Forderungen nach Unabhängigkeit der Rechtsprechung, nach Förmlichkeit, nach Greifbarkeit der Verwaltung durch Rechtsmittel, nach Prüfung der verwaltungsmäßigen Machtentfaltung durch unabhängige Gerichte („ordentliche“ Gerichte = „Justizstaat“[3] oder Verwaltungsgerichte), schließlich der Ruf nach Verfassungsgerichten nur das eine Ziel: Unverletzlichkeit der vom Gesetzgeber gezogenen „Grenzen“ in der Praxis der Gewaltbetätigung. Bei aller Meinungsverschiedenheit über die Technik ist man einig über den Zweck, das Gesetz rückhaltlos anzuwenden und durchzuführen, vom ungesetzlichen Gebrauch der Macht durch Drohung mit dem Spruch gesetzestreuer Richter abzuschrecken, kurz: ein System von Garantien zu schaffen, durch welche die Betätigung der Gemeingewalt dem Gesetze unterworfen wird[4].

Mit diesem Satze aber stehen wir wieder in der Definition des Gleichheitssatzes, nach welcher nur der im Gesetz zur Herrschaft gelangte Wille über die Staatsunterworfenen herrschen soll.

Der eine Teil des Rechtsstaatsverlangens zielt nur auf die Voraussetzungen, unter denen allein von Gleichheit die Rede sein kann, jene unverbrüchlichen Bestimmungen, die im Gesetzgebungsverfahren des Verfassungsstaats erzeugt werden, — der andere, mit der Idee des Gleichheitssatzes übereinstimmende Teil, zielt auf „Durchführung“, was nichts anderes als „Unverbrüchlichkeit“ in der Vollziehung besagt:

Der in der Zentralzelle der Gesetzgebung gebildete Wille soll in allen Zellen des Staatslebens wirklich werden, d. h. den Gebrauch der Gemeingewalt wirklich be-

---

der „Rechtsstaat“ keineswegs begriffsnotwendig auch „Verfassungsstaat“. Der absolute sog. Polizeistaat (d. h. der Staat einer gesetzlich ungebundenen Verwaltung — vgl. Merkl 68) zwar hat nur eine Annäherung an den Rechtsstaat erreicht, — es ist aber durchaus denkbar, daß die Persönlichkeit eines Alleinherrschers die Unverbrüchlichkeit und rückhaltlose Durchführung einer von ihm oktroyierten Rechtsordnung garantiert und damit einen Rechtsstaat herstellt.

[1] Dies Prädikat gilt nicht dem „quantitativen Moment“ der Ausbildung von Regeln (— vgl. Merkl, 75/76 u. Anm. 221 —), vielmehr dem Merkmal der Unverbrüchlichkeit, deren nach aller Erfahrung „bisher beste und zuverlässigste“ (s. Thoma: JöR. IV, 197 über R. v. Mohl) Sicherung der Verfassungsstaat bringt. Das zum Rechtsstaat erforderliche Mindestmaß von „Regeln“ ist nur durch den Zweck der Sicherung des Bürgers bestimmt und nicht graduierbar.

[2] Zit. nach C. Schmitt 132.

[3] Vgl. Merkl 66/67, über die Verwechslung von Justizstaat und Rechtsstaat.

[4] Fassen wir die gewonnenen Merkmale des Begriffs Rechtsstaat: „Regelung“ und „Unverbrüchlichkeit“ zu einer — für die weitere Entwicklung nicht erforderlichen — Begriffsbestimmung zusammen, so ergibt sich als Rechtsstaat: jeder Staat, dessen Gewalt nach unverbrüchlichen, die Berechnung des staatlichen Lebens ermöglichenden, Regeln gebraucht wird. — Das „quantitative Moment“ ist (— vgl. Merkl 75/76) nur durch die Erreichung des Forderungszwecks — über die man im kritischen Falle streiten wird — bestimmbar. — Wie die Unverbrüchlichkeit erreicht wird, ist unwesentlich. Der Irrtum der von W. Jellinek (Verwaltungsrecht 92) und Merkl (77) gegebenen Begriffsbestimmungen liegt u. E. in der Aufnahme von Merkmalen, die speziellen, geschichtlich gewordenen und heute herrschenden Typen des Rechtsstaats, vor allem dem „Verfassungs“- und „Gesetzesstaate“ angehören. — Fast übereinstimmend mit der hier gegebenen Definition z. B. von Jhering „Zweck“, I, 344, — wo denn auch „Willkür“ (346), wie bei Kritik des Willkürbegriffs bemerkt, als bloße Widergesetzlichkeit des Gewaltträgers auftritt.

stimmen. Von dem abstrakten Gedanken der unverbrüchlichen Herrschaft des Gesetzes unterscheidet sich der Gedanke des Gleichheitssatzes nur durch die in der Motivation des Rechtsstaatsverlangens begründete und praktisch sinnvolle Wendung auf den einzelnen Staatsbürger, dem die lebendigen Träger öffentlicher Gewalt mit persönlicher Neigung und Abneigung drohen: — das Gesetz mag die Standesunterschiede tausendmal beseitigt haben, — die Suggestion, die von den gesellschaftlichen Einrichtungen des Adels, des Titelwesens usw. ausgeht, wirkt in der „Praxis" des Rechtslebens fort, — mit derselben Unwiderstehlichkeit, mit der erfahrungsmäßig Vetterschaft und Kliquenwesen, Klassen- und Parteiurteile, kurz: die wahre oder vermeintliche Solidarität lebendiger Interessen, jene Wirklichkeit von Blut und Nerven beherrscht, in der das Recht „verwirklicht" werden muß. Daher spricht keine „Trivialität"[1], sondern die „Weisheit"[2] der Erfahrung, wenn die Verfassung das schon geltende Prinzip der unverbrüchlichen Gesetzesvollziehung in jenem hergebrachten Satze ausspricht, der mit symbolischer Kraft die Abstellung der ältesten und von jeher am bittersten empfundenen Verletzungen der Rechtsstaatsidee verheißt: die Verfassung stellt „alle Deutschen" unmittelbar vor die „magna charta" des Gesetzes, welche jede Verfügung über die Staatsgewalt vorbestimmt, und verbürgt, daß diese Vorbestimmung durch keinen Mittler gebrochen werden wird, — daß die gesetzvollziehenden Menschen keine Unterschiede mehr nach dem Vermögen, dem Ansehen, der Nase derer, die sich auf das Gesetz berufen, sondern nur die Unterschiede machen werden, die das Gesetz vorsieht, — daß von Rechts wegen keiner gehindert werden kann, unter den Voraussetzungen, die das Gesetz bestimmt, in der Weise, die das Gesetz bestimmt, die Staatsgewalt für sich in Anspruch zu nehmen oder abzuwehren. Der Gleichheitssatz fügt den bestehenden Rechten nicht das geringste hinzu, aber er verheißt dem Einzelnen mit der Autorität der Verfassung die unverbrüchliche Vollziehung der Gesetze[3].

Mit dem Begriffe der Gesetzesvollziehung aber — dem Gebotsinhalt der un-

---

[1] So KAUFMANN: Staatsrl. 3, 6.

[2] So ironisch von FREYTAGH-LORINGHOVEN 296.

[3] Schon dieser Gesichtspunkt dürfte zur Widerlegung des auch methodisch anfechtbaren (— vgl. BREIHOLDT: PrVBl. 47, 112, Sp. 2) Einwandes ausreichen, der Gleichheitssatz sei in der gegebenen Deutung überflüssig und bedeutungslos (Ausführung insb. 93f.). — Aus methodischen Gründen anfechtbar erscheint der Einwand, weil Verfassungen bisweilen dem Juristen entbehrliche Sätze, d. h. solche, die, auch ohne besonders ausgesprochen zu werden, geltendes Verfassungsrecht wären, und „bedeutungslose", d. h. solche ohne „juristisch faßbare" Bedeutung, enthalten. Die „theoretisch überflüssigen" Sätze haben dann meist für die juristische Praxis hohen Wert, indem sie einen Rechtsgehalt, der durch Systemforschungen von nicht immer sicherem Ausgang ermittelt werden müßte, klar und eindringlich formulieren (— je mehr der Staatsrechtler „versteht", desto mehr ist für ihn „selbstverständlich", aber die Verfassung hat es nicht nur mit Staatsrechtlern zu tun —). Damit ist angedeutet, worin der praktische Wert unseres Gleichheitssatzes liegt: wenn er auch alle Gesetzesverletzungen trifft und also sein „Anwendungsgebiet" unermeßlich ist, so lenkt er doch die Aufmerksamkeit des Juristen auf gewisse Gruppen von Fällen, in denen persönliche Eigenschaften des Betroffenen die Ursache der ungesetzlichen Unterscheidungen sind und daher das Rechtsgefühl besonders peinlich verletzt wird. — Selbst der Mangel einer rechtssatzmäßigen Bedeutung aber wäre kein Grund, an der Auslegung eines Verfassungssatzes zu zweifeln, denn die Verfassung enthält anerkanntermaßen Sätze ohne solche, dafür aber zumeist von hoher politischer und bei aller technischen Unfaßbarkeit juristisch wesentlicher Bedeutung. Auf der Verfassung baut der Bürger sein Leben: seinem Vertrauen, seiner Teilnahme am Staat dient es, wenn die Verfassung ihm die unterschiedslose Durchführung der Gesetze in die Hand verspricht, wenn sie selbst den „Herren", die das „lebendige" Recht — wie der Volksmund sagt — „machen", das Gesetz vorhält! (— man beachte die Integrationstechnik des Art. 148, vornehmlich Abs. III, 2!). — Wer sagt denn, daß der Gleichheitssatz eine so wesentlich „neue" (ALDAG 6) und „grundstürzende" Bedeutung haben müsse wie die Lehre von der Gerechtigkeitsgleichheit, — wenn nicht der Wunsch, eine solche Bedeutung darin zu „finden"? Die „Neigung", Rechtswünsche in die Grundrechte hineinzudeuten, ist aber gewiß nicht minder „verhängnisvoll", als die „Neigung, die Bedeutung der Grundrechte auf ein Nichts zurückzuführen" (TRIEPEL: Goldbil. 28). Wo „Neigungen" diktieren, hört die Wissenschaft auf.

verbrüchlichen Bindung an das Gesetz — ist auch der Gebotsempfänger, die durch den Gleichheitssatz gebundene Gewalt, bestimmt[1].

Die gesetzvollziehende Gewalt erscheint zunächst nur als Teil der vollziehenden Gewalt schlechthin. Unter Vollziehung im weitesten Sinne (Exekutive) versteht man nämlich die gesamte Staatstätigkeit mit Ausschluß dessen, was zum verfassungsmäßigen Verfahren der regelmäßigen Rechtsschöpfung (Gesetzgebung, Legislative) gehört. Ob die Vollziehung in diesem Sinne Staatsakte aufweist, die keinem fremden Willen unterworfen („frei", „souverän") sind, oder ob sie im Verfassungsstaate mit dem engeren und eigentlichen Begriffe der Vollziehung als der Staatstätigkeit, die einen über sie gesetzten Willen „vollzieht", übereinstimmt, mag hier dahingestellt bleiben. Denn der Gleichheitssatz kann jedenfalls nur eine Gewalt binden, die nach der Verfassung überhaupt gebunden ist: die vollziehende Gewalt im eigentümlichen Sinne des Vollziehens[2], d. h. als Vollführerin, Vollenderin eines bestimmten Wollens. In diesem Sinne bedeutet Vollziehung die Staatstätigkeit in ihrer Unterordnung unter gegebenen Willen, sei es die Verfassung selbst, sei es das Gesetz, die jenen Willen geben, sei der übergeordnete Wille allgemein oder speziell, sei der der Vollziehung eingeräumte Willensspielraum, das Maß ihrer Rechtsschöpfungsfreiheit, noch so groß. Mit jedem Gesetze, das der Reichstag beschließt, der Reichspräsident verkündet, wird die Verfassung ausgeführt. Der die Richtlinien der Politik bestimmende Reichskanzler, die ihre Geschäftszweige selbständig leitenden Reichsminister vollziehen in demselben Sinne die Verfassung wie etwa die verordnende Polizeibehörde das ihre Verordnungsgewalt bestimmende Gesetz.

An die Vollziehung in diesem Sinne, und zwar an die gesamte Vollziehung, wendet sich der Gleichheitssatz, wenn er den die öffentliche Gewalt ausübenden Menschen das Gesetz vorhält.

Aber — so könnte man einwenden — der Gleichheitssatz spricht doch vom „Gesetz" „im formellen Sinne" und kann also nur die Vollziehung dieses „Gesetzes", nicht aber die Vollziehung der Verfassung angehen. Ein solcher Einwand wäre im übelsten Sinne formalistisch und nur aus den Nachwirkungen jener alten irreführenden Schlachtrufe: „Gleichheit vor dem Gesetzgeber" — „Gleichheit vor dem Rechtsanwender" zu erklären[3].

Denn es ist zwar richtig: Art. 109 I spricht nur vom „Gesetz" und meint zunächst das Ergebnis des Gesetzgebungsverfahrens. Aber er setzt damit nicht, sondern verbrieft und betont nur eine Bindung, die nach allem übrigen Verfassungsrecht bereits besteht und, wie gezeigt, nur als Teil jener Unverbrüchlichkeit der Rechtsregeln erscheint, deren oberste die Verfassung ist. Daß der Ton auf der Gesetzesvollziehung liegt, beruht auf der Erfahrung, daß die bittersten Verletzungen der „Gleichheit" unter dem „Gesetze" auftreten. Mit der Verfassung hat der Einzelne im allgemeinen nichts zu schaffen, — was ihm in der Praxis des „Rechtslebens" entgegentritt, ist das „Gesetz", und was ihn schmerzt, ist die Willkür der vom Gesetze abweichenden „Gesetzesanwendung". So ist das „Gesetz" in Art. 109 I nur Symbol der auf der Verfassung beruhenden Rechtsordnung: die Unverbrüchlichkeit der ganzen positiven Ordnung, die Unverrückbarkeit aller „Grenzen", die Verwirklichung aller Bestimmungen des Gebrauchs der öffentlichen Gewalt ist garantiert. Daher wäre es mehr als widersinnig, die Grundlage aller Garantien, die Verfassung, vom feierlichen Ausdruck des Gebots unbedingter Vollziehung auszunehmen: sie ist nur das Gesetz der „Gesetze", das oberste Gesetz im Sinne des Art. 109 I und also den sie vollziehenden Menschen

[1] Zum Folgenden vgl. vornehmlich MERKL 20 u. 173.

[2] Vollziehung bedeutet sprachlich: Herstellung der vollkommenen („voll") Wirkung eines gegebenen Willens durch menschliche Tätigkeit („ziehen").

[3] S. S. 1 u. 27f.

zumindest mit derselben Eindringlichkeit vorgehalten wie das nach ihr zu schaffende „Gesetz".

Die verfassungsmäßige Mahnung, die durch Gesetz zur Herrschaft gelangten Unterscheidungen und Nichtunterscheidungen der Staatsbürger zu verwirklichen, wendet sich mithin an alle Gewalten, die in der Lage sind, von einem übergeordneten gesetzlichen Willen abzuweichen, sie erfaßt die Vollziehung „als solche", die gesamte Staatstätigkeit in ihrer Unterordnung unter die Gesetze — die Verfassung selbst eingeschlossen —, sie spricht ohne Unterschied allen Trägern jener Gewalt ins Gewissen, für deren Gebrauch das ganze System rechtsstaatlicher Regeln entwickelt ist, daß sie die Wertungen, in deren Dienst sie stehen, unverbrüchlich achten.

Somit geht die Forderung der „Gleichheit" durch die drei geheiligten Reiche der Staatstätigkeit: „Gesetzgebung", „Justiz", und „Verwaltung" — eine sinnliche Mahnung aller vollziehenden Gewalt zur Treue gegen Verfassung und Gesetze im Hinblick auf die aus der Person des Bürgers erwachsenden Versuchungen zum Rechtsbruch —, und um schließlich dem Bedürfnis nach einer Formel zu genügen: Der Gleichheitssatz (Art. 109 I) enthält das Versprechen in die Hand des Staatsbürgers und ein Denkzeichen für alle Staatsdiener, die anvertraute öffentliche Gewalt für keinen andern als den durch Verfassung und Gesetze ausgewiesenen (legitimierten) Willen einzusetzen, — vornehmlich nicht in persönlicher Willensspannung für oder gegen Personen.

2. Besonderer Teil.

Einleitung.

Ist damit der Inhalt des Gleichheitsgebots wie der Gebotsempfänger abstrakt bestimmt, so führen wenige Folgerungen zu den konkreten Gebotsempfängern und besonderen Formulierungen des Gebots, die ihrer regelmäßigen Vollzugslage entsprechen. Dabei sehen wir es jedoch nicht als Aufgabe an, das „Anwendungsgebiet" des Gleichheitssatzes abzusuchen. Vielmehr beschränken wir uns auf eine Übersicht, welche die praktische Übereinstimmung mit der von ANSCHÜTZ, THOMA[1] und GIESE vertretenen Lehre ergeben und zur Entdeckung einiger Irrtümer und Begriffsverwirrungen führen wird, durch die man diese Lehre zu entwerten versucht hat.

Ehe wir die weiten Gebiete der „Anwendung" des Gleichheitssatzes betreten, — muß noch einmal betont werden, daß von Anwendung im strengen Sinne nicht gesprochen werden kann? „Angewandt" wird nicht der Satz des Art. 109 I, sondern die Verfassung oder die „Gesetze", die das Gebot ihrer Vollziehung in sich tragen. Der Gleichheitssatz fügt dem nichts hinzu, er vermehrt weder die durch Verfassung noch die durch Gesetze gegebenen Rechtsmittel, er bedeutet keinerlei Verstärkung der durch das geltende Recht errichteten Garantien des Rechtsstaats; sein Wert liegt nicht in der Bereicherung der rechtsstaatlichen Technik, sondern im symbolischen Ausdruck der Rechtsstaatsidee: daher sein sogenanntes „Anwendungsgebiet" mit der Verwirklichung des Rechts (— aller den Gebrauch der Staatsgewalt bestimmenden Sätze —) zusammenfällt.

[1] LEIBHOLZ (Nachw. 5) meint zwar: der Hinweis THOMAS auf die vom „geschriebenen Verfassungsrecht unabhängige Geltung" seiner (— THOMAS) Auslegung sei „eine unerwartete Stütze für die Auffassung, daß der im Gleichheitssatz enthaltene allgemeine Rechtsgedanke (— LEIBHOLZens) unabhängig von seiner Kodifizierung einen geltenden Rechtssatz darstellt". Dabei ist aber nur der kleine Unterschied zwischen der schlichten Auslegung THOMAS und den „höherwertigeren Sinnordnungen" der LEIBHOLZschen „Willkür" unter den Tisch gefallen. — (In LEIBHOLZ: ‚Gedanken ihres Sinngehalts entleerender' Überformalismus, zu deutsch: Silbenstecherei.)

A. Verfassungsvollziehung.

Als den gegenwärtigen deutschen Staat tragender Willensentscheid, als oberste Rechtsnorm, von der sich alle Rechtsverwirklichungen dieses Staates ableiten müssen, ist zu denken: „was das deutsche Volk, dargestellt durch seine Nationalversammlung, mit Mehrheit beschließt, ist Verfassung." Dieser Wille hat seine Verwirklichung in der Weimarer Verfassung als dem Grundgesetz des Staates gefunden. Alle weitere Staatstätigkeit ist Verwirklichung oder Vollzug der Verfassung, — nicht als ob ein in der Verfassung vorbestimmter Wille nur noch zu vollstrecken wäre, — denn die Wertschranken der Verfassung, in denen sich das staatliche Leben entwickeln soll, lassen der „schöpferischen Natur" der Staatsmänner noch den größten Spielraum —, sondern in dem Sinne, daß alles Staatsleben unter der Verfassung steht und, indem es ihren Willensäußerungen zu gehorchen hat, nur als „Verwirklichung", „Anwendung", „Vollziehung" der verfassungsmäßigen Werte begriffen werden kann.

Wenn wir aber von der Verfassungsvollziehung im Gegensatze zur „Gesetzesvollziehung" sprechen, meinen wir nicht die gesamte Staatstätigkeit, sondern nur deren oberste „Stufe": diejenige Staatstätigkeit, die ausschließlich durch die Verfassung selbst, nicht durch nach ihr erzeugte oder gar von solchen Erzeugnissen abgeleitete Rechtsformen bestimmt wird. „Gesetzesvollziehung" dagegen nennen wir die Staatstätigkeit, die nicht nur Vollzug der Verfassung, sondern auch des „Gesetzes", die bereits den Wertungen eines nach der Verfassung erzeugten ordentlichen[1] Rechtssatzes unterworfen ist. Diese Unterscheidung erscheint für die allgemeinen Fragen der Vollziehung bedeutsamer als die herkömmliche von „Gesetzgebung", „Justiz" und „Verwaltung"[2]. Denn was die Rechtswissenschaft überall angeht, ist die Frage nach dem „Willensspielraum" oder den Wertungen, die jene Grenzen ausmachen, bei denen die Aufgabe der „Auslegung" endet und die der „Rechtsschöpfung" beginnt. Die entscheidende Verengerung dieses Spielraums aber pflegt das Gesetz zu bringen; ist man auf der Stufe der Verfassungsvollziehung noch geneigt, die Willensbestimmung negativ zu fassen, indem man sagt, die Verfassung beschränke Gesetzgebung und Regierung, so spricht man unter dem Gesetze meist positiv von Verwirklichung des gesetzgeberischen Willens. Die unter dem Gesetze in Betracht kommenden Willensspielräume sind regelmäßig gering, die Gesetzesvollziehung im fortan verwandten technischen Sinne erscheint daher nur zu oft als die „Vollziehung" oder „Rechtsanwendung" schlechthin[3].

---

[1] Im Gegensatz zu den durch außerordentliche Kompetenzen (z. B. Art. 48 RV.) legitimierten Rechtserzeugnissen.

[2] Im Sinne Merkls, auf dessen Begriffsanalysen verwiesen wird.

[3] Daraus erklärt sich insb. die bei der älteren Lehre bislang beliebte Unterscheidung von „Rechtsanwendung" und „Gesetzgebung", die von Aldag (6) — nachdem er daraus den Talmigegensatz von „Rechtsanwendung" und „Rechtssetzung" gemacht hat — mit folgender „Begründung" angegriffen wird: „oft hängt es vom Zufall ab, daß hier durch einen Akt der Rechtsanwendung (Verfügung) geregelt wird, was dort im Wege der Rechtssetzung (Verordnung) erledigt wird." — Abgesehen von dem sachlichen Irrtum fällt das — wohl auf der im Folgenden behandelten Allgemeinheitslehre beruhende — Mißverständnis der üblichen Begriffe auf: nach diesen Begriffen ist die Verordnung ebensowohl „Rechtsanwendung" wie die Verfügung; beide nämlich sind zumindest „Anwendung", d. h. Vollziehung des übergeordneten Gesetzes. Andererseits gehören beide der Rechtssetzung im Sinne des Grundbegriffs an, insofern sie innerhalb des vom Gesetze belassenen Willensspielraums Willen bilden. Der spezifische Sinn der Alternative Gesetzgebung—Rechtsanwendung wird daher durch die Alternative Rechtssetzung—Rechtsanwendung verwischt: nur durch den Gegensatz zur „Gesetzgebung" bekommt „Rechtsanwendung" den für die ältere Lehre charakteristischen, formal qualifizierten Sinn der Rechtsanwendung unter dem Gesetze, während „Gesetzgebung" die bis auf das Gesetz führende Rechtssetzung bezeichnet. Wenn zudem die ältere Lehre die Gleichheit vor der „Rechtsanwendung" noch durch die Klammer (Justiz und Verwaltung) verdeutlichte, so waren traditionell nur unter dem Gesetz stehende Staatsakte gemeint (— welche man gerade auf dem Gebiet der „Rechtsanwendung", d. h. der Gesetzesanwendung, am deutlichsten vor sich hatte —), ob sie „materiell" „Recht"

Wo noch wenig Willensschranken gegeben sind, gibt es auch noch wenig Verstöße „gegen den Gleichheitssatz“. So hat die ältere Lehre, die es mit verhältnismäßig willensarmen Verfassungen zu tun hatte, bei gleichem Verständnis des Gleichheitssatzes, der Verfassungsvollziehung nicht zu denken brauchen. Erst mit der Vermehrung der Willensschranken durch die Weimarer Verfassung, zumal mit der Garantie von Individualrechten (Grundrechten), deren Verletzung den Einzelnen mit dem „Grundgesetz“ „in Berührung“ bringt, wird die Dringlichkeit der wissenschaftlichen Aufgabe, die in der Verfassung errichteten Werte zu erkennen, allgemein bewußt.

Der Verfassungsvollzug umfaßt keineswegs nur die Gesetzgebung — solcher Irrtum mag daher rühren, daß das Gesetzgebungsverfahren vorwiegend[1] durch die Verfassung bestimmt ist und daher nicht als Gesetzesvollziehung erscheint —, vielmehr gehören zur Verfassungsvollziehung vor allem gewisse höhere Verwaltungsakte und ist eine nur der Verfassung hörige Justiz wenigstens denkbar. Das Hauptinteresse hat sich jedoch der Frage zugewandt, was der Gleichheitssatz der „Gesetzgebung“ als Verfassungsvollziehung zu sagen habe.

Die eigentümliche Vollzugslage, in der sich der ordentliche Gesetzgeber befindet, ist schon bei Kritik der Lehre von der Gerechtigkeitsgleichheit umschrieben. Danach kann zwar von „Souveränität“ als „Selbstherrlichkeit“ des Gesetzgebers keine Rede sein — diese Eigenschaft kommt nur der verfassungsgebenden Gewalt[2]

setzen oder nicht, — von den Rechtsschöpfungsakten also nur Verordnung und Verfügung im Gegensatz zu den unter der Verfassung stehenden Rechtsschöpfungsakten des Gesetzes und der sog. Notverordnung (Art. 48 RV., Art. 55 PrV.). Daher ist die „Gleichheit vor der Rechtsanwendung“ der älteren Lehre nicht weniger scharf begrenzt als der hier verwandte Begriff der Gesetzesvollziehung, — die einzige Schwäche der älteren Lehre ist der auf geschichtlichen Gründen beruhende Mangel eines einheitlichen, die Verfassungsvollziehung berücksichtigenden Rechtsvollziehungsbegriffs.

[1] Man denke etwa an die Geschäftsordnungen der Parlamente, deren rechtliches Wesen noch kaum geklärt ist.

[2] Als verfassunggebende Gewalt, — das ist gegenüber einer von C. Schmitt getragenen Theorie festzustellen —, ist durch die Verfassung (Art. 76) der sog. Verfassungsgesetzgeber eingesetzt. Der Gedanke insbesondere, der Verfassungsgesetzgeber beraube sich der Grundlage seiner Ermächtigung, wenn er das Gefüge der Verfassung umstoße, stellt einen Trugschluß dar. Durch jede Änderung — und sei es die Vernichtung der Verfassung — auf dem von der Verfassung vorgeschriebenen Wege würde nur die von der Verfassung selbst gegebene Ermächtigung ausgeübt, welche ja gilt, bis die Vernichtung Rechtsgeltung erlangt (man darf die Wirkung der Ausübung der Ermächtigung nicht auf den Zeitpunkt der Ausübung vorwegnehmen). Hätte die Nationalversammlung die verfassungschaffende Gewalt (suprema potestas) einer besonderen Konstituante — etwa einer erneut zu diesem Zweck zu wählenden Nationalversammlung — vorbehalten wollen, so wäre der Vorbehalt in der Verfassung auszudrücken gewesen. Die nirgends ersichtlich beschränkte Ermächtigung des Verfassungsgesetzgebers zu Verfassungsänderungen bedeutet nicht weniger als die Übertragung der der Nationalversammlung zukommenden (allenfalls völkerrechtlich beschränkten) „Souveränität“ auf die Organe, deren Zusammenwirken sie die verfassungsändernde Rechtswirkung verleiht. Bis dahin übereinstimmend THOMA in „Die Grundrechte usw.“ 42/43; soweit jedoch THOMA die „individuelle Durchbrechung von weitergeltenden grundrechtlichen Verfassungsnormen“ von der Verfügung des Verfassungsgesetzgebers ausnimmt (45/47), dürfte der Eifer für jene „Prinzipien der Freiheit und Gerechtigkeit . . ., die in der ganzen heutigen Kulturwelt — mit Ausnahme des Faschismus und des Bolschewismus — heilig gehalten werden“ (47), daran die Schuld tragen. Zwischen Verfassungsdurchbrechung (im Sinne C. SCHMITTS) und Verfassungsänderung besteht nämlich weder ein qualitativer noch ein quantitativer Unterschied, der die Annahme rechtfertigte, daß „die Kompetenz zu allgemeiner und dauernder Verfassungsänderung . . . keineswegs die Befugnis zu individuellen oder vorübergehenden Verfassungsdurchbrechungen in sich“ schließe (THOMA 45/46). Qualitativ gleichwertig erscheinen Verfassungsdurchbrechung und Verfassungsänderung deshalb, weil beide den Willensaufwand bedeuten, der eine verfassungsmäßige Wertung außer Kraft setzt, um einer andern zu rechtlicher Geltung zu verhelfen. „Verfassungsdurchbrechung“ ist nur ein Spezialfall der Verfassungsänderung, welcher quantitativ gegenüber der „normalen“ Verfassungsänderung nicht etwa ein maius, sondern ein minus darstellt: die Verfassungsdurchbrechung läßt die institutionelle Geltung einer verfassungsmäßigen Wertung unangetastet, beseitigt ihre Rechtswirkung nur im Einzelfall und schwächt die Autorität der In-

zu —, vielmehr ist der Gesetzgeber den durch Verfassung über ihm aufgestellten Wertungen unterworfen. Aber — und darin liegt die Abwehr aller Ansprüche wunschrechtlerischer Nebenbuhler des „allmächtigen" Gesetzgebers — innerhalb der durch das Grundgesetz gesetzten Wertschranken ist der Gesetzgeber „frei" oder „souverän"[1]. Die ordentliche Gesetzgebung ist, wie die Erörterung des Gesetzesbegriffs gezeigt hat, die Instanz, der die verfassunggebende Gewalt die regelmäßige und nächst der Verfassung oberste Bestimmung des Willens anvertraut hat, der die Betätigung der öffentlichen Gewalt beherrschen soll. Wo man ganz sicher sein wollte, hat man den Gesetzgeber gebunden und die Änderung des bindenden Willens der verfassunggebenden Gewalt vorbehalten, — soweit man ihm aber nicht, stillschweigend oder ausdrücklich, die Gestaltung des die öffentliche Gewalt bestimmenden Willens entzogen hat, hat man ihn zur Bildung eigenen Willens und zur rechtsverbindlichen „Umwertung" der bestehenden Werte ermächtigt.

Durch diese Überlegung fällt der einzige noch übrige Einwand dahin, der unter der Fahne des Rechtsstaats gegen die hier vertretene Lehre vorgetragen wird: Art. 109 I verbiete „Ausnahmegesetze" („Maßnahmen"), d. h. „aus individuellen Gründen gegen eine bestimmte Person oder eine Mehrheit bestimmter Einzelpersonen gerichtete Gesetze"[2], allgemein: Gesetze, welche keine „generelle Rechtsnorm", sondern einen „Einzelbefehl", eine „Maßnahme" enthalten[3]. Als „Beispiele" solches, angeblich durch den Gleichheitssatz verbotenen Gesetzesinhalts, werden angeführt: „die Ehe des Herrn X wird geschieden", „das Vermögen des Herrn Y wird enteignet", „Herr Z wird entmündigt", oder gar „Herr X wird des Landes verwiesen", „Herr X wird enthauptet" oder schließlich „zum Tode verurteilt oder ins Zuchthaus geworfen"[4].

Der Leser — mit Ausnahme der Herren X, Y und Z, denen beim Gedanken an die Möglichkeit eines solchen „Parlamentsabsolutismus" der Schrecken ins Gebein gefahren ist — wird über diese Beispiele ein Lächeln nicht unterdrücken können. Nimmt man sie aber ernst, so sieht man auf den ersten Blick, daß man gegebenenfalls die Rettung von Leben, Freiheit und Eigentum nicht dem Gleichheitssatz, sondern den positiven Willensschranken zu verdanken hätte, welche die Verfassung dem ordentlichen Gesetzgeber an anderen Stellen gesetzt hat.

Schon bei Kritik der Lehre von der Gerechtigkeitsgleichheit hat man das Kunststück durchschaut, durch das gewisse Rechtsideen die in der Verfassung gesetzten Wertungen als eigene Leistung hinstellen, um ihre Unentbehrlichkeit darzutun und schließlich unter den positivierten Werten Wert vom eigenen Geiste in die Verfassung einzuschmuggeln. — Daß die „Ausnahmegesetze" in den vorgeführten Scheinbeispielen unser Rechtsgefühl verletzen, beruht nicht auf der Gültigkeit

---

stitution höchstens mittelbar, — die Verfassungsänderung vernichtet die Institution. Es ist nicht schwer zu sehen, daß die Verfassung mit der Ermächtigung zur Vernichtung einer Wertung notwendig die Ermächtigung zur bloßen Entkräftung im Einzelfalle gegeben hat (arg. a maiore ad minus), — oder scheint es vom Standpunkt des Verfassunggebers (— nicht des „Herrn x") bedeutender, wenn „Herrn x" die Lehrfreiheit entzogen als wenn die Lehrfreiheit allgemein vernichtet würde? Nur weil evident ist, daß der Verfassunggeber für die kasuelle Verletzung der durch die Verfassung geheiligten Rechtsgüter keine stärkere Entfaltung von Verfassungsgewalt fordern kann als für die prinzipielle Entwertung, hat die Praxis einhellig Verfassungsdurchbrechungen als die mildeste Art legitimer Verfassungsentkräftung bewertet; nicht ein — wie Thoma 46 meint — „ausdehnendes Gewohnheitsrecht" ist vonnöten, um die — so schrecklich klingende — Verfassungsdurchbrechung zu legitimieren, sondern nur die schlichte Erkenntnis, daß die „Anomalie" der Verfassungsdurchbrechung die Verfassungskompetenz weniger belastet als die „normale" Verfassungsänderung. Die Garantien gegen den „offensichtlichen Mißbrauch" (47), vor dem man die Verfassungsdurchbrechung geschützt sehen möchte, liegen im Kraftspiel der verfassunggebenden Gewalten. (Weiteres 90.)

[1] Vgl. jetzt noch RG. vom 4. 11. 27, JW. 28, 102f. (RGZ 118, 327).

[2] C. Schmitt: Verfassungslehre 155. [3] C. Schmitt: 142, 154/55 u. JW. 26, 2271.

[4] C. Schmitt: 155/56 u. JW. 26, 2271. — Zum Folgenden vgl. jetzt noch Rümelin 65—69.

des in Art. 109 I hineingelegten Rechtswunschs nach „Allgemeinheit" des Gesetzesinhalts, sondern auf der ausdrücklichen oder stillschweigenden Garantie der durch solche Gesetzesvorschläge bedrohten Güter durch das Grundgesetz. Nicht Art. 109 I, sondern die Artikel 111, 114, 115, 116, 119, 153 entziehen Freiheit und Eigentum (also auch — „a maiore ad minus" — Leben), Aufenthaltsrecht und Freizügigkeit, das Erfordernis gesetzlicher Strafdrohung vor der Tat und schließlich die Institution der Ehe der Verfügung des ordentlichen Gesetzgebers, und sie entziehen sie seiner generellen (allgemeinen, abstrakten) nicht weniger als seiner individuellen (speziellen, konkreten) Verfügung. Das von der modernen Staatslehre längst überwundene Dogma von der notwendigen Allgemeinheit des „Gesetzes im materiellen Sinne" ist daran gänzlich unschuldig.

Was daher der Lehre vom Verbot der „Ausnahmegesetze" ihren Schein von Berechtigung gibt, ist allein die Tatsache, daß kaum ein solches Gesetz denkbar ist, welches nicht gegen irgendeine Wertschranke unserer Verfassung verstieße, — überall hat das Grundgesetz selbst dem „Absolutismus wechselnder Parlamentsmehrheiten" vorgebaut und die Entscheidung der verfassunggebenden Gewalt vorbehalten. Man versuche nur einmal, ein einwandfreies Beispiel zu bilden, nach dem ein Gesetz nur wegen seiner „Ausnahmenatur" gegen die Verfassung verstoßen soll, — man wird bei einigem Nachsinnen wohl immer einen durch die Verfassung verbürgten Wert entdecken, den das Gesetz mißachten würde. Wo aber ein solcher Wert nicht zu finden ist, wird, wie an einem echten Beispiel gezeigt sei, vielleicht das persönliche Wertempfinden, nicht aber das rechtsstaatliche Ordnungsverlangen durch die individuelle Natur des Gesetzes verletzt sein.

Dies seltene Gesetz — vielleicht das einzige Beispiel, das aus der Praxis aufzutreiben ist — enthält die Beschenkung eines Teiles der Staatsbürgerschaft, z. B. eines Einzelnen, aus Staatsmitteln[1], ist also ein „bloßer Einzelbefehl in Gesetzesform" („Ausnahmegesetz"), da es nicht darauf ankommen kann, ob das Gesetz die Ausnahme für oder gegen die einzelne Person macht[2]. Wer freilich in diesem Gesetz schon einen Verstoß gegen eine vermeintlich vorhandene Verfassungsgarantie der absoluten Gleichheit aller staatsbürgerlichen Rechte oder ein mit Art. 134 RV. unvereinbares verkapptes Steuerprivileg sehen will, für den ist auch dieser Fall kein Beispiel — denn er wird dem Gesetz die Rechtmäßigkeit absprechen, ohne Rücksicht auf seinen „Maßnahme"-Charakter, wegen Überschreitung einer durch die Verfassung gegebenen Willensschranke.

Wenn aber der Fall so genommen wird, daß eine Wertschranke der Verfassung außerhalb des Art. 109 I nicht in Frage kommen kann, so ist nach geltendem Recht kein Grund zu sehen, aus dem ein Gesetz, dessen Wille sich am Einzelfall erschöpft, verfassungswidrig wäre. Die Verfassung, welche die Schranken des Gesetzgebers erschöpfend bestimmt hat, weiß nichts von dem Gebot der Allgemeinheit[3]; sie selbst behält eine Reihe individueller Willensentscheidungen dem ordentlichen Gesetzgeber vor, — man denke nur an den Haushaltsplan (Art. 85 RV.), Kriegserklärung und Friedensschluß (Art. 45 RV.) oder die Statthalterschaft für den Reichspräsidenten (Art. 51 RV.) — halt!, wendet man ein, das sind ja nur „Verwaltungsakte" in „Gesetzesform" —, aber dieser Einwand stellt eine petitio principii dar, die zutagetritt, sobald man sich die Mühe macht, das Wesen des „Verwaltungs-

[1] So das Gesetz betr. Dotation Bismarcks und fünf namhaft gemachter Heerführer. — Vgl. auch die Beispiele bei FRIEDRICHS: JW. 27, 426, Sp. 2 u. RÜMELIN 67.

[2] Die S. 228 angeführte „Definition" SCHMITTS ist daher sowenig einwandfrei, wie die auf das „allgemeine Rechtsbewußtsein" gegründete Unterscheidung RÜMELINS (67f.) zwischen „Vorteile gewährenden" und „benachteiligenden Individualrechtssätzen". Ob ein „Eingriff" des „Gesetzgebers" „in die Rechtsprechung oder Verwaltung anzunehmen" ist, kann nicht vom (sachlichen) Inhalt des privilegierenden Rechtssatzes und seiner Bewertung abhängig gemacht werden.

[3] Ähnlich jetzt THOMA in „Die Grundrechte" 36.

akts" positiv zu bestimmen. In Wahrheit sind die genannten „Einzelbefehle" und „Maßnahmen" von den allgemeinen Befehlen der gewöhnlichen Gesetze qualitativ nicht unterscheidbar, es sind sämtlich Willensentscheidungen über die Verwendung der Staatsgewalt, und wenn die Verfassung jene Einzelbefehle dem ordentlichen Gesetzgeber zuweist, so nur deshalb, weil ihr die Bildung des konkreten Befehlswillens zu bedeutend erscheint, um sie einer anderen Instanz als der Erzeugerin des obersten allgemeinen Befehlswillens anzuvertrauen. Daß die dem Gesetzgeber anvertraute Wertsetzung in der Regel generelle Anwendungsmöglichkeiten findet, berechtigt noch nicht zu dem Schlusse, daß er innerhalb seines Willensspielraums einen individuellen Willen nicht äußern dürfe. Ein solcher Schluß würde zu dem widersinnigen Ergebnis führen, daß der Gesetzgeber an die eigene, kraft Verfassung zu seiner Disposition stehende Rechtsordnung gebunden sei[1]. Das zeigt auch unser Beispiel: Niemand zweifelt daran, daß die Unterstützung von Staatsbürgern aus öffentlichen Mitteln nach geltendem Verfassungsrecht zulässig ist; man nehme nun an, die in den bestehenden Gesetzen vorgesehenen Klassen von Unterstützungsempfängern sollten geändert oder die Sätze der Unterstützung sollten für bestimmte Klassen — etwa die Bewohner gewisser Städte, die Angehörigen gewisser Berufe, die Kriegsschwerbeschädigten — erhöht oder herabgesetzt werden: gegen alle diese Unterscheidungen würden vom Standpunkt der Allgemeinheitslehre Einwendungen kaum erhoben werden. Man würde sich sagen, daß der Gesetzgeber diese Unterscheidungen — wie vorausgesetzt — innerhalb des ihm von der Verfassung eingeräumten Willensspielraums entwickle, und daß es keinen Unterschied machen könne, ob er sie in dem ersten, die „Materie" regelnden Gesetze oder in gesetzändernden Novellen treffe. Dabei würde man jedoch übersehen, daß zumindest die Bestimmungen über die Kriegsschwerbeschädigten unter den Begriff des „Ausnahmegesetzes" fallen, weil „die Kriegsschwerbeschädigten" keine generell, sondern eine individuell bestimmte „Anzahl von Einzelpersonen" sind. — Geht man einen Schritt weiter, indem man den Fall setzt, daß der Gesetzgeber die Unterstützung bestimmten, namhaft gemachten Personen gewährt oder entzieht — aus dem einfachen Grunde, weil er den Lebenswert, den er durch die Unterstützung fördern will, nur bei diesen Personen zu finden oder nicht zu finden glaubt, — warum sollte ihm diese auf seinen Wertungen ruhende Unterscheidung entzogen sein, wenn sie sich in seinem allgemeinen Willensspielraum bewegt? Warum sollte der Gesetzgeber, wenn er etwa die Dichter, Bildhauer, Maler, Musiker oder die Gelehrten oder die Techniker (— Nordpolfahrer) als Gattung nicht für unterstützungswürdig hält, nicht Einzelne unterstützen dürfen, denen er solchen Wert zubilligt, — warum soll er nicht einen nach seiner Ansicht verdienten Staatsmann beschenken dürfen, wenn überhaupt die Verfassung solche Zuwendung von Staatsmitteln an Teile der Staatsbürgerschaft freistellt? Und entsprechend — warum soll nicht Einzelnen, die nach Auffassung des Gesetzgebers der ihnen nach bisherigen Gesetzen zukommenden Unterstützung unwürdig sind, diese Unterstützung durch Gesetz entzogen werden können? — Freilich werden diese Einzelnen schreien, die Gleichheit vor dem Gesetze sei verletzt, aber sie meinen damit nur das bisherige Gesetz, das kraft Verfassung zur Verfügung des Gesetzgebers steht.

Wenn der Gesetzgeber nach geltendem Verfassungsrecht über die Regel verfügen — neue Regeln einführen, bestehende Regeln ändern oder aufheben — kann, so muß er auch über die Ausnahmen von seiner eigenen Regel verfügen dürfen. „Ausnahmen" sind dem Gesetzgeber just ebensoviel und sowenig verboten wie Regeln — nämlich soweit sie von den durch das Grundgesetz verbürgten Werten abweichen würden.

---

[1] Ähnlich der dem Gesetzgeber durch die Lehre von der Gerechtigkeitsgleichheit aufgedrängten Bindung an die „immanenten Prinzipien" — nicht der übergeordneten Verfassung, sondern der gleichgeordneten Gesetze. S. insb. 43 f.

Daß die Verfassung nicht nur auf dieser Konstruktion beruht, sondern auch selbst von ihr ausgeht, beweist das ausdrückliche Verbot der „Ausnahmegerichte“ (Art. 105 RV.). Denn die gesetzliche Bestellung von „Ausnahmegerichten“, d. h. unter Abweichung von den Bestimmungen der geltenden Gerichtsverfassung durch „Einzelbefehl“ für bestimmte Fälle eingesetzten Gerichten, wäre nur ein Fall des „Ausnahmegesetzes“[1], müßte also nach der gegnerischen Lehre schon unter Art. 109 I fallen. Artikel 105, Absatz I, Satz 1 und 2 wären danach überflüssig und sinnstörend. — Nach der hier gegebenen Auslegung des Art. 109 I dagegen ist das ausdrückliche Verbot der Ausnahmegerichte notwendig und wohlbegründet: nur weil die Verfassung von der Vorstellung ausgeht, den Gesetzgeber zu allgemeinen wie einzelnen Befehlen zu ermächtigen, kann sie es für nötig halten, in der Gerichtsverfassungsfrage Einzelbefehle zu verbieten[2]. Im allgemeinen bleibt mithin der Gesetzgeber Herr über die Geschöpfe seines Willens: wie er seine Gesetze vernichten kann, kann er sie auch durch „Einzelbefehle“, „Maßnahmen“ durchbrechen, selbstverständlich nur innerhalb der Grenzen, die jeder seiner Willensbildungen durch die Verfassung gezogen sind.

Erst wo der Gesetzgeber durch Vorschrift der Verfassung an das einfache Gesetz als Regel gebunden ist, würde die gesetzliche Ausnahme eine „Ungleichheit vor dem Gesetz“ bedeuten, aber nicht etwa eine Ungleichheit vor dem „Gesetz“, an dessen Regel der Gesetzgeber gebunden ist, sondern vor dem höheren Gesetz, das ihn bindet. Denn der Gesetzgeber, der die allgemeine Willensäußerung des gleichgeordneten Gesetzgebers, d. h. seiner selbst, durchbricht, indem er ein Ausnahmegericht einsetzt, weigert nicht dem „Gesetze“ die Vollziehung, sondern der Verfassung (Art. 105 RV.)[3]. Der Verwaltungsbeamte, der die Befassung eines unzuständigen Gerichts mit einer bestimmten Sache anordnet und so ein Ausnahmegericht schafft, verletzt das „Gesetz“ und also die Gleichheit vor dem „Gesetz“, — der Gesetzgeber kann nur den Willen verletzen, den allein er über sich hat, den Willen der Verfassung.

---

[1] Der Begriff des „Ausnahmegesetzes“ ist dem des „Ausnahmegerichts“ nachgebildet und nimmt zumal für die Abgrenzung vom „Sondergesetz“ auf ihn Bezug (vgl. C. Schmitt: JW. 26, 2271); indes dürfte auch hier das Wesentliche nicht im Unterschied von „generell“ und „individuell“ zu suchen sein: die Bestimmung „für alle Prozesse der Firma X mit der Firma Y ist in erster und letzter Instanz das Reichsgericht zuständig“ setzt kein Ausnahmegericht, sondern nicht anders als die generelle Bestimmung: „die Gerichtsbarkeit in Arbeitssachen liegt den Arbeitsgerichtsbehörden ob“ (§ 1 ArbGg.) ein Sondergericht ein. Das Wesen der „Ausnahme“ liegt in der Abweichung von einer bis dato geltenden Bestimmung, sei sie individuell oder allgemein: Ausnahmegericht ist ein Gericht, das nicht gesetzlich bestimmt ist, bevor der Rechtsstreit fällig wird: das in Abweichung von der nach bisherigen Gesetzen bestehenden Zuständigkeit für bestimmte Fälle eingesetzt wird. Ähnlich dürften die — trotz tautologischer Umschreibung mehrdeutigen — Definitionen Kerns (der gesetzliche Richter, Öffentl.-rechtl. Abhdlgn. 6—8, 244) gemeint sein, sofern unter „willkürlich“ die Abweichung vom gegebenen Gesetz, — nicht Leibholzsche „Willkür“ verstanden wird.

[2] Ähnlich erklärt sich Art. 116 RV., durch den die Verfassung aber nicht nur die Vollziehung gesetzgeberischer Einzelbefehle, sondern auch genereller (abstrakter) Befehle verbietet, die nach begangener „Tat“ in Abänderung der bisher geltenden Bestimmung der Strafbarkeit oder Straflosigkeit ergehen könnten. Umgekehrt setzt Art. 116 durchaus nicht eine generelle Strafdrohung voraus, wie C. Schmitt (156) meint: den rechtsstaatlichen Schutz — soweit ihn der Satz „nulla poena sine lege“ anstrebt — gewährt auch eine individuelle Strafdrohung, wenn sie nur vor der Tat durch Gesetz bestimmt ist. Über ein Gesetz des Inhalts etwa: Herr X (— ein zweiter Casanova) wird, wenn er die Ehe noch einmal bricht, ohne Antrag verfolgt oder „zum Tode verurteilt“, mag sich Herr X aus mancherlei Gründen beschweren. Allein auf Art. 116 kann er sich nicht berufen, denn seine Strafe ist ihm gesetzlich bestimmt, und wenn er noch einmal eine Ehe brechen will, so weiß er mit noch größerer Bestimmtheit als alle anderen Staatsbürger, welchen Eingriff der öffentlichen Gewalt er zu gewärtigen hat. Ähnlich jetzt Rümelin 67, N. 2.

[3] Daher ist die verbreitete Klassifikation des Ausnahmegerichtsverbots als „Gleichheit vor dem Richter“ unrichtig — man denkt dabei an Zweck und Wirkung der Vorschrift, allen Deutschen den gleichen „gesetzlichen Richter“ zu sichern. — Art. 105 richtet sich also nicht nur an die Gesetzesvollziehung, sondern auch an den verfassungvollziehenden Gesetzgeber. Vgl. die Klagen Rieszlers (Rechtsgefühl 98).

Die Gesetzesdurchbrechung durch den Gesetzgeber selbst kann daher niemals als Begründung einer Ungleichheit vor dem formellen Gesetz, als „Mißbrauch der Gesetzesform" für einen Akt der Gesetzesnichtanwendung begriffen werden. Die Kennzeichnung des „Ausnahmegesetzes" als Vereitlung der gleichmäßigen Gesetzesanwendung ist nur denkbar unter der stillschweigenden Annahme der Bindung des Gesetzgebers an die gesetzlichen Regeln, die er in seinem durch die Verfassung bestellten Willensspielraum erschafft. Solche Bindung bedeutet aber eine weitere Einschränkung des gesetzgeberischen Willensspielraums und bedarf daher der Satzung durch die verfassunggebende Gewalt. Mithin ist „Gesetzesdurchbrechung" nur eine in den Wertschranken des Grundgesetzes zulässige Vermehrung des „Gesetzes" um eine individuelle „Unterscheidung", und die Gleichheit aller Deutschen vor dem Gesetz besteht weder vor der gesetzlichen Ausnahme noch vor der gesetzlichen Regel, sondern vor dem Ganzen des verfassungsmäßigen Gesetzes in der Unverbrüchlichkeit der Gesetzesvollziehung.

Damit ist bereits die Widerlegung des Sophismas angedeutet, welches das „Hauptargument" der gegnerischen Lehre abgibt: „die Anordnung: Herr X wird des Landes verwiesen, ist nichts, demgegenüber man vernünftigerweise von „Gleichheit" sprechen könnte ... es ist ganz unsinnig zu sagen, vor dem konkreten Befehl, daß Herr X des Landes verwiesen werde, könnten alle Deutschen gleich sein"[1]. Nicht anders würden die Erwerbslosen sprechen, denen die Unterstützung durch Gesetz entzogen würde, nicht anders könnte man schließlich von vielen Ausnahmebestimmungen der geltenden Gesetze sagen, die auf einen so eng begrenzten Personenkreis gemünzt sind, daß man sich die Gesamtheit der Deutschen nicht als darunter fallend vorstellen kann. Der Fehler liegt darin, daß die Ausnahmebestimmung abgetrennt und der auf den Regelfall abstrakter Gesetze zugeschnittene Ausdruck des rechtsstaatlichen Gedankens in formalistischer Weise auf die Ausnahme gepreßt wird. Der gesetzliche Wille, der keine Unterscheidungen neben sich duldet, liegt nicht in der beanstandeten Ausnahme für sich allein, sondern in dem ganzen Gefüge von Unterscheidungen und Nichtunterscheidungen, das der Gesetzgeber in Regel und Ausnahme errichtet und ebensowohl in einem wie in mehreren Gesetzesakten errichten kann: die Rechtsgleichheit aller Deutschen wird nicht verwirklicht in der Anwendung einzelner Sätze, sondern in der unterschiedslosen Vollziehung des Rechtsganzen. Daher würde bei einem Ausnahmegesetz die „Gleichheit der Deutschen vor dem Gesetz" oder, um noch einmal der irreführenden Alternative Rechnung zu tragen, die Gleichheit vor dem „Gesetzgeber" in der Gleichheit vor der Regel der V e r f a s s u n g bestehen, die dem Gesetzgeber Einzelbefehle freistellt, die Gleichheit vor dem gesetzanwendenden Richter und Verwaltungsbeamten jedoch in der unbedingten Anwendung des Gesetzesganzen als Ausnahme u n d Regel.

Aber — dürfte man schließlich fragen — wird der „Rechtsstaatsgedanke" nicht „zur Phrase im Munde derer"[2], die dem Gesetzgeber jede Abweichung von seiner eigenen Regel gestatten? — Doch der Rechtsstaatsgedanke sagt vor allem, daß „wir" dem Gesetzgeber weder etwas zu verbieten noch etwas zu gestatten haben, daß wir nicht einen Rechtsstaat von unseren Gnaden dem Gesetzgeber zu oktroyieren, sondern zu ermitteln haben, wieweit die Verfassung jenen Gedanken verwirklicht hat. Ob daher die Allgemeinheit des Gesetzesinhalts, die Verpönung gesetzgeberischer „Maßnahmen" wünschenswert ist[3], ob sie in der Folge des rechtsstaatlichen Ge-

[1] C. SCHMITT: 155 u. JW. 26, 2271. [2] Vgl. THOMA: JöR., IV, 202/204.

[3] Dazu C. SCHMITT 157. — Man verkennt nicht, daß die durch die Allgemeinheitslehre bezweckte Nötigung des Gesetzgebers zur Abstraktion, d. h. zur Lösung vom individuellen Werterlebnis, eine „wohltätige" Hemmung übereilter Entschließungen werden könnte; jedoch ist zu bedenken, daß die absolut wirkende Hemmung des Allgemeinheitserfordernisses auch rechtspolitisch „zu billigende" Individualisierungen hintanhalten würde.

dankens liegt oder einen Vorbehalt für gelegentliche wunschrechtlerische Aspirationen gegen verfassungsmäßige Entscheidungen des Gesetzgebers verbirgt, interessiert nicht, nachdem erwiesen ist, daß Art. 109 I das „Ausnahmegesetz" nicht verbietet.

So bleibt nur die Aufgabe, das Ergebnis dem bisher gewonnenen Bilde der Verfassung einzufügen. Die Vorstellung vom „absoluten Parlament", das durch das „Machtwort" einer „Spezialanweisung" in Form des Ausnahmegesetzes sich zum „Vorgesetzten des Richters"[1] mache, steht in offenem Widerspruch zur Verfassung. Der absolute Monarch konnte „Herrn X" „des Landes verweisen", „Herrn Y" „ins Zuchthaus werfen" und „Herrn Z" „enthaupten", — dem „machtlüsternen Gesetzgeber"[2] unseres Staates ist dergleichen bis heute noch nicht beigefallen. Die Verfassung hat ihm nämlich einmal so zahlreiche Schranken gesetzt, daß, wie gezeigt, Ausnahmegesetze, welche nicht gegen eine dieser Schranken verstoßen, kaum denkbar sind; zum andern ist — wie nur zu gerne vergessen wird — „der Gesetzgeber" weder ein launischer Mensch, noch eine allmächtige Versammlung. Vielmehr ist an der Entscheidung über die Satzung eines Wertes so ziemlich alles beteiligt, was der Staat an „integrierenden" Faktoren aufzuweisen hat: Volksvertretung, Länderregierungen, Reichspräsident und schließlich das Volk selbst. Ein solches Aufgebot gesetzgebender Faktoren ist aber nur der Ausdruck für die Spannung des Staatsgrundkompromisses, durch den die verfassunggebenden Mächte den Gesetzgeber bestellt haben. Der verfassungstechnische Sinn dieser Gesetzgebungsmaschine ist — um im Bilde zu bleiben — ein Reibungsverlust, welcher verbürgt, daß der Wille des Parlaments die ihm von der Verfassung gezogenen Schranken nicht überschreite. In der Verfassung des Gesetzgebungsverfahrens selbst, der ausschließlichen Übertragung der gesetzgeberischen Willensbildung auf ein wohlausgewogenes Kräftespiel, liegt somit die stärkste rechtsstaatliche Garantie: daß keine einzelne Macht, kein Träger öffentlicher Gewalt, vor allem nicht die „gesetzgebende" Volksvertretung sich über die von der Verfassung gezogenen Grenzen hinwegsetze, — der Gleichheitssatz ist daneben nur die feierliche Mahnung, niemand zu Liebe und zu Leide das Wertgehege des Grundgesetzes zu verlassen[3].

B. Gesetzesvollziehung.

Ist die Möglichkeit einer Ausschreitung des verfassungsvollziehenden Gesetzgebers verhältnismäßig gering, so betritt man mit der Stufe der Gesetzesvollziehung das eigentliche Gefahrengebiet der Rechtsverwirklichung, auf dem der so „bedeutungslose" oder „fast bedeutungslose" Gleichheitssatz gar nicht oft genug wiederholt werden kann.

---

[1] C. Schmitt 155. [2] Triepel: DJZ. 26, 845f.

[3] Die Praxis der Gesetzgebung zeigt denn auch, daß wenig Aussicht besteht, gegen die Verfassung verstoßende Ausnahmegesetze auf dem einfachen Gesetzgebungswege durchzubringen. Die „Fürstenenteignung" zumal ist daran gescheitert, daß die verfassunggebende Gewalt nicht zu gewinnen war. — Nicht verfassungsändernde Ausnahmegesetze von politischem Rang sind — soviel wir sehen — unter der Weimarer Verfassung noch nicht vorgelegt; sollte aber die Willensentfaltung, die zur Positivierung eines Wollens in genereller Satzung erforderlich ist, wirklich einmal für einen verfassungsmäßigen Individualbefehl aufgebracht werden, so läge nach dem Sinn des Grundgesetzes die Garantie gegen „Willkür" eben in der Beobachtung des Gesetzgebungsverfahrens, d. h. im notwendigen Willensaufwand der gesetzgebenden Gewalten des deutschen Volkes. Daher sind alle Redensarten vom „Mißbrauch der Gesetzgebungsform" für etwas, das „in der Sache" „Urteil" oder „Verfügung" wäre, nur Versuche, die Autorität der Gesetzgebung, den kraft Verfassung einzig wesentlichen Willensaufwand, der die Gesetzgebung von den gesetzanwendenden Akten unterscheidet, zur Bedeutungslosigkeit herabzudrücken. Insb. wäre ein Gesetz: „X wird zum Tode verurteilt" nur ein Mißbrauch der Urteilsform für den Einzelbefehl des Gesetzgebers, — es sei denn, daß etwa der Reichstag die Rolle des Gerichts übernommen und einen Spruch auf Grund schon geltenden Rechts gefällt hätte, — dann läge jedoch ein Verstoß gegen Art. 105 RV. vor.

Die Gesetzesvollziehung oder Vollziehung im engeren Sinne ist von der Verfassungsvollziehung durch das formelle Gesetz abgegrenzt, dem sie dient. Eine weitere Abgrenzung, nach unten oder etwa nach den juristischen Disziplinen, die sich in die Aufgabe geteilt haben, die Voraussetzung aller Vollziehungen, die Erkenntnis des übergeordneten Willens, zu geben, wäre in diesem Zusammenhange sinnlos[1], weil die eigentümlichen Vollzugslagen des Gesetzanwenders, wie zu zeigen, auf allen Gebieten und weiteren, vom Gesetze etwa noch abzuleitenden, Stufen im wesentlichen dieselben bleiben.

Durch das formelle Gesetz tritt jene Umkehrung der Vollzugslage ein, welche die Unterscheidung von Verfassungs- und Gesetzesvollzug aufzwingt: der Gesetzesstaat — jene Art des Rechtsstaats, in der wir leben — bewältigt die Fülle der Rechtsschöpfung im Verfahren der Gesetzgebung; das normale Gesetz zielt darauf ab, auf dem von ihm geregelten „Gebiet“ den Einsatz der Staatsgewalt für oder gegen gewisse Werte zu bestimmen (determinieren), mit anderen Worten: der Gesetzgeber tendiert nach vollzugsreifer Regelung und verzichtet auf definitive Willensentscheidung nur notgedrungen. Er mag dem Richter oder der Verwaltungsbehörde den größten „Willensspielraum“ einräumen, etwa weil die gesetzgebenden Mächte den zur Entscheidung nötigen Willen nicht aufbringen oder weil sie einer nach ihren Wertungen vorhandenen individuellen Verschiedenheit gerecht werden wollen, — in jedem Falle soll das Gesetz die Direktive der ihm unterworfenen Vollziehung bringen[2]. Bleibt die Verfassung dem Gesetzgeber trotz aller Willensfülle vorwiegend „Schranke“, so ist das Gesetz seinen Anwendern in der Regel „Befehl“. Die Vollzugslage, in der sich alle Gesetzesvollzieher ohne Unterschied befinden, ist daher durch die Erwartung gekennzeichnet, im Gesetz die positive Weisung für die Entfaltung ihrer Gewalt zu finden. In diesem Wesensmerkmal aller Gesetzesvollziehung ist auch der einzige Grund zu suchen, aus dem die ältere Lehre von ihr als der „Rechtsanwendung“ schlechthin gesprochen hat. Denn der Wortsinn von „Anwenden“ (wie übrigens auch der von „Vollziehen“) entspricht nicht recht dem Sachverhalt des Einhaltens gegebener Schranken; „Anwenden“ heißt: etwas Gegebenes „an“ etwas (— das Leben) „wenden“, den im Gesetz gegebenen Willen dem Leben überordnen. Von der „Gesetzesanwendung“ wird mithin im allgemeinen mehr verlangt als von der Verfassungsvollziehung: die

---

[1] So insb. die Unterscheidung von „Justiz“ und „Verwaltung“, welche, soweit sie nicht dem Verfassungsvollzug angehören, in völlig gleicher Weise dem Gesetze unterworfen sind. Vgl. jetzt noch Kelsen: „Justiz und Verwaltung“, 5, § 6.

[2] Hier scheiden zwei Fälle aus der Betrachtung aus. Den einen, sehr seltenen, in dem die gesetzgebenden Mächte nicht nur keinen auf Entscheidung zielenden, sondern auch keinen die Entscheidung übertragenden Willen aufgebracht haben, könnte man „Impotenz des Gesetzgebers“ nennen. Denn ein vollziehbares Wollen, demgegenüber von Gleichheit die Rede sein könnte, ist hier überhaupt nicht zustande gekommen. Beispiel: der Dissens der gesetzgebenden Faktoren („Formelkompromiß“ im Sinne C. Schmitts): man hat sich auf einen Befehl an die Vollziehung geeinigt, welcher „dehnbare Begriffe“ enthält, mit denen etwa die mehrheitsbildenden Fraktionen Verschiedenes gewollt haben, — eine stillschweigende Ermächtigung der Vollziehung zur Entscheidung ist hier nicht anzunehmen, da die gesetzgebenden Faktoren selbst zu entscheiden dachten; soweit daher nicht wenigstens ein teilweiser Konsens der zur verbindlichen Befehlserteilung nach der Verfassung nötigen Mehrheit feststellbar ist, besteht nur der Schein eines Gesetzes, kein gesetzlicher Befehl, — und es ist daher eine besondere Frage der Verfassungsvollziehung, welchen Instanzen der Ersatz der fehlenden Direktive zukommt. Kein Fall des Unvermögens ist es dagegen, wenn der Gesetzgeber eine Frage „der Wissenschaft überläßt“: vielmehr enthält sich hier der Gesetzgeber einer Positivierung, weil er fürchtet, seinen anderwärts gesetzten Wertungen zu widersprechen; er überläßt es der Wissenschaft, die Entscheidung der Frage in immanenter Wertkritik aus dem System seiner bisherigen Willensäußerungen abzuleiten. — Der zweite, noch seltenere Fall ist die Übertragung des ganzen dem Gesetzgeber selbst zustehenden Willensspielraums, die direktivenfreie Abgabe der Entschließung an andere Instanzen durch formelles Gesetz. Der Gebrauch dieser Delegation ist zwar Gesetzesvollziehung, interessiert hier aber nicht, weil die so Ermächtigten — die Verfassungsmäßigkeit der Ermächtigung vorausgesetzt — in der (nicht verengerten) Vollzugslage des Gesetzgebers sind.

völlige Unterordnung des persönlichen Wollens unter die Weisung des Gesetzes, und so ist es kein Wunder, wenn die Mahnung des Gleichheitssatzes häufiger vonnöten wird.

Aus der Praxis der Gesetzgebung ergeben sich die beiden eigentümlichen Vollzugslagen der Gesetzesvollziehung, die sich auf sämtlichen Gebieten und nur zu oft in einem „Gemenge" miteinander finden, das ihre notwendige Unterscheidung gefährdet: entweder ist es dem Gesetzgeber gelungen, einen den Einsatz der Staatsgewalt völlig bestimmenden Willen zu entfalten und in abstraktem oder konkretem Befehl an die Vollziehung zu äußern — der den vollziehenden Organen eingeräumte Willensspielraum ist gleich Null —, dann sind diese Organe in der Vollzugslage der Befehlsausführung, d. h. einer „reinen" Anwendung des Gesetzes (Befehlsvollzug), — oder der Gesetzgeber hat die definitive Willensentscheidung aus irgendeinem Grunde noch nicht gefällt, — es bedarf einer weiteren Willensentfaltung, um einen vollzugsreifen Rechtssatz, d. h. einen solchen zu schaffen, nach dem die Staatsgewalt eingesetzt werden kann[1] —, dann hat der Gesetzgeber den Organen, die er zur Entscheidung anweist, ausdrücklich oder stillschweigend einen „Spielraum" eingeräumt, und diese Organe sind somit in der Vollzugslage, ein die Willensweisungen des Gesetzgebers ausführendes Recht erzeugen zu müssen (Ausführungsrechtsschöpfung).

Bevor jedoch die Eigentümlichkeiten der beiden Vollzugslagen betrachtet werden können, sind zwei Fragen zu beantworten, die man in dem Glauben gestellt hat, die ältere Lehre auf dem ganzen Gebiet der Gesetzesvollziehung in Verlegenheit zu setzen, — die aber mit demselben Mangel an Berechtigung für die gesamte Vollziehung hätten gestellt werden können: „wie soll es . . . gehalten werden, wenn eine Entscheidung von einem gegen die Person gerichteten Motiv getragen wird, . . . sich aber ihrem Inhalt nach als objektiv gerechtfertigt erweist? Wie dann, wenn, objektiv gesehen, der Hoheitsakt sich als Amtsmißbrauch darstellt, während die subjektive Determination eine nicht bewußt willkürliche ist?" (LEIBHOLZ 31.) — Die Lehre von der gleichmäßigen Gesetzesvollziehung hat wahrlich Wichtigeres zu tun, als sich um die Motive der richtigen, d. h. die Gleichheit vor dem Gesetz verwirklichenden Vollzugsakte zu kümmern. Der Gleichheitssatz heischt keine Gefühle, sondern ein (äußeres) Verhalten der öffentlichen Gewalt; dem Bürger kommt es einzig darauf an, daß der in Verfassung und Gesetzen objektivierte Wille verwirklicht wird. Ob der Rechtsanwender diesem Willen aus Neigung oder Haß, aus klarer Erkenntnis oder doppeltem Mißverstand Genüge leistet, ist unerheblich, und wenn er ihm („objektiv") nicht genügt, so mag die Frage nach der „Schuld" für seine persönliche Verantwortung Bedeutung haben, für die Feststellung der „Ungleichheit", der Rechtswidrigkeit des Vollzugsakts, ist jede auf die Motivation abstellende Frage abwegig[2] [3].

Aus denselben Gründen ist auch die weitere „Frage" zu verneinen, ob die „Gleichheit" dadurch verletzt werde, daß die Vollziehung von einem gesetzwidrigen Vollzugsbrauch in richtiger Anwendung des Gesetzes abgehe (s. ALDAG 65). Denn

[1] Nicht in dem engen Sinne der Vollstreckung (Vollstreckungsreife); „Vollzugsreife" oder „Vollzugsfertigkeit" liegt vor, wenn die sachlichen Voraussetzungen einer Rechtsfolge wie die Rechtsfolge derart bestimmt sind, daß es nur noch formaler (prozessualer) Vollzugsakte bedarf, um die Rechtsdrohung zu verwirklichen.

[2] LEIBHOLZ meint es denn auch, wie sein Eintreten für den „objektiven" „Willkürbegriff" zeigt, mit den Fragen garnicht ernst; sie entstammen der ausländischen Literatur und sind psychisch in den reichlich bewiesenen Unsicherheiten des „Willkürbegriffs" begründet: wo das „objektiv verwerflich" nicht zu fassen ist, verfällt man schließlich auf die „böse Absicht". Zu alledem hat eine Lehre, die sich an die gesetzlich objektivierten Werte hält, nicht die geringste Nötigung.

[3] Damit sind selbstverständlich nicht die Fälle berührt, in denen die durch LEIBHOLZens „Frage" vorausgesetzte Rechtswidrigkeit gerade in der Abweichung von einer gesetzlich geforderten Willensrichtung zu suchen ist.

die „Gleichheit“ wird allein durch die objektive Abweichung vom Gesetze zerstört, sei diese Abweichung die erste oder tausendste und sei die unrichtige Vollziehung durch noch so zähe „Gewohnheiten“ „geheiligt“; es kann dahingestellt bleiben, ob ein gesetzwidriger Vollzugsbrauch das Gesetz entkräften, d. h. ein „derogatorisches“ Gewohnheitsrecht zu begründen vermag; denn, hat er es begründet, so ist er eben kein bloßer „Brauch“ mehr, sondern ein neuer Rechtssatz, der nun selbst Durchführung fordert. Bis dahin aber — und nur diesem „bis dahin“ gilt die hier gestellte „Frage“ — liegt nur eine fortgesetzte Verletzung des Gesetzes, eine gleichmäßige Ungleichstellung der Betroffenen vor, und erst wer dem Rechtsbruch ein Ende macht, indem er den im Gesetz zur Herrschaft gelangten Willen durchführt, bringt die „Gleichheit vor dem Gesetz“ wieder zu Ehren[1].

a) Befehlsvollzug.

Um nun die besonderen Warnungen zu erkennen, die der Gleichheitssatz der Gesetzesvollziehung in den Gefahrzonen ihrer beiden Vollzugslagen erteilt, empfiehlt es sich, von der einfacheren Lage des Befehlsvollzugs auszugehen. — Es ist schon gezeigt, auf welche Weise der Gesetzgeber einen die Verwendung der Staatsgewalt determinierenden Willen regelmäßig äußert: er bildet die Begriffe der Bedingungen, unter denen bestimmte staatliche Zwangsakte stattfinden, nach den Willenszielen, die durch diese Zwangsakte erreicht werden sollen[2], und formt so den gesetzlichen Tatbestand, dessen „Unterscheidungen“ und „Nichtunterscheidungen“ folglich nur der ihm erreichbare Ausdruck seiner Wertungen sind.

Soweit die Gesetzesvollziehung solchen echten, unter genau bezeichneten Umständen eine Entscheidung gebenden, Tatbeständen gegenübersteht, bleibt ihr keine andere Aufgabe, als zu untersuchen, ob die bezeichneten Umstände vorliegen, und die Entscheidung auf diesen „Fall“ „anzuwenden“[3]. Hier wird die Gleichheit vor

---

[1] So auch Aldag (65) — nur mit aufschlußreicher „Begründung“: „hier muß der Gleichheitsgedanke vor dem richtigen Recht weichen“, dekretiert er mit jenem Fatalismus, welcher nicht nach Gründen fragt; in Wahrheit ist das „richtige Recht“ Aldags nichts anderes als der Gleichheitsgedanke und der angebliche „Gleichheitsgedanke“ nichts als eine Spielart des richtigen Rechts. — Aber die Neigung zur Bindung der Vollziehung an den einmal eingenommenen Standpunkt, gegen die sich hier der Positivist in Aldag apodiktisch durchgesetzt hat, ist, wie die Frage nach den subjektiven Gründen der Vollzugsakte, nur die Folge der inneren Unsicherheit, die aus der Subjektivität des dem Vollzuge vorgesetzten Verbots „offenbarer Ungerechtigkeit“ hervorgeht. Mangels eines objektiven Maßstabs für die „Willkür“-Ungleichheit, wie ihn das Gesetz gibt, hält man sich an die Erscheinung der Regelmäßigkeit in „Vorgängen“ und „Präjudizien“, — das Abweichen von der Vollzugsgewohnheit wird zum Ersatz für die nicht faßbare Abweichung von der Gerechtigkeit.

[2] S. Anm. 1, S. 32, — von den Schwierigkeiten der „juristischen Symptomatik“, der der Rechtssicherheit dienenden Bevorzugung leicht feststellbarer Merkmale an Stelle der „eigentlich wesentlichen“, die den Zweck bisweilen unsichtbar macht, kann hier abgesehen werden.

[3] Man nannte das früher „Subsumtion“. Indes kann man es heute kaum noch wagen, Ausdrücke der „konstruktiven Jurisprudenz“ zu gebrauchen, da man mit Sicherheit als „Begriffsjurist“ usw. verschrien würde, — als ob „Konstruktion“ etwas anderes wäre als die an den geprägten Begriffen orientierte Aufdeckung des Sinn- und Wertzusammenhangs! Freilich gibt es Leute, welche nicht fähig sind, den Sinn der Begriffe, d. h. eben die Begriffe, zu begreifen, die aus ihrer Unfähigkeit zu Abstraktion und begrifflicher Unterordnung die „Tugend“ der Gefühlsjurisprudenz machen, indem sie die Ausführung abstrakter Befehle „subaltern“ schelten. Sie verkennen dabei, unterstützt von ihren Widersachern, die den Vorgang der „Subsumtion“ als einheitliche logische Funktion ansehen, daß (wie schon S. 17, Anm. 1 angedeutet) „Subsumtion“ aus psychologischen und logischen Akten besteht: die den Tatsachen überzuordnenden Begriffe werden zunächst durch einen psychologischen Akt erschlossen, der den „Zweck, Sinn“ usw. des gegebenen Befehls erfaßt, sodann werden durch logischen Schluß die durch den Zweck geforderten Merkmale der zu den gebrauchten Worten dem Gesetzgeber vorschwebenden Begriffe erkannt, und schließlich werden (— Subsumtion im eigentlichen Sinne —) den durch Psychologie und Deduktion gewonnenen Begriffen die entsprechend psychologisch nacherlebten und logisch überdachten Tatsachen untergeordnet.

Die so zustandekommenden Entscheidungen weisen keine Wertungsmomente auf, die dem Gesetz in der Regel dadurch verwirklicht, daß die Vollziehung keine anderen Voraussetzungen zur Bedingung der bestimmten Rechtsfolge macht als der gesetzliche Tatbestand in seinen Unterscheidungen oder Nichtunterscheidungen, daß sie also auf tatbestandsmäßig, genauer: unter den Merkmalen des Tatbestands betrachtet, gleiche Sachverhalte (gleiche Tatbestände im wahren Sinne) die absolut gleiche Tatbestands-Rechtsfolge, auf tatbestandsmäßig verschiedene Sachverhalte (ungleiche Tatbestände) die entsprechend verschiedenen Rechtsfolgen oder -nichtfolgen setzt. Um diese Regel und die Ausnahmen von ihr, welche die Verwirklichung des die Unterscheidungen tragenden gesetzgeberischen Willens fordert (z. B. Analogie, Gebotsberichtigung), geht der Methodenkampf der Wissenschaft, welche die Auslegung der anzuwendenden Gesetze pflegt. Diesen Kampf auszutragen, ist nicht unsere Aufgabe; soweit wir in der Einleitung Ausführungen über die Deutung der Gesetze machen mußten, münden sie an dieser Stelle ein und können sie sämtlich als Ausdruck des Gleichheitsgedankens genommen werden. Denn in der Auslegung jener Willensäußerungen des Gesetzgebers, denen der Rechtsanwender nur noch zu gehorchen hat, ist die dem Befehlsvollzug dienende wissenschaftliche Auslegung des Gesetzes Alleinherrscherin. Während in der Vollzugslage der Ausführungsrechtsschöpfung, wie man sehen wird, die wissenschaftliche Aufgabe, die gesetzten Willensdirektiven zu fassen, in die unmittelbare Nachbarschaft der den Vollzugsorganen übertragenen Aufgaben der Politik gerät, — was leicht eine falsche Ansicht von den Aufgaben der Rechtswissenschaft hervorruft —, ist in der Vollzugslage der Befehlsausführung für eine Rechtsschöpfung der Vollzugsorgane nicht der geringste Raum. Daher entspricht hier völlig der Pflicht zur Gesetzesanwendung im engsten Sinne, dem bloßen Vollzug eines gegebenen Willens, das Streben der Rechtswissenschaft nach seiner Erkenntnis. Jede von unrichtiger Auslegung getragene Vollziehung verletzt die Gleichheit, und nur eine auf die Erkenntnis der Unterscheidungen des Gesetzes und des sie tragenden Willens gerichtete Wissenschaft vom Recht hilft die Gleichheit herstellen. Die befehlsausführende Gesetzesanwendung verwirklicht die Gleichheit vor dem Gesetz durch richtige Ausführung des Befehls.

Aus der Fülle der daraus folgenden „Anwendungsmöglichkeiten“ sei daher nur angedeutet, was, gewöhnlich nicht recht beachtet, vielleicht am leichtesten erkennen läßt, daß die Befehlsausführung bei weitem nicht so gesichert und also der Gleichheitssatz auch auf diesem Gebiete „selbstverständlichen“ Vollzugsgehorsams nicht so entbehrlich erscheint, wie die gegnerische Theorie annimmt.

So hört man etwa unter Richtern die Rede (— und die Studenten reden es schon nach): es komme bei allen Entscheidungen nur auf ein „billiges Ergebnis“ an, die Begründung könne man „hinterher“ „so oder so machen“; der Richter, der nach diesem Satze eigenen Willen entfalten wollte, wo ihm das Gesetz keinen Willens-

---

nicht schon mit den angewandten Tatbeständen gegeben wären. Die Rechts-„konkretisierung“ durch autoritäre Anwendung vollzugsfertiger Tatbestände ist „formaler“ Natur und dient einzig dem technischen Zweck, die tatbestandsmäßig schon bestimmten Rechte auf Einsatz der Staatsgewalt zu verwirklichen; alle ästhetische Freude am „stufenförmigen Aufbau der Rechtsordnung“ darf daher nicht verführen, „die Rechtsprechung durch das Gericht“ „im Verhältnis zu den Akten der Vollstreckung“ in demselben Sinne „Rechtsschöpfung“ zu nennen wie die „Gesetzgebung“ „im Verhältnis zum richterlichen Urteil“ (Kelsen: Justiz und Verwaltung, § 5). Vielmehr ist zu unterscheiden zwischen der Rechtsschöpfung, die in der Bereicherung der den Gebrauch der Staatsgewalt bestimmenden Werte, in der (sachlichen) Inhaltsvermehrung, liegt und dem Gesetzgeber fast immer, dem Gesetzvollzug jedoch nur so weit zukommt, wie ihm das Gesetz Wertungsbefugnisse einräumt, und jener Rechtsschöpfung im weitesten Sinne, die in der Erzeugung einer Rechtsform schlechthin zu erblicken ist. Auf solche formale „Schöpfung“ aber ist der Vollzug in der Lage der Befehlsausführung beschränkt, — es müssen keineswegs, wie Kelsen (a. a. O. 17) meint, „inhaltliche Momente hinzukommen“, damit ein „Fortschritt des Rechtserzeugungsprozesses“ „möglich“ sei —, sondern das stufenmäßige Fortschreiten liegt gerade in der „prozessualen“, zu Deutsch: fortschreitenden, Sanktion, die das inhaltlich völlig bestimmte Recht seiner Verwirklichung näherbringt. (Wohl in unserem Sinne Merkl 143, Z. 5—1 v. unt.)

spielraum einräumt, würde sich einer Verletzung des Gleichheitssatzes schuldig machen. Denn das Gesetz gibt — in dem hier vorausgesetzten Regelfalle — die Streitentscheidung, welche die gesetzgebenden Faktoren für „billig" gehalten haben: der Richter ist kraft Verfassung (Art. 102 vgl. § 1 GVG.) dieser Entscheidung unterworfen und hat seine ganze Kraft auf ihre Erkenntnis und Verwirklichung zu richten; setzt er an ihre Stelle eine Entscheidung von Gnaden eines Rechtsgefühls, das mit jener durch Gesetz verbürgten Billigkeit nicht übereinstimmt, so begünstigt er den Streitteil, dem sein Gefühl mehr zuneigt als die „Interessenwertung" des Gesetzes, und richtet nach Willkür[1]. Der Gedanke an die „Billigkeit" des Ergebnisses kann daher den Richter als Ausführer abstrakter Befehle immer nur anfeuern, nach „Sinn" und „Zweck" des Gesetzes, nach der zwecksetzenden Wertung des Gesetzgebers, zu forschen, wenn die Anwendung der gesetzlichen Begriffsbestände zu einem das wohlerworbene Rechtsgefühl beleidigenden Ergebnis führen würde. Wie ein guter, d. h. zur „Vollziehung" tauglicher, Diener die Befehle seines Herrn nach ihrem Zweck zu verstehen und auszuführen trachtet, der gedankenlose oder widerwillige dagegen sich an Worte hängt und womöglich gerade dadurch die Vollziehung des Willens gefährdet oder vereitelt, so liegt es auch in der Hand des Gesetzesvollziehers, wenn wirklich das Gesetz eine Entscheidung gibt, den sie tragenden Willen zu suchen; und wenn etwa ein Befehl, aus einer bestimmten „teleologischen Situation" erklärbar, nach Änderung der Verhältnisse als „schädlich", „hart", „unbillig" usw. erscheint, so wird beim Eindringen in Gesetzeszusammenhang und Entstehungsgeschichte immer die Wertung aufzufinden sein, deren situationsbedingter Ausdruck der Befehl war und von der aus ein für die gegenwärtigen Verhältnisse „richtiges" Gebot bestimmt werden kann. Wo aber das Billigkeitsgefühl des Richters verletzt ist, weil seine Wertungen von denen des Gesetzgebers abweichen, weil im Kampf der Werte die Willensrichtung großer Teile der Rechtsgemeinschaft sich geändert hat, da darf der Richter nicht nachgeben. Die Wertung, die den anzuwendenden Tatbestand erzeugt hat, ist für den Vollzieher unantastbar. Denn diese Wertung ist es eben, deren Künder der Richter kraft Verfassung und jener ältesten rechtsstaatlichen Technik ist, die ihn von jeder Gewalt im Staate frei stellt, damit er imstande sei, unbedroht von jedem andern Wollen, den im Gesetz zur Herrschaft gelangten Willen zu künden. Mag die Stimme eines neuen Wollens im Volke noch so mächtig geworden sein, solange es nicht die Geltung des Gesetzes erlangt hat, ist es für den gesetzvollziehenden Richter nicht vorhanden[2].

Auf dem Konfliktsgebiet der gesetzlichen Werte mit noch nicht gesetzlichen liegt aber die einzig beträchtliche Versuchung für gesetzestreue und unbestechliche Beamte. Die Erfahrung lehrt, daß überall in dieser politischen Gefahrzone des

[1] Mißverständlich zumindest von Freytag-Loringhoven (‚Weimarer Reichsverfassung' 296): es sei „unbestritten" falsch, daß der Gleichheitssatz zu gleichmäßiger Handhabung der Gesetze anweise — „Gesetze sollen nicht mit mechanischer Gleichmäßigkeit, sondern mit einer die Besonderheiten des Einzelfalls berücksichtigenden Gerechtigkeit angewandt werden". Die tendenziöse Verbindung „mechanische Gleichmäßigkeit" ruft den Anschein hervor, als sei eine gleichmäßige Anwendung des Gesetzes notwendig mechanisch. Bekanntlich gehört aber mehr „Geist" dazu, die Gerechtigkeit zu begreifen, die das Gesetz dem Einzelfall angedeihen läßt, als von Fall zu Fall nach eigenem Gutdünken zu entscheiden; und wo das Gesetz keine „Besonderheiten" kennt und auch kein Ermessen zu ihrer Berücksichtigung einräumt, da ist für individualisierende „Gerechtigkeit" kein Raum und also die gleichmäßige Durchführung des die gegebene Gerechtigkeitsregel tragenden Willens geboten.

[2] Ganz ähnlich der Beschl. des Kammergerichts (9. Ziv.Sen. v. 6. 5. 26, PreußJMBl. 26, 222): „es ist nicht Aufgabe des Richters, vor der Anwendung des Gesetzes zu prüfen, ob diese bei der Bevölkerung Freude oder Empörung hervorrufen kann ... die Verantwortung für die Gesetze und die Folgen ihrer Anwendung trägt der Gesetzgeber. Freilich pflegt die Bevölkerung vielfach den Richter für das Gesetz, daß er anwenden muß, verantwortlich zu machen, aber damit muß sich der Richter eben abfinden." Vgl. auch Stoll: Rechtsstaatsidee u. Privatrechtslehre, JherJahrb. 76, 186 m. Angaben weiteren Schrifttums.

Rechts, und zwar keineswegs nur der aktuell umstrittenen Werte, optima fide ein „wildes“ Ermessen, eine Fülle von Gesetzesbrechungen gedeiht[1]: es werden Unterschiede gemacht, die das Gesetz nicht tragen kann, und es werden Unterschiede verwischt, die das Gesetz gemacht hat, zumeist völlig unbewußt — unter dem Schutze einer durch Präjudizien geheiligten falschen Auslegung.

Damit ist zugleich auf ein Übel hingewiesen, das die Vollziehung an ihren schwachen Stellen unverwundbar macht und die rechtsstaatliche Verwirklichung des gesetzgeberischen Willens auf unabsehbare Zeit hintanhalten kann: wir meinen jene in der Praxis aller Vollziehung sich ausbildenden Regelmäßigkeiten, in denen die Abweichungen vom Gesetz sich derart behaupten können, daß sie schließlich selbst mit dem Anspruch einer legitimen Regel auftreten, deren Durchbrechung zugunsten des Gesetzes als Verletzung der Gleichheit hingestellt wird.

Die Gefahr reiner Billigkeitsentscheidungen auf Grund persönlichen Ermessens besteht im Deutschen Reiche nicht; die Praxis der Gerichte tendiert — trotz Popularisierung mißverstandener ausländischer Einrichtungen durch die Freirechtsschule — auf Grund einer jahrhundertealten Überlieferung zur Gesetzestreue: die meisten Richter orientieren im kritischen Falle ihr Rechtsgefühl zunächst an der Hand des Kommentars und vor allem der Rechtsprechung übergeordneter Gerichte. Das Bedürfnis, einer rechtsstaatlichen Regel zu gehorchen, befriedigt sich in einer der Gerichtsverfassung unbekannten Anlehnung an die Entscheidungen des obersten Gerichts. Lehrbücher werden weniger beachtet, teils, weil es an Zeit und Mitteln[2] fehlt, teils weil man ein Vorurteil gegen alle „Theorie“ hat, das von deren schlechtester Sorte abgezogen ist. Dazu kommt jener Komplex tatsächlicher Abhängigkeiten, die trotz verfassungsmäßiger Garantie der Unabhängigkeit bei einer Gerichtsverfassung fortbestehen, welche verschiedene Rangklassen und nicht nur vom Dienstalter abhängige Besoldungsstufen kennt. Der Richter, der noch nicht fest angestellt ist[3] oder auf Beförderung denkt, sucht es den „höheren“ Richtern, von denen seine Beförderung oder Anstellung de jure oder de facto abhängt, rechtzumachen, — sein Blick richtet sich nach „oben“, auf das höchste Gericht, und das höchste Gericht, das wirklich unabhängig ist, hat es in der Hand, den bestbegründeten Angriff auf seine Gesetzvollziehung durch einen Hinweis auf die eigene „ständige Rechtsprechung“ abzutun: „Roma locuta causa finita.“

Damit ist die praktische Gefahrquelle für die Verwirklichung der Gleichheit aufgezeigt, für welche die Beispiele so am Tage liegen, daß es unnötig erscheint, einzelne davon zu nennen: es müßte ein seltsamer Jurist sein, der sich noch nie über eine jener dem Gesetze und der Gleichheit widersprechenden Entscheidungen ereifert hätte, welche die Praxis so lange beherrschen, wie das oberste Gericht es nicht für nötig findet, sich zu verbessern.

---

[1] Einzelne Beispiele zu geben, hieße unzähligen unübersehbaren Beispielen Unrecht tun. Nur wenige Menschen besitzen die nötige Fühllosigkeit oder Willensstärke, um angesichts des menschlichen Schicksals — zumal wenn es das Opfer eines Wertkonfliktes wird — die Gesetze auszuführen; insb. auf dem Gebiet des Strafrechts bilden sich zu allen Zeiten Theorien, welche die Vollziehung geltender Bestimmungen, deren Wertstandpunkt unbewußt mißbilligt wird, paralysieren. Bisweilen „helfen“ die Strafverfolgungsbehörden dadurch, daß sie ihre Verfolgungspflicht (auf Grund des Legalitätsprinzips § 152 II StPO. — Ausnahmen 153, 154 StPO.) nicht erfüllen; greifen sie dann doch einmal zu, so entsteht der Anschein einer Ungleichheit vor dem Gesetz zuungunsten des Verfolgten; in Wirklichkeit liegt ein Rechtsbruch zugunsten aller Nichtverfolgten vor. („Schlägermensur“ — irrig anscheinend das Urt. d. Schöff.Ger. Heidelberg vom 31. 7. 25 bei Bewer: DRZ. 27, 204.) Hierher dürften auch die Bemerkungen Fleiners („Institutionen“, 1922, 127f.) über die Unzulässigkeit behördlicher „Verzichte“ auf die Vollziehung des Gesetzes gehören.

[2] Über die Unzulänglichkeit der dem Richter zur Verfügung stehenden Lehrmittel Schiffer 151.

[3] Neuerdings, infolge einer Justizverwaltungspraxis von zweifelhafter Verfassungsmäßigkeit, vor allem die sog. Amts- und Landrichter, d. h. als Amts- und Landgerichtsräte verwandten Richteramtsanwärter.

Die Befürworter einer unbedingten Befolgung der von dem in der Vollzugsinstanzenordnung höchsten Vollzugsorgan ausgehenden Vollzugsgewohnheit stützen sich bezeichnenderweise auf das rechtsstaatliche Verlangen nach Rechtssicherheit oder, was hier dasselbe ist, Rechtseinheit: „wo sollte man hinkommen, wenn jedes Gericht sich eine eigene Auslegung des Gesetzes herausnähme?“, aber sie vergessen dabei, daß nicht der Richter über die Technik verfügt, welche die Rechtseinheit bringen soll, sondern die Verfassung. „Rechtssicherheit“, d. h. Bindung der Staatsgewalt an unverbrüchliche Sätze, mag auch dadurch erreichbar sein, daß die Verfassung die Ausbildung solcher Sätze durch Übung am lebendigen Objekt des Einzelfalls einem obersten Gerichtshof überträgt und alle übrigen Gerichte zu Vollziehern der in seinen „Präjudizien“ enthaltenen Entscheidungen macht, — eine Technik, deren sich zumal jene Gerichtsverfassungen bedient haben, welche der Freirechtsschule die ‚falschen Vorbilder‘ stellen. Die deutsche Verfassung hat einen anderen Weg gewählt: sie hat die Erzeugung der die „Rechtseinheit“ begründenden Bestimmungen des Gebrauchs der Staatsgewalt ausschließlich dem „Gesetzgeber“ übertragen und alle Gerichte und Verwaltungsbehörden gleichmäßig zu Vollziehern seiner Erzeugnisse gemacht. Die Gerichtsverfassung kennt — ob zweck- oder unzweckmäßigerweise — im allgemeinen kein Auslegungsmonopol, — das Gesetz selbst und nicht der Kommentar des Vorgesetzten ist die magna charta des Gesetzvollzugs, — jeder, dem Verfassung und Gesetze eine Vollziehung übertragen, hat die Pflicht, selbständig den Sinn der Befehle zu erforschen, mit deren Ausführung er betraut ist.

Daher kann die Gleichheit vor dem Gesetz niemals in der Fortsetzung einer Vollzugsgewohnheit gesehen werden, die eine gesetzwidrige Ordnung „unverbrüchlich“ sichert. Die „Unverbrüchlichkeit“ einer gesetzwidrigen ständigen Rechtsprechung mag so stark geworden sein, daß schließlich die „Gleichheit vor dem gesetzwidrigen Vollzugsgebrauch“ wie die Gleichheit vor dem Gesetze selbst erscheint, — der von dieser Rechtsprechung gegebene Willensentscheid ist, solange er nicht die Geltungskraft des „Gewohnheitsrechts“ erlangt hat, immer nur tatsächlich, nicht rechtlich „unverbrüchlich“, und mag auch die „Macht der Tatsachen“ vorübergehend das Gesetz besiegen, so ist es doch Pflicht eines jeden Richters, nur den Sinn des Gesetzes, wie er ihn erkennt, zu erfüllen.

Damit ist nicht gesagt, daß jeder Richter vom Gesetz seine „eigene Auslegung“ haben, sondern nur, daß er in jedem Falle in selbständiger Arbeit den Sinn des Gesetzes zu erforschen habe. Die Entscheidungen anderer Gerichte, denen der Richter nach der Verfassung nicht unterworfen ist, kommen nur als Mittel der eigenen Urteilsbildung in Betracht, ihre Bedeutung liegt einzig in den Gründen, die sie ihrer Kunde vom Gesetz zu geben vermögen, nicht in der Stellung des entscheidenden Gerichts. Die Verfassung, die den Richter zum Vollstrecker des unverbrüchlichen Gesetzes bestellt, verbietet ihm, sich bei dem „Vorbild“ der höheren Instanz zu beruhigen, sie befiehlt ihm, nur jenen Willen zu suchen und zu künden, zu dessen Verwirklichung sie ihn unabhängig von jedem anderen Wollen zu stellen sucht.

Der Sinn der von der Verfassung gesetzten Technik zur Sicherung des Rechts: Rechtsschöpfungsmonopol für den Gesetzgeber — Unterwerfung des Richters nur unter das Gesetz, bedarf keiner langen Erklärung: die Verfassung geht von dem Gedanken aus, daß der im Gesetz entfaltete, durch das Mittel der Sprache an den Vollzieher gerichtete Wille erkannt werden könne, daß die „Erkenntnisse“ notwendig wieder jene Einheit des Willens zu Tage fördern müssen, die das Gesetz hervorgebracht hat: in der notwendigen Einheit der richtigen Anwendung des Gesetzes liegt daher die einzige von der Verfassung gegebene Möglichkeit der Einheit des Rechts.

Auf dieser rechtsstaatlichen Technik beruht schließlich der praktische Wert einer der Rechtsvollziehung dienenden Wissenschaft vom wirklichen Rechte. Wo kraft Verfassung das Präjudiz herrscht, endet das Interesse der vollziehenden Praktiker an der Kommentierung ihrer Präjudizien[1]; nur wo die Vollziehung, frei von Auslegungsmonopolen, unmittelbar dem Gesetze unterworfen ist, gedeiht eine Wissenschaft zur Erkenntnis jenes einzigen Willens, der nach dem Grundgesetz die einheitliche unverbrüchliche Norm der Gewaltausübung setzt. Hier ist das „Simile" des „Präjudizes" oder „Vorgangs" der Feind, die Wissenschaft die unentbehrliche Dienerin einer richtigen Rechtsanwendung.

So ist es vornehmlich eine Mahnung, die der Gleichheitssatz der befehlsausführenden Vollziehung, zumal dem Richter, gibt: in der Anwendung der Gesetze keinem andern Herrn zu dienen als dem verfassungsmäßigen Gesetzgeber, vor allem kein „Ermessen" zu üben, wo es das Gesetz nicht einräumt, — weder auf eigene Faust noch auf Verantwortung eines Präjudizes zu verletzen, was er als Sinn des gesetzlichen Befehls erkennt, und diese Erkenntnis mit allen Mitteln, die wissenschaftliche Theorie eingeschlossen, zu erstreben.

b) Ausführungsrechtsschöpfung oder Ermessen[2].

Neben den Willensentscheidungen aber, die den Gebrauch der öffentlichen Gewalt im Einzelfall erschöpfend bestimmen — oft unvermutet in ihrer Mitte —, eröffnen die Gesetze der Vollziehung jene Spielräume eigener Willensbildung, welche die Vollzugslage der Ausführungsrechtsschöpfung oder des Ermessens im weiteren Sinne kennzeichnen. Hier ist der Gesetzesvollzug gegenüber dem Gesetz in ähnlicher Lage wie der verfassungsvollziehende Gesetzgeber gegenüber der Verfassung, — mit dem einzig wesentlichen Unterschied der bedeutenden Verengerung des Willensspielraums, die das Gesetz im Regelfalle bringt: während die Verfassung selten Bestimmungen gibt, die der Gesetzgeber „auszuführen" hätte (Ausführungsgesetzgebung), stellt das Gesetz in aller Regel ausdrücklich oder stillschweigend über den der Vollziehung eingeräumten Schöpfungsspielraum eine Weisung, unter der die Schöpfung zu halten ist. Die Verfassung überträgt grundsätzlich die primäre Bildung des den Gebrauch der Staatsgewalt bestimmenden Willens dem Gesetzgeber, der Gesetzgeber überläßt ausnahmsweise die Bildung sekundären Willens der Gesetzesvollziehung, nachdem er die beherrschenden Werte selbst aufgerichtet hat, — er überläßt sie zumeist nur aus der Einsicht, daß er seinen Willen zur Gestaltung nach seiner Ansicht verschiedener Verhältnisse in allgemeinen vollzugsreifen Sätzen nicht ausdrücken kann, daß seine Wertungen eine Individualisierung der Vollzugsgebote fordern, die nur gewissen Stellen des Vollzugs selbst möglich ist. Die gewöhnliche Vollzugslage der Ausführungsrechtsschöpfung besteht daher in der Ermächtigung und Verpflichtung zum Gebrauch des vom Gesetzgeber eingeräumten Willensspielraums im Sinne seiner aus dem Gesetze zu ermittelnden Weisung. Aus dieser Lage der durch Sinn und Zweck einer gesetzlichen Weisung gebundenen Freiheit aber erklären sich alle Wirrungen, die der Gleichheit vor dem Gesetz auf dem Gebiete des „Ermessens" drohen.

Zunächst erklärt sich daraus die übliche Ausdrucksweise: von „freiem Ermessen"[3] spricht man, wenn man an den Willensspielraum denkt, von „pflichtmäßigem Ermessen", wenn man die ihn beherrschende Wertung betont. Vom Standpunkt der vollziehenden Behörde sieht man das Gesetz als Schranke und nennt ihre Verletzung „Ermessensüberschreitung", vom Standpunkt des Gesetzes und seiner

---

[1] Über die englischen Verhältnisse etwa C. H. P. Inhulsen, Rheinische Zeitschr. für Ziv.- u. Prozeßrecht, III. Jg. (1910) 348f., insb. 352; über die amerikanischen Fritz, DRZ. 28, 215.

[2] Eine kritische Würdigung der schwierigen Lehre vom „Ermessen" kann im Rahmen der hier zu gebenden Hinweise nicht versucht werden. Zum Vergleich seien die (teilweise stark abweichenden) Darstellungen Merkls 30 u. 140f. (1927) u. W. Jellineks, Verwaltungsrecht (1929) 29f., empfohlen. Schrifttumsübersicht bei Jellinek zu § 2 (19).

[3] Über die Tautologie Anm. 1 S. 50 am Ende.

Weisung erscheint jede Abweichung als „Ermessensmißbrauch“. In Wahrheit ist in diesem Zusammenhange „freies“ und „pflichtmäßiges“ Ermessen dasselbe, und die Direktive des Ermessens bezeichnet zugleich seine sämtlichen Schranken. Daß — im besonderen — ein Gesetz stillschweigend zu einem den Gesetzen widersprechenden Gebrauch des Ermessens ermächtigt, ist undenkbar: das wäre die stillschweigende Zurücknahme des eigenen ausdrücklichen Befehls; das Verbot der Gesetzesverletzung umgrenzt also jeden untergesetzlichen Willenspielraum, wenn es nicht durch die ermächtigende Willensweisung selbst entkräftet wird.

In der unbedingten Durchführung der den Willensspielraum beherrschenden Wertung liegt daher die einzige Pflicht aller nachgesetzlichen Rechtsschöpfung und in der Erkenntnis der Absicht, die den Vollzugsorganen Freiheit und Weisung gegeben hat, die einzige Aufgabe der Rechtswissenschaft. Die Gleichheit vor dem ermächtigenden Gesetze ist verletzt, wenn die Vollziehung seinem Willen objektiv nicht mehr gerecht wird, wenn ihre Rechtsschöpfungen der Wertung widersprechen, zu deren besserer Verwirklichung ihr Willensspielraum gesetzlich bestellt ist.

Soweit daher der den Rechtsschöpfungsspielraum bestimmende Wille des Gesetzgebers trägt, ist die Vollziehung in der Lage der Befehlsausführung, — nur daß der auszuführende Befehl zumeist nicht aus begrifflichen Tatbeständen, sondern aus Andeutungen und Sinnzusammenhängen zu ermitteln ist. Die Schwierigkeiten der zweiten Vollzugslage folgen regelmäßig daraus, daß die objektiven Grenzen des Ermessens aus schwachen und schwächsten Spuren des gesetzgeberischen Leitmotivs der Ermächtigung bestimmt werden müssen. — Besteht die Aufgabe der Anwendung abstrakter Tatbestände vor allem in der Erkenntnis und Verwirklichung der die Tatbestände tragenden Gedanken, so besteht die schwierigere Aufgabe der schöpferischen Anwendung angedeuteter Wertungen in der Erzeugung von Tatbeständen, die unter den jeweiligen Umständen als reiner Ausdruck dieser Wertungen, als die vom Gesetzgeber gewünschten Individualisierungen seines Willens, erscheinen.

Jede Willensentfaltung des Gesetzesvollzugs setzt daher das gründlichste Eindringen in den Sinn des die Entfaltung fordernden Gesetzes und die völlige Enthaltsamkeit von selbstherrlicher Rechtspolitik voraus. Jede Rechtsschöpfung, die nicht nach objektiver Wertkritik auf den auszuführenden Wertungen des Gesetzgebers beruht, verletzt die „Gleichheit“. Daß darunter die Verwirklichung weisungsfremder (— der Durchführung der Weisung nicht dienlicher, zweckfeindlicher)[1] Werte fällt, ist selbstverständlich. Weniger auffällig und deshalb der Hervorhebung bedürftiger erscheint der Vorstoß gegen den Individualisierungszweck des Willensspielraums, welcher in der ungenügenden Durchdringung der „Verhältnisse“ mit der beherrschenden Wertung liegt. Ist die Tatbestandsbildung nicht derart differenziert, wie es die Rechtsschöpfungsweisung gebietet (— Unterdifferenzierung),

[1] Zur Veranschaulichung ein Beispiel: ein Gesetz zur Ausbildung technisch begabter Abiturienten sehe an der staatlichen Hochschule eine Anzahl von Freistellen vor, die unter den jeweils Begabtesten, bei gleicher Begabung nach dem Grade ihrer Bedürftigkeit verteilt werden sollen. — Die Vollzugsbehörde lasse bei ihrer Entschließung mitsprechen: 1. das religiöse Bekenntnis, 2. das nette persönliche Auftreten des Bewerbers, 3. die Zeugnisnoten in Turnen, Betragen und Geschichte oder eine Vorstrafe wegen groben Unfugs, 4. die Zeugnisnoten in Fleiß, Naturkunde und Deutsch, 5. die Schrift einer abgelieferten Probearbeit, endlich — wobei noch ein Dutzend „Unterscheidungen“ übergangen werden — prüfe sie die Bedürftigkeit vor der Begabung und erkenne unter zwei Begabten und Bedürftigen dem minder Begabten, aber weit Bedürftigeren die Stelle zu.

Die Unterscheidungen zu 1.—3. und die letzte Umkehrung sind zweckfeindlich. Sie stehen — um eine gegnerische Formel an rechter Stelle zu Ehren zu bringen — in keinem Zusammenhange mit der vom Gesetz erstrebten Beurteilung des Falles. Die Unterscheidungen zu 4. und 5. dagegen liegen im Willensspielraum der Ermessensfreiheit: die Beantwortung der Frage ihrer Tauglichkeit zur Zweckerreichung hängt von weiteren Wertungen ab, „über die man streiten kann“ und die zu setzen die politische Aufgabe der Vollzugsinstanz ist.

sei es, daß von vornherein eine Generalisierung stattfindet, die dem Sinne der Ermächtigung nicht entspricht, sei es, daß gewisse, für Normalfälle passende Generalisierungen auch in Fällen festgehalten werden, die nach der Leitidee des Gesetzes eine Sonderbehandlung „verdienten“, — oder ist die Tatbestandsbildung zu stark differenziert, indem Unterschiede gemacht werden, die vom Standpunkt des Gesetzes „unwesentlich“ sind (— Überdifferenzierung), so kann man von Willkür sprechen, weil der Wille, von dem die selbstgekürten Unterscheidungen der Vollziehung abweichen, durch die gesetzliche Rechtsschöpfungsdirektive objektiv bestimmt ist. — Endlich ist auch hier auf die Gefahren hinzuweisen, die der Verwirklichung des gesetzgeberischen Willens und damit der „Gleichheit“ aus der Vollzugsgewohnheit erwachsen: die richtige Ausübung des Ermessens in einer Reihe von Fällen, die unter dem Gesetz als „gleich“ erscheinen, kann leicht zur Bildung illegitimer Regeln führen, die schließlich auch auf „andere“ Fälle angewandt werden, — das Bedürfnis nach „Vorgängen“ und festen Bräuchen ist bei Behörden und Bürgern begreiflicherweise besonders stark, wo der Gesetzesvollzug Spielraum hat: jede Unterscheidung erscheint prima facie verdächtig, und so wird sich derjenige, zu dessen Lasten von einem bekannten Ermessensbrauch abgewichen wird, über ungleiche Behandlung beklagen, auch wenn ihm nach dem Gesetze das letzte Recht widerfährt. Die Vollziehung darf sich dadurch nicht beirren lassen, sie hat alle Unterscheidungen zu machen, die als vom Gesetzgeber gewollt erscheinen, sie hat mit der ältesten Gewohnheit zu brechen, wenn es der Sinn des Gesetzes befiehlt, denn vom Gesetz und nur zur Verwirklichung des in ihm zur Herrschaft gelangten Willens hat sie die Freiheit ihres Willensspielraums: nicht vor der ihn treffenden Ausnahme, sondern vor dem die Ausnahme fordernden Gesetz ist der Bürger mit allen andern gleich.

Wo aber bleibt nun eigentlich — wird man hier fragen — der „Willensspielraum“, jene „Freiheit“ des Ermessens, welche der Vollzugsrechtsschöpfung wesentlich sein soll? — In der Tat kann der schöpferische Bereich aller Gesetzesvollziehung nur negativ bestimmt werden: die ihn beherrschende gesetzgeberische Weisung trägt nicht bis zur Bestimmung der Willensentscheidung über die Verwendung der Staatsgewalt in allen Einzelfällen, vielmehr muß die Vollzugsbehörde rechtspolitischen Willen hinzubilden, damit ein vollzugsreifer Rechtssatz entstehe. Um die Wertung des Gesetzgebers zu verwirklichen, bedarf es also weiterer Wertungen, die sich in der Antwort auf die Frage ausdrücken, mit welchen Mitteln der vom Gesetzgeber verfolgte Zweck am besten zu erreichen sei (Zweckmäßigkeitsfrage), — oder im Bilde zu sprechen — die der Vollziehung gegebene Rechtsschöpfungsweisung weist auf Willensziele, während die Bestimmung des Weges ganz oder zum Teil freigegeben wird. In der Willensentfaltung im Dienst der gesetzlichen Werte, in jener Rechtspolitik, welche die des Gesetzes ergänzt, liegt der schöpferische Bereich all derer, denen das Gesetz ein Ermessen zuweist, ohne sie an Befehle von Vorgesetzten, an Vorgänge oder bestimmte politische Auffassungen zu binden. Was aber jede Abgrenzung über die schon bemerkten Schwierigkeiten der Erkenntnis eines oft nur angedeuteten gesetzgeberischen Willens hinaus erschwert, sind jene eigentümlichen „Grenzverhältnisse“ im Reich der Werte, auf welche hier nur hingewiesen werden kann: das Reich der gesetzlich verbürgten Wertung endet nicht etwa da, wo — in flächenhafter Vorstellung — das Reich der Wertungsfreiheit, der Willensspielraum des Ermessens, beginnt, sondern die Wertung des Gesetzes beherrscht das ganze Reich der Vollziehung, — alle Willensentfaltung des Gesetzvollzugs steht in verfassungsmäßiger Knechtschaft unter dem ermächtigenden Willen, und alle Variationen der Vollzugspolitik bedürfen der Rechtfertigung aus dem Zweck des Gesetzes.

Danach ist nur eben noch auf einige der meist- wie der mindestbeachteten Verletzungen der Gleichheit hinzuweisen, die zum größten Teil von Wissenschaft und

Praxis schon ohne das Wunder des „Willkür“begriffs erkannt und in einer Weise bearbeitet worden sind, zu deren allgemeiner Nachprüfung kein besonderer Anlaß vorliegt[1].

Das Gesetz kann seiner Vollziehung einen Willensspielraum einräumen, indem es sie zur Erzeugung von Rechtssätzen in selbständiger Form ermächtigt. Diese Technik kennt man vor allem auf dem Gebiet der Verwaltung in den Erscheinungen der Verordnung und Verfügung. — Bei der Verordnung liegt zufolge ihrer Tragweite die beträchtlichste Gefahr in der Abweichung von der Willensweisung des Gesetzes. Trotz unzähliger Entscheidungen der Verwaltungsgerichte, die solche Abweichung durch Ungültigkeitserklärung ahnden, überwächst immer wieder ein wildes Verwaltungs„recht“[2] die Gesetze, — ob es nun an dem „schöpferischen Boden“ der Verwaltung oder an den geschichtlichen Gegensätzen zwischen Gesetzgeber und „Verwaltungsstab“ liegt, — vollends auf dem Gebiet der sog. Verwaltungsverordnungen und ähnlicher allgemeiner Dienstanweisungen, die gewöhnlich nicht zur Entscheidung der Gerichte und so zur Kenntnis weiterer Kreise kommen, ist die Gesetzwidrigkeit bisweilen unbesiegbar[3]. Der Einzelbefehl der Verfügung aber hat seine Gefahr vor allem in der willkürlichen Differenzierung[4].

Gefährlicher für die „Gleichheit“ erscheint die andere, auf allen Rechtsgebieten angewandte Technik der Ermessensbestellung, welche die Vollzugsbehörde nicht zwingt, „im eigenen Namen“ in besonderer Rechtsform mit ihren Entscheidungen hervorzutreten, sondern ihre Politik mit der Autorität des Gesetzes deckt, indem sie die aus dem Ermessen resultierende Entschließung als „wesentlichen Bestandteil“ eines Gesetzes erscheinen läßt. Ob das Gesetz diese Wirkung erreicht, indem es seinem Tatbestand einen „Ermessensbegriff“[5] beigibt („Treu und Glauben“, „gute Sitten“) oder die Bestimmung einer Rechtsfolge freistellt („Strafrahmen“), erscheint unwesentlich.

[1] Die Schäden auszubessern, welche die notwendige Folge einer Zurückführung selbst richtiger Entscheidungen auf den verfälschten „Willkürbegriff“ sind, würde eine die Aufgabe überschreitende Einzelbearbeitung fordern.

[2] „Wild“ ist jede Verordnung, die andere Merkmale des „Sachverhalts“ „wesentlich“ macht, als nach der Delegationsweisung des Gesetzes wesentlich sein können.

[3] Wen nach Beispielen verlangt, der frage etwa einen Deutschen, welcher mit der Verwaltung eines andern deutschen „Staates“ als des seinen um die in Art. 110 II RV. verbürgte Gleichheit aller Deutschen gekämpft hat.

[4] Ist jedoch der Zweck der gesetzlichen Ermächtigung nur durch Befehl von Fall zu Fall erreichbar, so muß sich die Vollzugsbehörde die vom Gesetz gewollte Freiheit wahren; denn der Gesetzgeber hat es ja in der Hand, die Erzeugung des Vollzugsrechts auf abstrakte Regeln zu beschränken und so die Schöpfung von Einzelbefehlen zu verbieten.

[5] D. h. ein Wort, zu dem ein inhaltlich bestimmter Begriff erst durch Werturteil des „Auslegers“ erdacht werden muß. Ob das Werturteil nur mittelbar zur Geltung kommt — als subjektive Spiegelung einer Werturteilsgemeinschaft, die für den Rechtsanwender wissenschaftlich unerfaßbar ist („herrschende Anschauungen“, „alle billig und gerecht Denkenden“ [wie bei „Treu und Glauben“]) — oder unmittelbar in Anspruch genommen wird (gute Sitten), macht nichts aus. Der Unterschied zwischen der offenen Abgabe von Wertungsbefugnis an den Vollzieher (Ermessen im engeren, sprachlich eigentlichen, Sinne) und der durch die Prätention (s. S. 38f.) einer Wertgemeinde verdeckten Herausforderung von Wertungen berührt nicht die gemeinsame Tatsache der gesetzlichen Eröffnung eines Willensspielraums. Die Idee der einzigrichtigen Ausfüllung dieses Spielraums (der beim Ermessen im engeren Sinne die Idee der notwendig einen besten Verfolgung der gesetzlichen Zwecke entspricht) reicht zur Festlegung der Staatsgewalt in einem bestimmten Sinne nicht aus. Indem der Gesetzgeber an Stelle undefinierbarer Wertungen den bloßen Impuls der Willensweisung gibt, legitimiert er ja gerade die der Erreichung des Weisungszieles dienende Sinngebung des Vollzugs, ohne damit den Anspruch auf restlose Verwirklichung der durch die Weisung gesetzten Werte aufzugeben. Die gesetzliche Determination des Gewaltgebrauchs reicht nur so weit, wie die sachlich gegebene, aus dem Gesetze selbst oder von ihm bezogenen Gehaltsquellen für den Vollzug mit wissenschaftlichen Mitteln feststellbare Wertung. Wo immer ein Werturteil verlangt wird, das vom Gesetzanwender nicht durch kulturstatistische Erkenntnis, sondern nur durch subjektive „Einfühlung“ („Intuition“, „Konzeption“) ermittelt werden kann, waltet ein die gesetzlichen Werte bereicherndes „Ermessen“.

Die besondere Gefahr dieser Technik besteht darin, daß sie das Bewußtsein der wahren Vollzugslage in der Regel weder bei den Vollziehenden noch den Betroffenen aufkommen läßt. Die gesetzliche Entscheidungsformel, die das Werturteil fordert, die unmittelbare Nachbarschaft begrifflicher Tatbestände, lassen die schließlich einheitliche Entscheidung als reine Gesetzanwendung im Sinne der ersten Vollzugslage (Befehlsvollzug) erscheinen[1]. Wo aber Weisung und Freiheit der Entschließung kaum noch empfunden werden, fallen die Entscheidungen im Dunkeln und sind unzählige Abweichungen, d. h. Ungleichheiten vor dem Gesetz die unausbleibliche Folge[2].

Als Beispiel diene jenes vielleicht bedeutsamste Ermessen, auf das zur Zeit die Aufmerksamkeit gelenkt ist: die Strafzumessung. Aber nicht jene Verletzungen der Gleichheit gilt es zu beleuchten, von denen die Zeitung meldet, sondern das allgemeine Unrecht, das sich Tag für Tag vollzieht und von dem die fehlerhaften Urteile politischer Sensationsprozesse nur ein geringer Teil sind.

Die Weisung zu erforschen, welche das Ermessen der Strafgestaltung beherrschen soll, ist Sache der Wissenschaft von Sinn und Zweck der Strafe im geltenden Strafrecht im allgemeinen wie der besonderen Strafdrohungen der einzelnen Tatbestände. So schwierig nun auch diese Aufgabe erscheint, so sehr man hier über alles streiten mag[3], kann doch von einer Unzahl von „Gründen", die erfahrungsgemäß das Strafmaß beeinflussen, gesagt werden, daß sie mit keiner wissenschaftlichen Begründung zu halten wären. Daß solche „Gründe" überhaupt ihr Unwesen treiben, daran dürfte in erster Linie nicht böser Wille, sondern der Mangel jeder Aufklärung schuld sein.

So verfallen die meisten Richter den Mächten ihres „Unbewußten", jener Wildnis der menschlichen Seele, aus der vielleicht die meisten „Willensentscheidungen" hervorbrechen, ohne daß gerade ein strafrechtlicher Vorwurf am Platze wäre: man hat eine Hinneigung zu gewissen physiognomischen Typen, Bewegungen, Sprechweisen[4], — eine Abneigung gegen andere, man hat Vorurteile für oder gegen die Angehörigen gewisser Gattungen (Nationen, Konfessionen, Parteien — aus solchen

---

[1] Daher dürfte denn z. T. auch jene schon bemerkte falsche Ansicht von den Aufgaben des Richters, die Vermengung seiner Pflichten zur bloßen Befehlsausführung (Rechtsanwendung im engsten Sinne) und zu schöpferischer Tätigkeit (Scheinanwendung der inhaltlich unzureichenden [vollzugsunfertigen] Entscheidungsformel des Ermessensbegriffs) — und schließlich die Verkennung der Aufgaben der **nur** die bestehenden Bindungen erforschenden Rechtswissenschaft rühren. (Zum andern Teil s. noch Anm. 1 S. 115.)

[2] Wo — wie häufig auf dem Gebiet der Verwaltung — nur das Gefühl für die „Weisung" verloren geht, gewöhnt sich der Praktiker an völlig chaotische „Zweckmäßigkeitserwägungen".

[3] Zwei Beispiele mögen die Bedeutung dieser Streitfragen für die „Gleichheit" näherbringen: 1. Häufen sich die Straftaten eines bestimmten Typs, so steht der Praktiker vor der (fast nie erkannten) Frage: darf ich den 4., 5., 6. Fall härter strafen, obwohl er keineswegs „schwerer liegt" als die Fälle 1., 2., 3., d. h. obwohl der Strafzweck am Täter mit den gleichen Mitteln erreichbar wäre, darf ich als Richter über den Einzelfall ein „Exempel statuieren"? Das ist nichts Geringeres als die Frage, ob der Gesetzgeber dem strafzumessenden Richter nicht nur die Aufgabe der „Spezialprävention", sondern auch der „Generalprävention" gestellt hat — abgesehen selbstverständlich von der generalpräventiven Wirkung, die der Vollzug des Gesetzes „als solcher", d. h. als regelmäßige Verwirklichung der abstrakten Strafdrohung hat. — 2. Darf der Richter bei der Strafzumessung Umstände berücksichtigen, die für die spezialpräventive Bearbeitung des Täters ohne Bedeutung sind, — deshalb, weil ohne diese Rücksichtnahme andern ein Übel zugefügt würde (— der Täter als Ernährer anderer Personen, — ausgenommen selbstverständlich die Fälle, in denen die „Schuld" oder „Gefährlichkeit" des Täters durch solche Umstände gemildert erscheint, da hier eine geringere Strafe aus dem Zweck der Spezialprävention gerechtfertigt werden kann)? — Schon diese Andeutungen zeigen, daß der Strafrichter nicht nur, wie eine verbreitete Höherschätzung des Zivilrichters anzunehmen scheint, „Tatbestandsermittlung" zu treiben, sondern stündlich die schwierigsten rechtswissenschaftlichen Fragen zu beantworten hat, — wozu die besten Kräfte eben gut genug sein dürften.

[4] Selbstverständlich ist das nur ein Unterfall der allgemeinen Irritabilität durch das Erleben der fremden Natur, aber ein erfahrungsmäßig besonders bedeutender, — man denke etwa an die Wirkungen des „Auftretens", der Kleidung usw.

Vorurteilen gehen die sog. politischen Rechtsbrüche hervor[1] —, Berufe und alle sonst denkbaren Verbindungen), man hat „Komplexe“: der eine ist „scharf“ bei Autounfällen, weil sein Kind einmal überfahren worden ist, der andere, im dunkeln Bewußtsein eigener Verfehlungen, neigt zur Milde, — man ist, um ein Ende zu machen, unbewußt interessiert, weil man auf das eigene Prestige (vor den Vorgesetzten, den Untergebenen, den Schöffen, der Öffentlichkeit usf.) statt auf den Zweck des Gesetzes denkt.

Diesen Andeutungen der Gründe, welche der Verwirklichung des Strafgedankens und also der Gleichheit vor dem Strafgesetz entgegenstehen, mag ein jeder die eigenen Erfahrungen hinzufügen, um das volle Bild der Willkür zu gewinnen, die den Ausfall der Strafe bisweilen als Spiel des Zufalls erscheinen läßt. Uns bleibt nur noch der Hinweis auf das zweite Übel, mit dem man jenes erste einzudämmen sucht: die Herausbildung von Zumessungsgewohnheiten, in denen der Gebrauch des Ermessens verkümmert. Aus dem Chaos des Willensspielraums flüchtet man in ein Gehege von Regeln, deren Festigkeit ein illegitimer Ersatz der vom Gesetz gewollten Sicherheit der Ermessensübung an dem absoluten Maßstabe der gesetzlichen Wertung ist: Ein Diebstahl „mittlerer Art und Güte“ kostet beim Amtsgericht X zwei Monate, — Zuhälter „bekommen“ „das erste Mal“ neun, „das zweite Mal“ achtzehn Monate usw.

Daß solche Taxen dem Sinne des Gesetzes widersprechen, bedarf nach allem, was über die Vollzugsgewohnheit und den Zweck des Willensspielraums ausgeführt ist, kaum noch der Betonung. Die Taxe mag auf Ermessensgebieten, in denen die Durchführung der gesetzlichen Weisung schwerfällt, das geringere Übel sein, der Richter mag von ihr, wenn sie begründet erscheint, ausgehen und jede Abweichung rechtfertigen, — in keinem Falle aber ist er durch das Regelmaß der Mühe eigenen Forschens und Wägens enthoben. Denn nicht auf dem Wege über die gesetzwidrigen Ersatzregelmäßigkeiten der Vorgänge und Präjudizien wird die „Gleichheit“ verwirklicht, sondern nur durch die weisungsgerechte Rechtsgestaltung für jeden einzelnen Fall, wie es der Schöpfer des Willensspielraums gewollt hat[2].

So mag die Gesetzesvollziehung in der Lage der Rechtsschöpfung dem Gleichheitssatz eine scheinbar doppelte Warnung entnehmen, einmal: in ihren Schöp-

[1] Diese Erscheinung ist so allgemein bekannt, daß es nur des Hinweises auf einige von Politikern verschiedenen Standpunktes gesammelte Belege bedarf: Vgl. etwa Radbruch in „Die Justiz“ I, 193f. und Bewer, DRZ. 27, 203f.; zusammenfassend: Erich Eyck: Die Krisis der deutschen Rechtspflege, Berlin 1926, und jetzt Eugen Schiffer: Die deutsche Justiz, Berlin 1928, vornehmlich 9f.

[2] Das gilt selbstverständlich auch für alle andern Ermessensgebiete, die hier nicht behandelt werden können. — Als besonders bedenklich erscheinen die göttlichen Ehren des Gesetzes, die etwa die Präjudizien des Reichsgerichts über die Ermessensbegriffe genießen. Die Neigung zum Präjudizkult auf dem Ermessensgebiet ist begreiflicherweise am stärksten, wo mit der Rechtskontrolle das Ermessen auf eine höhere Instanz übergeht — diese Instanz also den gesetzlichen Willensspielraum mit eigenem Willen auszufüllen hat (— im Gegensatz etwa zur bloßen Rechtskontrolle des preußischen Oberverwaltungsgerichts, das z. B. eine polizeiliche Verfügung nicht abändern — das hieße eben sein Ermessen an die Stelle des der verfügenden Behörde setzen —, sondern nur ihre Gesetzlichkeit oder Zwecküberschreitung feststellen, also sie bestätigen oder vernichten kann). Weite Gebiete des Ermessens sind noch kaum erforscht und bieten daher ein ähnliches Bild wie das der Strafzumessung: man denke etwa an das Ermessen im öffentlichen Prüfungs- und Anstellungswesen. Daß ein Arzt andere Kenntnisse aufweisen muß als ein Richter, ein Zivilrichter als ein Verwaltungsjurist, ein Verwaltungsjurist als ein Diplomat im Auswärtigen Dienst, ist selbstverständlich und meist durch Prüfungsordnungen und Anstellungsbedingungen vorgeschrieben. Auf welche persönlichen Eigenschaften aber das Gesetz Wert legt, ist in den Prüfungsweisungen oft kaum angedeutet, — noch weniger finden sich Hinweise auf die besonderen „Betriebsgefahren“ dieses Ermessens (— z. B. Wechsel von Milde und Härte nach dem augenblicklichen Bedarf oder dem Eindruck einzelner Bewerbergruppen), — obwohl nachgerade das gesamte Leben des Staatsvolkes von dem absolut gleichmäßigen, richtigen Gebrauch dieses Ermessens abhängt — z. B. die Qualitäten des staatlichen Beamtenstabs, der alles weitere Ermessen ausübt, aber auch — was von Juristen leicht vergessen wird — „Volksgesundheit“, „technischer Fortschritt“, „kulturelles Leben“ (Kunst, Wissenschaft).

fungen, keine andere Politik zu treiben als die ihres verfassungsmäßigen Befehlshabers, zum andern: ihren Willensspielraum durch stets erneuten Aufwand eigenen Willens im Sinne des Befehls zu erhalten. In Wahrheit wiederholen beide Wendungen nur die den ganzen Vollzug beherrschende Mahnung: zu gehorchen. Bestimmte Befehle sind auszuführen, die ergänzungsbedürftigen weisungsgemäß zu ergänzen: nur wo dem in Verfassung und Gesetzen zu Herrschaft gelangten Willen Genüge geschieht, sind die Bürger vor dem Gesetze gleich.

So zeigt schon ein flüchtiger Überblick über die Typen erfahrungsmäßigen Ungehorsams die praktische Bedeutung des Gleichheitssatzes: der vom unrichtigen Vollzug getroffene Staatsbürger kann dem Gewalthaber ein Zeichen entgegenhalten, das, zumal in den Fällen persönlicher Willensspannung, stärker wirkt als die abstrakte Doktrin von der Vollziehung der Gesetze: Der Bürger, der den Gleichheitssatz anruft, fühlt sich als Schützling der Grundgewalt, von der alle Staatsgewalt ausgeht, der Gewalthaber erblickt die Schrift seines höchsten Herrn, — das ist der Sinn des Gleichheitssatzes!

Verfassung und Gesetze mögen gelten, sie herrschen noch nicht, Gehorsam mag „selbstverständlich" sein, er ist nicht immer, — der Kampf für die Gleichheit vor dem Gesetz ist nur der Kampf um seine Durchführung, jener schwerste Kampf des Gesetzes mit der „Macht der Tatsachen". Freilich kein Kampf für hehre Göttinnen der Gerechtigkeit, sondern für die schlichten Folgen einer gegebenen Ordnung. Der Rechtsstaat ist die Gesetzlichkeit der Staatsgewalt und nichts darüber, der Gleichheitssatz verbrieft nur den Frieden des Staates, die Vollkommenheit der gewaltsamen Ordnung, in der die Menschen ihr bescheidenes, aber sicheres Recht finden müssen.

V. Großes System.

1. Die gegebene Deutung im System.

So aber schließt sich dieser Deutung zugleich das System: es bedarf keiner Nachweise, daß sie mit den politischen Bestandteilen der Verfassung harmoniert, da sie ja nur der Vollziehung des staatsbegründenden Willens dient. Das Gebot vollkommener Verwirklichung der Gesetze gilt in der Demokratie wie in der verfassungsbeschränkten Monarchie, — nur Formalismus kann den „Bedeutungswandel" im politischen Bereich der Verfassungen mit der vom Wechsel der Staatsgrundgewalt unberührten Rechtsstaatsidee verquicken. Die unbedingte Vollziehung des geltenden Rechts wird durch den Wechsel der Rechtsschöpfungsmacht nicht berührt, der Gehorsam der Staatsdiener nicht durch den Wechsel des Herrn.

Daher ist die Wissenschaft vom geltenden Rechte, welche die Vollziehung dieses Rechts gedanklich vorbereitet, nur die Feststellerin des bestehenden Staates und seiner Werte schlechthin. Werden diese Werte gestürzt, so mögen Staatsbeamte, entsprechend ihrer Einstellung zum „neuen Staate", bleiben oder ihren Abschied nehmen, die „positive" Wissenschaft vom Recht besteht fort. Mit der Urnorm oder Legitimitätsgrundlage des Rechtssystems ändert sich nur ihr Gegenstand, das geltende Recht, dessen Vollzug ihr „ewiger" praktischer Zweck ist[1]. — Realistisch

[1] Wirkt also der Rechtsrealismus im allgemeinen „staatserhaltend", so liegt dies doch nicht in seiner Absicht, — die Absicht kann ebensowohl darauf zielen, daß die Erkenntnis eines Rechtsinhalts revolutionäre Bewegungen auslöse oder Reformen anbahne. Mithin ist es unbegründet, wenn etwa HORVÁTH (523) dem Realismus KELSENS vorwirft, er huldige dem demokratischen Machthaber. Daß jede Wissenschaft vom geltenden Recht der Durchführung dieses Rechts, d. h. der in ihm zur Herrschaft gelangten Willensmächte dient, folgt aus ihrem Begriffe und hat seinen letzten Grund in den Zwecken, um derentwillen die Mittel zum wissen-

war schon die offiziöse Staatslehre der athenischen Demokratie[1], realistisch die Wissenschaft vom Recht der Monarchie, und realistisch wird auch die Wissenschaft vom Recht der Demokratie sein, wenn sie ihrem Beruf, das geltende Recht zu erkennen, treu bleiben will.

Wohl zu allen Zeiten hat die „Opposition" sich nicht mit der offenen Kritik der herrschenden Werte, mit Forschungen nach „Gerechtigkeit"[2] begnügt, sondern versucht, ihre Rechtswünsche durch Fälschung der Wissenschaft vom geltenden Rechte als Recht zu behaupten und so die Herrschaft der gehaßten Werte in der Vollziehung zu brechen. Wunschrechtler war der „Aristokrat" Plato[3], wunschrechtlerisch war die Opposition der Freirechtsschule gegen den monarchischen Staat, und mit wunschrechtlichen Waffen kämpfen Positivisten von ehedem gegen die zur Herrschaft gelangten Werte der Demokratie[4].

Daß diese Zusammenhänge noch nicht genügend gewürdigt sind, liegt zum Teil an jener Gedankenträgheit, die in gewohnten Geleisen der Opposition fortfährt, nachdem die gewünschten Werte den Staat erobert haben, zum Teil aber auch daran, daß diese Eroberung keine plötzliche und vollständige gewesen ist, sondern daß

---

schaftlichen Betriebe bereitgestellt werden. Diese objektive Dienstbarkeit, nicht eine „politische Ideologie", verlangt die Scheidung des echten durchzuführenden Rechts vom Pseudorecht aller Wunschrechteleien. Daß die Säuberungsaktion von politischer Absicht diktiert sein müsse, muß nur das schlechte Gewissen des Wunschrechtlers denken, das die Trennung objektiver Funktion und subjektiven Wünschens gar nicht mehr vorstellen kann: so verflüchtigt sich unter den Händen HORVÁTHS der Begriff des Naturrechts zur „ganz bestimmten Mentalität und politischen Ideologie" (523), und schon die „realpolitische Relevanz" einer Behauptung gibt ihr „naturrechtlichen Charakter" (523); was Wunder, daß nach solcher Begriffsverwischung schlechthin jede Behauptung vom geltenden Recht „naturrechtlichen Charakter" annimmt (523, 527) und die Erkenntnisse des Rechtswissenschaftlers von den Rechtswünschen aller Naturrechtsideologie nicht mehr zu unterscheiden sind! In Wahrheit ist die „persönliche Mentalität" und „politische Ideologie" eines Rechtslehrers so wenig Naturrecht wie das von ihm in Reinheit zu lehrende Recht seinen Idealen entsprechen muß (— den Pessimismus, der die objektive Darlegung positiven Rechts nur solchen Rechtslehrern zutraut, welche willensmäßig auf dessen Seite stehen — symptomatisch jetzt das Vorwort von NIPPERDEY zu den „Grundrechten" [1929, HOBBING] S. VI — verdankt man nur der hier bekämpften Praktik). Erst wo der persönliche Wunsch, zuwider der staatlichen Ordnung, sich Rechtsgeltung anmaßt, erst wo staatliche Ordnung zuwider wissenschaftlicher Einsicht glorifiziert und der Kritik entzogen wird, begeht man jene „Erbsünde" aller Rechtswissenschaft: Wunschrechtelei — aus der es eine „Erlösung" gibt. Nicht demokratische Absichten KELSENS, sondern die konservierende Politik des traditionellen Positivismus ist der — von HORVÁTH nicht gesehene — Grund, aus dem eine vor 20 Jahren auf den Plan tretende „reine Rechtslehre" ihre Schärfe gegen monarchisches Wunschrecht richten mußte; und wenn es wirklich — was zu bezweifeln ist — den Anschein hat, als sei das demokratische Wunschrecht bei KELSEN gnädiger behandelt, so einfach deshalb, weil demokratisches Wunschrecht bislang dem deutschen Rechte wenig zu schaffen gemacht hat.

Wer die Macht hat, das ist dem Manne der Wissenschaft gleich, — wie könnte er sonst den stolzen Titel professor behaupten? Die Berufung, das Recht zu erkennen, zwingt zum Kampf gegen jeden Mißbrauch seines Namens, von welcher Seite immer er kommen mag.

[1] Vgl. A. MENZEL: Kallikles usw. ZöR. 1922, vornehmlich 6, 11f.

[2] Eine Wissenschaft von der Gerechtigkeit, der souveränen Rechtsschöpfung dienend und jedes Übergriffs in das Reich der Wissenschaft zur Vollziehung des geltenden Rechts sich enthaltend, wäre von je zu wünschen gewesen. Solche „Gerechtigkeitswissenschaft" wäre nur Teil einer selbständigen praktischen Wissenschaft für die Gesetzgebung (auch Verfassung!), die zunächst wohl die Rechtsschöpfungstechnik erfassen und mittelbar der Wissenschaft vom Recht vorarbeiten würde. Daß ihre Grundlagen bis heute nicht gelegt werden konnten, daß man an geringfügige Einzelheiten „de lege lata" und „de lege ferenda" Unsummen von Energie verschwendete, während die allgemeinen Fragen der Gesetzgebung dem Dilettantismus überlassen blieben, beruht auf der konservierenden Politik des traditionellen Positivismus; daß jetzt wiederum die kritischen Versuche sich freier hervorwagen, folgt aus dem Wechsel der regierenden Gewalt. Solche Versuche können indes für die Wissenschaft Bedeutung erst gewinnen, wenn sie — im Gegensatz zu allen Auslegung, Kritik und Wunschbildung mengenden Praktiken — mit methodischer Besinnung, in strengster Scheidung von der Wissenschaft zur Anwendung des geltenden Rechts durchgeführt werden.

[3] Vgl. MENZEL a. a. O. 11f., 24. [4] Ähnlich KELSEN: Staatsrl. 3, 54.

die Demokratie zunächst den größten Teil der Gesetze und des Vollzugsbeamtenstabs der Monarchie übernommen hat[1].

Hieraus wieder versteht man, daß ein Teil des übernommenen Beamtenstabs dem Vollzug der neuen Werte Schwierigkeiten macht, indem er, bewußt oder unbewußt, mit den bekannten Mitteln der Wunschrechtlerei ihre Erkenntnis hindert. Man wird sich auch nicht mehr dadurch täuschen lassen, daß Vorstöße des Wunschrechts gegen die Demokratie im Namen der Demokratie oder des Rechtsstaats vorgetragen werden[2]. Ob der Wunschrechtler der demokratischen Partei angehört oder der kommunistischen, ob er sich einbildet, Demokrat zu sein, oder nicht, — sein Rechtswunsch, der gegen das Recht als Recht zu gelten behauptet, ist einem Werte des bestehenden Staates feind, — die Wunschrechtsbehauptung schlechthin ist nur der Versuch, geltende Werte durch das Mittel der Pseudowissenschaft zu stürzen.

So wird schließlich jener „ewige Kampf" begreiflich, in dem die Wissenschaft vom geltenden Recht — nicht mit andern Wertwissenschaften, sondern mit jenen Behauptungen liegt, durch die sich, plastisch zu sprechen, der Staatsfeind als Staatsdiener vorstellt: nicht der Rechtswissenschaft gilt der Angriff, sondern dem Gegenstande ihrer Erkenntnis, den herrschenden Werten. Das Wunschrecht ist der geborene Feind der Legitimitätsgrundlage eines Staates, — nach gegenwärtigem Recht: der Demokratie!

2. Die Lehre von der ‚Gerechtigkeitsgleichheit' als pseudowissenschaftliche Vorbereitung der Revolution.

Das wird vor allem an jener Lehre deutlich, die vielleicht den gefährlichsten Angriff des Wunschrechts auf das neue Staatsgefüge darstellt: der Lehre von der Gerechtigkeitsgleichheit: jeder Versuch, ihre „Auslegung" des Art. 109 I dem politischen System der Verfassung einzufügen, bricht notwendig die Herrschaft des Volkes und ihre rechtsstaatliche Technik[3].

A. Der Widerspruch mit den Grundlagen der Verfassung.

Nach dem Ergebnis der ausführlichen Kritik legt die gegnerische Lehre in Art. 109 I den Wunsch nach mehr oder weniger „gerechten" Sätzen, der seinen Inhalt nur durch Werturteil des Auslegers finden kann. Schranke der Gesetzgebung

---

[1] So erklärt sich vielleicht der schon von Beling (Rechtswissenschaft und Rechtsphilosophie, 1923, 41) bemerkte Widerspruch, „wenn Volksgesetzgebung und freie Rechtsfindung in einem Atemzuge gefordert werden. Soweit die in einem Verbande maßgebende Schicht überhaupt Normierungen aufstellt, kann sie von Logik wegen nichts anderes wollen, als daß sich die Praxis an diese und nicht an irgendwelche sonst woher geholten Maßstäbe hält, also positiv ist; sonst würden jene Normierungen ja sinnlos sein". (Dazu unsere Anm. 1 S. 5 f.!)

[2] Ein seltsames Bild ist es, wenn derjenige, der sich so — wie man zu seinen Gunsten annehmen muß — im Unklaren über den Sinn seines Unternehmens befindet, sein Haupt über die „demokratisch eingestellten Rechtsgelehrten von besonderer Bedeutung" schütteln zu müssen glaubt, weil sie gegen seine „wirklich sinnhafte Deutung des Gleichheitssatzes Bedenken erheben" (Leibholz, Nachw. 8). Er scheint den alten Herren, die schon zur Zeit der Monarchie Demokraten waren, wenig politischen Takt zuzutrauen. — Aber man muß keineswegs Demokrat sein, um zu sehen, wie die Herrschaft des Volkes durch „sinnhafte Deutung" an eine Schicht monarchisch erzogener Geronten kommt, — Einsicht rührt von Aug' und Sinn, nicht von Gesinnung.

[3] Auf den schon öfter nachdrücklich vorgetragenen Gedanken (vgl. Thoma i. Festschr. f. OVG., 1925, 220; v. Hippel 133, Nawiasky: Staatsrl. 3, 41, Anschütz ebenda 48), daß die Lehre von der Gerechtigkeitsgleichheit dem grundgesetzlichen Verhältnis von Reich und Ländern widerspreche, soll hier verzichtet sein, weil dies Verhältnis ein recht bestrittener Maßstab wäre und der Nachweis des Widerspruchs mit den unbestrittenen Grundlagen der Demokratie hinreicht, die Unmöglichkeit der gegnerischen Lehre darzutun. — Selbstverständlich ist es für den Wissenschaftler nicht zulässig, den Ländern — wie es Leibholz (Nachw. 21) unternimmt — seine Lehre als Waffe „gegenüber einer willkürlichen Reichsgesetzgebung" zu empfehlen.

wäre danach jeweils die Wertung, die der zuständige Ausleger im Namen der Gerechtigkeit an das Gesetz von Fall zu Fall heranträgt, mit andern Worten: die Rechtswünsche der Instanz, die nach der Verfassung die Gesetze auf ihre Vereinbarkeit mit Art. 109 I zu prüfen hätte, wären denen des von der Verfassung selbst zur ausschließlichen ordentlichen Rechtsschöpfung bestellten Gesetzgebers übergeordnet.

Um die Unvereinbarkeit dieses Ergebnisses mit dem politischen Gehalt und der rechtsstaatlichen Ordnung der Verfassung zu erkennen, bedarf es keiner Entscheidung der Frage, welche Instanz die Erzeugnisse der Gesetzgebung auf ihre Verfassungsmäßigkeit zu prüfen hat[1]. Denn einmal muß eine Lehre, die das „materielle" Prüfungsrecht des Richters bejaht, für die aus dem Prüfungsrecht in Verbindung mit ihrem Gleichheitssatz erwachsenden Folgen einstehen; zum andern aber müssen auch die Gegner dieses Rechts, welche die Pflicht zur Prüfung der Reichsgesetze dem Reichspräsidenten zuweisen, die Landesgesetze schon wegen Art. 13 I RV. dem Richterspruch der Gerechtigkeit unterwerfen. So würde jedenfalls die Entscheidung über Ergebnisse der Volksgesetzgebung dem gesetzvollziehenden Richter zufallen, — praktisch zu sprechen, etwa das Reichsgericht befugt sein, „offenbar ungerechten" Gesetzen die Anwendung zu versagen[2].

Daher kann der Nachweis gespart werden, daß auch der Reichspräsident, wenn er die Reichsgesetze auf inhaltliche Übereinstimmung mit der Verfassung zu prüfen hat, die aus der gegnerischen Lehre erwachsenden Willensentscheidungen nach dem Grundgesetz nicht haben kann. Wenn auch die Gefahr besteht, daß die Wunschrechtslehre von der das Volksgesetz brechenden „Gerechtigkeit", nachdem sie bei den Richtern Schiffbruch gelitten, eines Tages — vielleicht über einen anderen Artikel — bei der Institution des Reichspräsidenten Unterschlupf sucht,so ist doch aus Art. 109 I — soweit wir sehen — noch kein absolutes Veto des Reichspräsidenten gegen Reichsgesetze hergeleitet worden[3]. Die allgemeine Aufmerksamkeit gilt vielmehr dem durch die Lehre von der Gerechtigkeitsgleichheit bedrohten Verhältnis von Gesetz und Richter.

Nicht daß dies Verhältnis in der Praxis der Vollziehung erschüttert wäre[4]! — Aber die Tausende gesetzestreuer Richter, die nie mit dem Gedanken spielen würden, sich über das Gesetz zu stellen, schreiben nicht in der Zeitung; und die literarische Mode, gewisse Schlagworte, deren Macht täglich zunimmt, zwingen, die gegnerische Lehre ernster zu nehmen, als nach ihren schon geprüften „Gründen" angemessen erscheint.

Der Richter, der in seinem Spruche nur die Wertung des Gesetzes gibt, ist das Idol des Gleichheitssatzes; der Richter, der nach eigener Wertung die Wertungen des Gesetzes bricht, ist das Idol der Lehre von der Gerechtigkeitsgleichheit, wie

---

[1] Vgl. Triepel: Staatsrl. 3, 53 — aus dem umfangreichen Schrifttum etwa Fritz Morstein-Marx: Variationen über richterliche Zuständigkeit usw., W. Rothschild, Berlin 1927.

[2] Vgl. Triepel: Staatsrl. 3, 50 und die besprochenen Urteile, in denen das Reichsgericht sich auf seine Anerkennung des „materiellen" Prüfungsrechts bezieht, zumal RG. 111, 327f. — Rümelins (u. E. aus entstehungsgeschichtlichen wie „rechtslogischen" Gründen unhaltbare) Annahme (36) eines gemäß dem Inhalt der einzelnen Verfassungssätze variabeln Prüfungsrechtes führt, indem sie die Prüfungszuständigkeit von der Bewertung der Prüfungsnorm abhängig macht, in den Subjektivismus materialer Wertungen, — für Triepels Schule (im Gegensatz zur Rümelinschen Bewertung des Art. 109 I) somit zum selben Ergebnis.

[3] Um solchen Unternehmen vorzubeugen, sei auf den entscheidenden Gedanken hingewiesen: die Beteiligung des Reichspräsidenten am Gesetzgebungsverfahren ist in der Verfassung erschöpfend geregelt: Der Präsident kann seine Auffassung von Gerechtigkeit, seinen politischen Willen, nur dadurch zur Geltung bringen, daß er das Volk über die Gesetzeskraft („Sanktion") entscheiden läßt („devolutives Veto"). Seine Prüfung der Verfassungsmäßigkeit von Gesetzen kann diese politischen Rechte nicht erweitern, — vielmehr darf eine Weigerung, auszufertigen und zu verkünden, immer nur von der Nichtübereinstimmung eines Gesetzes mit objektiv gegebenen Wertungen des Grundgesetzes ausgehen. Durch die gegnerische Lehre aber würde ihm unter der Formel „Prüfung des Gesetzes auf Übereinstimmung mit Art. 109 I" die Machtfülle eines absoluten, d. h. nach Gutdünken des Präsidenten zu verfassungsändernder Form zwingenden, Veto erwachsen.

[4] Vgl. das „Kronzeugnis" des Preußischen Justizministers bei Schiffer 113, a. a. O.

das aller Freirechtsbewegung[1], mit dem Unterschied, daß man bisher noch vor dem offenen Zerbrechen des Gesetzes zurückschrak.

Daß eine solche Überordnung des richterlichen Willens über den des verfassungsmäßig bestellten Gesetzgebers jenem für das richterliche Amt grundlegenden Satze widerspricht, der den Richter dem Gesetze unterwirft, — daß sie die rechtsstaatliche Ordnung umstürzt, die den Richter unabhängig stellt, damit er nur dem Gesetze diene, das zu erkennen, bedarf es keiner „Untersuchung", — die Staatsrechtslehre hat von jeher solche Bestrebungen als revolutionär gebrandmarkt[2].

B. Kritik der die Erkenntnis der Verfassungswidrigkeit hindernden Täuschungen.

Daß aber eine also revolutionäre Lehre sich mit Erfolg als legitim ausgibt, daß sie mit dem Pathos[3] der Demokratie und des Rechtsstaats wirbt, zwingt zu der Frage: auf welchen Irrtümern beruht der falsche Gebrauch der Symbole, der für die flüchtige Betrachtung einen Schein von Legitimität hervorbringt?

Wie ist es möglich, daß eine Lehre, welche die Willensentscheidung über die Ergebnisse der Volksgesetzgebung in die Hand des Richters legen würde, als demokratisch auftritt?

Der Grundgehalt der Demokratie[4] ist einfach und unverkennbar durch Art. 1 RV. definiert: „Die Staatsgewalt geht vom Volke aus."

---

[1] Ähnlich DÜRINGER im 8. Verfassungsausschuß, Ber. 182.

[2] So wendet sich etwa TRIEPEL (Festg. f. LABAND, II [1908], 316) gegen „gewisse, sehr bedenkliche Anschauungen vom Richterberufe wie vom Verhältnis des Richters zum Gesetz, die neuerdings von Anhängern der ‚freirechtlichen' Bewegung in Lauf gebracht worden sind." „Einer Praxis, welche die Neigung bekundet, sich bei Gelegenheit (—!) selbst über klare Gesetzesbestimmungen hinwegzusetzen — und es ist nichts Geringeres (—!), was von manchen Ultras (—!) heute verlangt wird — muß man Mißtrauen entgegenbringen usw." — oder (319) „auch wer z. B. in Ansehung der von der Reichsverfassung beliebten (—!) Verteilung der Kompetenzsphäre zwischen Reich und Einzelstaat... die Ansicht gewinnt, daß die Abgrenzung... nicht sachgemäß erfolgt sei, hat nicht das Recht, bei der Ausfüllung der Lücken, die die Verfassung gelassen hat, sein eigenes Urteil dem der Verfassung voranzustellen." (An derselben Stelle gebraucht denn auch TRIEPEL den Willkürbegriff im richtigen Sinne der Abweichung von der gesetzlichen Wertung.) — Aber die Liste der erlauchten Stimmen, die zu allen Zeiten mit den kräftigsten Worten gegen den untreuen Richter gewettert haben, würde kein Ende nehmen: so begnügen wir uns mit dem Hinweis auf einige Stellen, an denen, trotz aller Meinungsverschiedenheiten, die Unterwerfung des Richters unter das Gesetz mit Schärfe betont wird: v. SAVIGNY: „System" I (1840), 321f, WINDSCHEID: Pandekten I (8), 89; v. JHERING: „Zweck", dessen Ausführungen stellenweise wie gegen die Lehre von der Gerechtigkeitsgleichheit geschrieben erscheinen, vgl. insb. 364/65, 369, 374/75, 378, 382, 404/07, BERGBOHM 405, 406 Anm., STIER-SOMLO in Festg. für LABAND II, 488/89; BIERLING IV, 293, 294, 295, 299; HECK 13/14, 60, 220, 231, 281/282, 283, 299; BRÜTT: Die Kunst der Rechtsanwendung, 146/47, 184; DOERR: AöR., NF. 2, 79/80; LEONHARD: Auslegung und Auslegungsnormen (1917) 12; RIEZLER a. a. O. 155. — Deutlicher noch drücken sich die Staatsmänner aus, z. B. BISMARCK (nach ROSIN: Allgem. Staatslehre usw. in „Hirths Annalen" 1898, 2., 101 (Rede in der 2. Kammer des LT. v. 22. 3. 49): nicht bloß in der gewaltsamen „Durchführung vermeintlicher oder wahrer Rechte gegen den Landesherrn" liegt das Wesen der Revolution, sondern schon in der „wissenschaftlichen Vorbereitung der Revolution in den Gemütern, in der Bestreitung der Verbindlichkeit des Gesetzes nach der individuellen Beurteilung seines Inhalts".

[3] S. ALDAG 7/8/9; LEIBHOLZ Nachw. 8; — es mutet als unglaublich an, mit welcher Emphase man sich für den wunschrechtlerischen Bruch der Legitimität gerade auf den die Legitimität symbolisierenden Gleichheitssatz beruft. „Sollte die Verfassung da", — so könnte man mit den Worten der rhetorischen Frage ALDAGs antworten — „wo sie von dem alten demokratischen Ideal der Gleichheit aller Bürger vor dem Gesetz spricht"... die Entscheidung über das dem Deutschen Volke „Gerechte" aus der Hand des demokratischen Gesetzgebers genommen und in die Hände einer aus dem nichtdemokratischen Staat überkommenen, großenteils nichtdemokratischen Beamtenschicht gelegt haben?

[4] Aus dem unübersehbaren neueren Schrifttum zur Demokratie vgl. nur KELSEN: Vom Wesen und Wert der Demokratie (J. C. B. Mohr, Tüb. 1929); R. THOMA: Der Begriff der modernen Demokratie usw. in Erinnerungsgabe für Max Weber II (1923) 37f.; J. BRYCE: Moderne Demokratien, I 1923, II 1925, III 1926. Drei Masken-Verlag, München.

Danach erschöpft sich die Demokratie oder Herrschaft des Volkes nicht etwa in der Beteiligung am Gesetzgebungsverfahren, sondern die Grundgewalt des Volkes ist die Quelle aller staatlichen Gewalt: die Ausübung dieser Gewalt, alle rechtlichen Befehle und Bindungen müssen auf den Willen des Staatsvolkes zurückführbar sein, dessen Mehrheitsentscheidung den Staat begründet hat, m. a. W. die Mehrheitsentscheidung des ganzen Volkes ist die Legitimitätsgrundlage jeder staatlichen Willensäußerung.

Verträglich mit der Herrschaft des Volkes ist daher jede Technik staatlicher Willensbildung, bei der die Entscheidung über die Verwendung der Staatsgewalt letzten Grundes durch den Willen der Volksmehrheit getragen erscheint. Das Volk mag etwa einem von ihm erwählten Staatsoberhaupt oder obersten Gerichtshof ein Veto gegen die Gesetzesbeschlüsse des gleichfalls von ihm erwählten Parlaments einräumen: das ist kein Widerspruch zur Volksherrschaft, sondern Selbstkorrektur des Volkes bei Bildung seines Willens. So ist das ganze Verfahren der Gesetzgebung nur ein von der verfassunggebenden Gewalt bestimmtes Kräftespiel der Volkswillens-Bildung: Vom volksgewählten Reichstag über den von den „Stammesvölkern" parlamentarisch abhängigen Reichsrat bis zum volksgewählten Präsidenten, der schließlich die Entscheidung des Volkes selbst anrufen kann, beruhen die gesetzgeberischen Willensentscheidungen ausnahmslos auf Willensäußerungen von Volksmehrheiten. Welche Rechtsssätze die Verwendung der öffentlichen Gewalt bestimmen sollen, welche „Unterscheidungen" und „Nichtunterscheidungen" dem „Rechtsbewußtsein" des Volkes entsprechen, das regelmäßig zu entscheiden, hat die verfassunggebende Gewalt nicht einmal der Mehrheit erwählter Volksvertreter, sondern allein der gesamten Willensentfaltung der grundgesetzlich vom Volke abhängigen Gesetzgebungsfaktoren anvertraut, die in letzter Instanz auf die Mehrheitsentscheidung des Gesamtvolks zurückführt.

Unverträglich mit der Herrschaft des Volkes ist daher jede Willensentscheidung einer an dem Gesetzgebungsverfahren nicht beteiligten, von keiner Volksmehrheit getragenen Gruppe von Staatsbürgern, die das Ergebnis dieses Verfahrens, den durch die Rechtsschöpfungstechnik der Demokratie destillierten Volkswillen (volonté générale), wieder vernichten kann.

Daß diese Gesetzlichkeit vorübergehend verkannt worden ist, liegt einmal an jenen schon reichlich erwiesenen Täuschungen über das subjektive Wesen der mit dem Maße der „Gerechtigkeit" zu fällenden Entscheidung. „Im Namen der Verfassung" und „im Namen des Volkes" lauten die Zaubersprüche des in Art. 109 I verkappten Rechtswunschs. Wenn aber die Kritik etwas gezeigt hat, so ist es die Notwendigkeit, an der alle Objektivierungsversuche der gegnerischen Lehre scheitern. Die objektiven Maßstäbe, an denen der Richter die Gesetze im Namen des Volkes prüfen könnte, liegen einzig in jener Verfassung, welche die Selbstgerechtigkeit des deutschen Volkes ist; mit der ersten Frage aber, die der Richter im Namen „höherer Sinnordnungen" an das Gesetz stellt, verläßt er das Gehege objektivierter Regeln und macht zum Gesetzgeber seinen Rechtswunsch, der, wie wertvoll er sein mag, im Verhältnis zum verfassungsmäßig aufgerichteten Werte der Gemeinschaft nur die subjektive Wertung des Einzelnen oder einer Gruppe ausdrückt. Mag daher auch die richterliche Prüfung der Gesetze an den Wertsatzungen der volksgekürten Verfassung mit Demokratie vereinbar sein, — auch nur eine Art Berichtigung spontaner Volksentschlüsse an jenem Vorsatze der Verfassung, den das Volk auf Dauer faßt —, die Prüfung an vom Richter selbst „geschöpften" Werten würde nur die richterlichen Wertungen zu Verfassungsrecht und damit den Richter zur verfassunggebenden Gewalt erheben.

Die Legitimation dieser illegitimen Gewalt machen jene Phrasen vom „Rechtsbewußtsein des Volkes", an dem das Rechtsbewußtsein der vom Volke bestellten Volksvertretungen keinen Anteil hat: „Volks"bewußtsein — das klingt ja demokratisch, und das Volk, das mit seinen selbsterwählten Gesetzgebern nicht immer zufrieden ist und die Gesetze kaum versteht, hört es gern, wenn man verspricht, auf „seine Stimme“ zu lauschen. Aber beim ersten Zusehen wird aus dem „Volksbewußtsein“ „das aus dem Kulturbewußtsein herausgeschnittene Rechtsbewußtsein, das sich in den Gerichten äußert“, und das „reine Gefäß“ des richterlichen „Gewissens“[1] begreift nur den Geist, dem es gleicht: dem durch das verfassungsmäßige Verfahren der Gesetzgebung filtrierten Gemeinwillen tritt die rohe „Konzeption“ der „Volksseele“ entgegen.

Hier wird deutlich, daß die gegnerische Lehre für das richterliche Rechtsbewußtsein nur einen höheren Rang gegenüber dem Rechtsbewußtsein aller andern Volksgenossen beansprucht. Doch die berühmte „Richterpersönlichkeit“[2], auf die schon die Freirechtsschule ihre Religion gebaut hat, ist nicht nur der Verfassung nicht bekannt, sondern überhaupt kaum vorhanden. Was zunächst im allgemeinen „Persönlichkeit“ heißt, der machtvoll nach außen wirkende Willensmensch, das ist gewiß nicht der Typ des „reinen Gefäßes“ für das Rechtsbewußtsein Anderer. Die Richterpersönlichkeit fordert vielmehr eine ganz eigentümliche Veranlagung, deren überreiche Kräfte sich die Wage halten und welche just so selten ist, wie ein großes Maß von Kraft beschauliche Einstellung erlaubt. Wohl gibt es einzelne Menschen, die zwar nicht „reine Gefäße“ eines „über allen stehenden Objektiven“ (d. h. in Wahrheit Bildner eines nach ihrem Ebenbild gedachten Objektiven —), aber so inhaltsvoll, so lebendig sind, daß sie die Vielfalt der Kräfte in ihrer Umwelt nachfühlen und über den Gefühlskreis, in den sie geboren und erzogen sind, zu verhältnismäßiger Objektivität des Rechtsbewußtseins sich erheben können. Aber diese Menschen finden

---

[1] Über diese „bescheidenste“ aller Anmaßungen höre man nach aller wissenschaftlichen Kritik noch einen Dichter und einen Staatsmann:

Der Dichter (Carl Spitteler: Prometheus und Epimetheus, Diederichs, Jena 1920, 184): (Leviathan lehrt Behemoth, die Menschen mit „Tugend“ zu ködern): „jedoch es scheint, du hast noch nicht gelernt die Weise des Gewissens, daß es ist ein billiges Gewissen, welches väterlich gestattet den Instinkt und gegenseit'gen Eigennutz, doch wenn du handelst mit der rechten Hand, so deute mit der linken nach dem unsichtbaren Vogel auf der allgemeinen Stange (— heut heißt der Vogel ‚rational nichtformulierbare aber trotzdem praktisch bedeutsame Gerechtigkeitsidee‘). Dieses heißt man eine gute Handlung, aber eine Handlung nennt man schlecht, wer dieses unterläßt, es sei nun, daß nach einem andern Ort er deute, oder sei es, daß er gänzlich nicht bewegt den linken Zeigefinger. Darum laß uns einen unsichtbaren Walfisch bauen, daß ein Jeglicher aus unserem Volke, handelnd, danach zeige“. Behemoth wendet ein: „Jedoch ein Walfisch ist ein unvernünft'ges Tier, und lächerlich erscheint es, so wir nach ihm deuten.“ Leviathan: „und auch der Vogel ist ein sinnverlassenes Geschöpf und lächerlich an sich (—!), und drum so haben sie mit vieler Weisheit ihn gesetzt auf eine allgemeine Stange, also daß, wenn alle feierlichen Ernstes danach deuten, jeder feierlichen Ernstes nicht mehr lache“ (— man denke auch an Andersens Märchen „Des Kaisers neue Kleider“, und vgl. dazu folgenden Satz aus einer Richterzeitschrift: „und niemals dürfen die Stellen fehlen, an denen das Reichsgericht an das Rechtsbewußtsein des Volkes appelliert“!). — (Auch die notwendige Solidarität aller Ritterschaft vom richtigen Rechtsbewußtsein trotz des verschiedensten Inhalts der individuellen Absichten ist erkannt:) Behemoth (186): „indessen, wenn wir diese Stange allzuhoch errichten, müssen wir befürchten, daß der Vogel auf dem Markt erblickt den Walfisch in der Ferne, also daß er großen Ärgers sich erbost und feindlich sträubet sein Gefieder. Denn sieh, ein Walfisch und ein Vogel sind ein gegensätzlich Tier, und haßt ein jeder, was der andere sehr begehrt, und wo der eine lebt, da kann der andre nicht gedeihen.“ Doch fröhlich zwinkernd mit den Augen gab Leviathan zurück: „In Irrtum redest du, denn Unvernunft und Torheit sieht sich immer herzlich gern, und stets gestaltet sich vom Widersinn zum Unsinn eine schöne, schlanke, anmutvolle Brücke.“

Der Staatsmann (Bismarck — vgl. auch den schon von Thoma: Staatsrl. 3, 59 angeführten Satz — nach H. Rosin: Grundzüge einer allgemeinen Staatslehre usw. [„Hirths Annalen“ 1898, Nr. 2, 102]): Auch die „Berechtigung des Gewissens“ geht nicht über die „Berechtigung der Staatsgesetze“, andernfalls hätte das Gewissen eines jeden Deutschen die gleiche Berechtigung, und man könnte „nicht ein Gewissen aus der Zentrumspartei höher anschlagen als ein Gewissen aus der sozialdemokratischen“. (RT. v. 21. 11. 74.)

[2] Typisch Leibholz, Nachw. 31; Holstein, Staatsrl. 3, 56, — dagegen im Sinne des Textes etwa Reichert, JW. 28, 699f.

sich nicht in einem Stande oder Berufe, sondern in allen, kraft Verfassung abgeschafften, Klassen und Ständen verstreut und müssen ihre Stimme bei den Wahlen mit demselben Gewicht abgeben wie die einseitigsten Parteigänger. — Daß unter Richtern solche Veranlagung seltener sei als anderwärts, wird man nicht behaupten, aber ebensowenig, daß die zwölf- bis dreizehn Tausend deutschen Richter zum entscheidenden Teile „ideale Richterpersönlichkeiten" seien. Denn abgesehen davon, daß hier, wie überall im geistigen Beruf, der Durchschnitt überwiegt, welcher für gutes Geld das Handwerkszeug der nötigen Begriffe sich beschaffen kann, bietet die wirtschaftliche Lage selbst den Begabtesten nicht mehr die Möglichkeit zu jener allseitigen Ausbildung, die man vom „weisen", „königlichen" Richter fordert. Für den Richter, wie er ist, bleibt das Gesetz der einzige Hort der Objektivität, an dem er der „unreinen Stimmen" seines Selbst Herr werden kann, — sobald er von ihm nur ein Haarbreit abgeht oder gar sich über das Gesetz erheben will, wird er, trotz bester Vorsätze, Spielball des Willens einer Umgebung, über die sein Gesichtskreis nicht hinausreicht. Der Richter, welcher darüber entscheiden soll, ob die Gerechtigkeit des Volksgesetzes dem „Volksrechtsbewußtsein" entspricht, ist daher kein „reineres Gefäß" als jeder andere Volksteil, der auf dem verfassungsmäßigen Gesetzgebungswege für die eigene Entfaltung gekämpft hat. Zahlreich sind freilich immer die, die sich als „reine Gefäße" Gottes oder der „Rechtsidee" ausgeben, — und vielleicht haben gerade die schlimmen Erfahrungen mit den zünftigen Priestern der „Gerechtigkeit" die Völker zu Mißtrauen gegen alle Gruppenunterschiede im Anteil an der Schöpfung des Rechts, d. h. eben zur Demokratie geführt. Man stelle sich nur vor, die Rechtsphilosophen einer Fakultät kämen auf den Gedanken, die authentische Deutung des „Volksrechtsbewußtseins" vornehmen und die Gesetze nach ihrem Ermessen für ungültig erklären zu wollen, oder die „nationalen Dichter" oder die Journalisten oder die Historiker oder wer immer maßte sich an, die Stimme des „Volkswillens" einzig „rein" und deutlich wiederzugeben: keiner ist imstande, die Andern von der „Richtigkeit" seiner „Auslegung" zu überzeugen, — was wird man tun? — Man wird am Ende eine Abstimmung veranstalten und die Mehrheit entscheiden lassen: so machen es die kleinen menschlichen Gemeinschaften[1], in denen keine anerkannte Autorität herrscht, so macht es der Staat im großen, so machen es schließlich die Ritter vom richtigen Rechtsbewußtsein unter sich[2]! Der Mehrheitsentscheid ist die letzte Ausflucht, bei der ein Staat, trotz Anarchie der Wertungen und ohne Entscheidung durch Gewalt, bestehen kann: wo „Wert" und „Unwert" derart im Streite liegen, daß keiner mehr Macht hat, gilt die Zahl der „Überzeugten" als letzter Abglanz höheren Wertes und wird der „Gemeinwille" im demokratischen Zählverfahren festgestellt[3].

[1] Z. B. die bürgerlichen Geselligkeitsvereine. — Anders im allgemeinen die Familie, in der die Autorität des Vaters gilt, oder etwa die Gruppen der Jugendbewegung, welche einen anerkannten „Führer" haben.

[2] Typisch LAUN (Staatsrl. 3, 45): „etwas relativ Allgemein-Gültiges" lasse sich nur „aus der Übereinstimmung der großen Mehrzahl" der über die „Gerechtigkeit" streitenden „Ausleger" des Art. 109 I gewinnen: — warum dann so verächtlich gegen die Mehrheit der verfassungsmäßig berufenen Gesetzgeber, gegen den (nach LAUN unbeachtlichen) Willen der Mehrheit der Volksabgeordneten?!

[3] Das ist denn auch der Sinn der geschichtlichen Gleichheitsideen als Forderungen absoluter politischer Gleichberechtigung. Vgl. etwa D. SCHINDLER: Über die Bildung des Staatswillens in der Demokratie, 62. Dagegen geht KELSEN (vom Wesen und Wert usw. a. a. O. 83, ebenso: Allgemeine Staatslehre [1925] 370) zu weit, wenn er den „Wertrelativismus" als „Voraussetzung" des „demokratischen Gedankens" bezeichnet. Die Mehrheitsentscheidung wird vielmehr nur angenommen, weil kein Teil die Macht hat und keiner Autorität begründen kann, bis die Entscheidung gebraucht wird! In der Zählung drückt sich der durch keine pessimistische Philosophie völlig zerstörbare Optimismus aus, daß „die Masse" einsehen kann, daß die „besseren Gründe" sich schließlich einmal durchsetzen, daß im freien geistigen Wettbewerb die „wahrhaft Besten" sich am ehesten ermitteln lassen, während die Vorherrschaft einer „Kaste" die Entfaltung des Lebens hindert. Vgl. etwa den bei THOMA (Festgabe für MAX WEBER II, 41) angeführ-

Ist damit der Sinn aller demokratischen Legitimität gezeigt, so auch der Widerspruch, in dem die gegnerische Lehre zu dieser Legitimität steht. Mit all jenen schönen Redensarten von Recht und Gerechtigkeit, vom Rechtsbewußtsein des Volkes und der Völker würde dem verfassungsmäßigen Gesetzgeber nur eine bestimmte Art Rechtsbewußtsein in den Weg treten. Das deutsche Volk hat aber in dem Gesetzgebungsverfahren seiner Verfassung die Faktoren erschöpfend bestimmt, deren Zusammenwirken es die Autorität der gesetzgeberischen Entscheidung über das ihm „Gerechte" beimißt. Die angemaßte Autorität des Richters, die das Ergebnis dieser Selbstgesetzgebung des deutschen Volkes wieder vernichten würde, wäre nichts Geringeres als ein an Hochverrat grenzender Bruch der demokratischen Gesetzlichkeit[1].

Daß die Volksherrschaft nicht ohne Verletzung des Rechtsstaatsgedankens gebrochen werden kann, da alle rechtsstaatliche Technik in unserem Staate nur der Vollziehung der Demokratie dient, — daß der Angriff auf die Volksherrschaft zugleich Angriff auf ihre Ordnung und die Gleichheit aller Bürger vor dieser Ordnung ist, ist evident. — Wie bewahrt also das revolutionäre Wunschrecht die „Gewissen" der gesetzestreuen Richter vor dem peinlichen Gedanken, dem Gesetz zu widersprechen?

Daß es keine leichte Sache ist, deutsche Richter zum Ungehorsam gegen das Gesetz zu überreden, davon zeugen alle jene unübersehbaren Begriffsvertauschungen, von denen die hauptsächlichsten schon gekennzeichnet sind. Vergebens wird man nach einer Äußerung suchen, mit der sich ein Richter offen über das Gesetz erhöbe. Denn von jeher ist der deutsche Richter erzogen, sich als bloßen Diener, als „reinen Künder" des Gesetzes im Sinne einer noch unverfälschten Gewaltenteilungslehre[2] zu sehen. Aber den Begriffsverwirrungen scheint doch mancher zum Opfer zu fallen, und wie die gegnerische Lehre im Namen der Demokratie die Demokratie angreift, so bekennt er sich zum Bruch des Gesetzes, indem er das Ideal des Rechtsstaats, also der Vollziehung des Gesetzes beschwört.

Zwei Hauptursachen dieser Verwirrung sind schon bekannt und bedürfen hier kaum noch der Hervorhebung: — einmal jene Vermengung der Funktion des Gesetzgebers mit der Ausfüllung der von ihm bestellten, unter der Weisung des Gesetzes stehenden, Ermessensspielräume des gesetzvollziehenden Richters: dem Praktiker wird eingeredet, er urteile auf Grund gesetzlicher Ermächtigung und bewege sich im vertrauten Willensspielraum, wenn er nach den Prinzipien der Gerechtigkeit einem Gesetz die Vollziehung weigere[3], zum andern jene unhaltbaren Einschränkungs-

ten Satz von GUSTAV F. STEFFENS: „Ein in der Tiefe wurzelnder Aristokratismus ist das Salz des lebenskräftigen Demokratismus."

[1] Vgl. insb. v. HIPPEL 151/52; R. THOMA in Festg. f. OVG. (1925) und jetzt in „Die Grundrechte" usw. 52/53, 221; NAWIASKY: Staatsrl. 3, 41/42; ANSCHÜTZ ebenda 49/50; POETZSCH, DJZ. 24, 339f.

[2] Nach MONTESQUIEU ist der Richter nur „la bouche de la loi", nach O. BÄHR „reproduziert sich" „in dem Richterspruch gewissermaßen das Gesetz in verjüngtem Maßstabe". Die Forderung der Unabhängigkeit des Richters, in der die Gewaltenteilungslehre gipfelt, bezieht sich also nicht auf den Inhalt der richterlichen Funktion, sondern auf die persönliche Stellung des Richters (in Amtserwerb und Amtsausübung) und sucht ihn dem Einfluß jeder anderen Gewalt im Staat nur um deswillen zu entziehen, daß er der unbeirrbare Vollstrecker des Gesetzes sei. — Auf den Versuch, unter dem Zauberwort von der „Gewaltenteilung" Freiheit des Richters vom Gesetz zu propagieren, folgt selbstverständlich der Gegenirrtum, daß Unabhängigkeit des Richters mit Demokratie unverträglich sei.

[3] Ein solcher Irrtum dürfte denn auch dem leidenschaftlich umstrittenen Schreiben des Vorstands des Richtervereins beim Reichsgericht vom 8. 1. 24 (DRZ. 24, 7) zugrunde liegen. Denn wenn die Verfasser auch von „Treu und Glauben" als einem notwendigen Grundsatz ihrer Wunschrechtsordnung (s. schon Anm. 2 S. 12) sprechen, so daß „Treu und Glauben" für „Gerechtigkeit" schlechthin gelesen werden kann (s. SMOSCHEWER, DRZ. 24, 218f., der trotz Befangenheit im selben Irrtum das Schreiben ablehnt [222]), so glauben sie doch wohl einen positivierten Wert der ihnen anvertrauten Rechtsordnung zu verteidigen, ohne zu sehen, daß diese Rechtsordnung zur Verfügung des Gesetzgebers steht. Andernfalls wäre die Drohung, das nach

versuche, die dem „besonderen Takt" des Richters schmeicheln, indem sie ihm jene „gewissen äußersten Grenzen" anvertrauen, innerhalb deren das Gesetz gebrochen werden soll: man ermutigt den Richter, die Verfassung auf den Kopf zu stellen, indem man ihm vorredet, er werde „natürlich nicht" die „zwischen Gesetzgeber und Richter obwaltende" Ordnung umstoßen, wenn er dabei jene „gewissen Grenzen" einhalte, die man nicht definieren kann[1].

Die Kritik hat aber gezeigt, wo die Gesetzesverwerfung in Theorie und Praxis endet: wer sich einmal der Göttin „Gerechtigkeit" ergibt, kann dem Gott des Rechts nicht mehr dienen. Fordert der Gott des Rechts Gehorsam, so verlangt die Göttin Gerechtigkeit[2] „Liebe": die „Geliebte" aber ist eifersüchtig, und der „Lie-

---

Meinung der Verfasser unbillige Gesetz nicht anzuwenden, nur Androhung einer Revolte. — Gegen das Schreiben der 3. Sen. des RG., Beschluß vom 25. 1. 24, DJZ. 24, 210, und völlig in unserem Sinne MATTHIESEN, DRZ. 24, 41f.: „Dieser Gehorsam gegen das Gesetz ist für den deutschen Richter eine einfache, ihm in Fleisch und Blut übergegangene Selbstverständlichkeit..., es ist schlechthin ausgeschlossen, daß das Reichsgericht den Ungehorsam gegen das Gesetz lehren und damit die Grundlage zerstören könnte, auf der überhaupt das richterliche Amt sich aufbaut." Im selben Sinne KOCH, DJZ. 24, Sp. 81, KARGER, DJZ. 24, 136f., sehr entschieden JACUSIEL, DRZ. 25, 71 (mit richtigem Rechtsstaatsbegriff), insb. gegen J. GOLDSCHMIDT, der sich JW. 24, 244f. mit dem Wunsch-Rechtsstaatsbegriff für das Schreiben des Richtervereins eingesetzt hat; wie hier ferner BODE, DRZ. 25, Sp. 142f., zumal gegen WEISS (DRZ. 24, 465f.); ferner vor allem HECK, ArchzivPrax. NF. 2, 203f. (insb. gegen P. OERTMANN), vornehmlich 224—226, RÜMELIN, ebenda 266f., FR. HAYMANN: Kants Kritizismus und die naturrechtlichen Strömungen der Gegenwart, R. Heise, Berlin 1924, S. 18/19, STOLL in IherJahrb. 76, 189, 199, 204, EYCK: Die Krisis der deutschen Rechtspflege (1926), insb. 3/4, schließlich die Antwort des Reichsjustizministeriums: „es würde zur Auflösung der Rechtsordnung... führen, wollte ein Gericht... das Recht in Anspruch nehmen, ein verfassungsmäßig zustande gekommenes Gesetz nicht anzuwenden, weil es nach Ansicht der Mehrheit (— !) seiner Mitglieder mit dem allgemeinen Sittengesetz nicht in Einklang stehe."

[1] Aus diesem Irrtum — in Verbindung mit dem ersten — sind insb. die behandelten Entscheidungen des Reichsgerichts zu erklären. Der „Takt" des Reichsgerichts zeigt sich darin, daß es bei der hypothetischen Anwendung der gegnerischen Formeln in einem vom gegnerischen Standpunkt, wie gezeigt (Anm. 2 S. 59), schwerlich genügenden Maße auf das rechtspolitische Räsonnement eingeht. Man wollte anscheinend einer soeben aufgetretenen, im besten Schwunge befindlichen, Lehre nicht vorschnell widersprechen, noch vorschnell zustimmen, und man vermied die Gefahr, indem man diese Lehre bei ihrem Worte „offenbar" nahm und so um ihre Stoßkraft brachte (— zu „offenbar" vgl. hier noch SMOSCHEWER, DRZ. 24, 224, dagegen richtig JACUSIEL, DRZ. 25, 71). Die Zurückhaltung des Reichsgerichts, das dem Gesetzgeber in sein „Ermessen" nicht hineinredet (— deutlich vor allem am Ende der Entscheidung vom 4. 11. 25, RG. 111, 328f.), beruht auf jenem richterlichen Instinkt der Gesetzestreue, welcher weiß, daß er die auf dem Wege der Gesetzgebung gefallenen Wertentscheidungen nicht antasten darf, — erst recht selbstverständlich die an unserer Deutung des Art. 109 I festhaltende Entscheidung vom 27. 11. 25 und in voller Klarheit jetzt das Urt. vom 4. 11. 27, JW. 28, 102f. sowie der Bayerische Staatsgerichtshof am 13. 7. 27, BayVerwBl. 28, 17. — Einen schlagenden Beleg liefert zuguterletzt der Staatsgerichtshof für das Deutsche Reich, wenn er in der Entscheidung v. 17. 11. 28 (RG. 122 Anhang 17f., 35/36) unter Hinweis auf RG. 111, 329 u. 113, 13 annimmt, „durch die Rechtsprechung des Reichsgerichts" sei die Bedeutung des Art. 109 I in unserem Sinne „festgelegt". Eine solche Annahme ist wissenschaftlich kaum zu rechtfertigen (s. S. 20 u. vgl. RÜMELIN 41, insb. Anm. 2, oder DESSAUER 8), psychologisch erklärbar nur aus dem unreflektierten Instinkt für die eigene Machtstellung. Die höchsten Richter fühlen sich gedrungen, die Freiheit, die sie sich genommen haben, auf ein Maß zu bringen, bei dem ihre Unabhängigkeit bestehen kann, und sie müssen die Grenze notwendig ebenso apodiktisch (— beachte die Sprache, zumal das „festgelegt" — die Bedeutung des Gesetzes „festlegen" kann nur der Gesetzgeber, nicht ein dem Gesetz unterworfenes Gericht! —) setzen, wie sie sich die Freiheit zugesprochen haben (zum Prüfungsrecht insb. vgl. DESSAUER 4, W. JELLINEK, JW. 25, 454).

Die solchermaßen „bestätigte" und in „Herrschaft" erhaltene Theorie bildet sich freilich nichts auf einen Machtspruch ein, der die Bemühungen der Wissenschaft schlechthin zu verschmähen scheint: ein Wechsel in der Besetzung des Gerichts, eine kleine Schwankung der politischen Stimmung — und was heute ohne Grund für weiß genommen wird, heißt schwarz.

[2] So TRIEPEL heute (DJZ. 26, 845f.). 1908 freilich (Festg. für LABAND II, 316) spricht er, etwas weniger galant, vom „Teufel", der „die ganze Hand nimmt", sobald man ihm „den kleinen Finger gibt".

bende" wird „blind" —, so daß er schließlich alles verwirft, was seine holde Frau beleidigt[1].

So ist nur noch auf jene vielleicht verhängnisvollste aller Begriffsvertauschungen hinzuweisen, durch die sich die „Göttin der Gerechtigkeit" dem Richter als „Gott des Rechts" vorstellt, damit er wähne, seinem rechtmäßigen Herrn zu gehorchen, wenn er dem Gesetz die Vollziehung weigert, — wir meinen die schon vielfach bemerkte Verwandlung des Rechts in das (Wunsch-)Recht in Gänsefüßchen („Recht").

Der Satz: „Die Richter sind dem Gesetz unterworfen" ist in seiner Einfachheit untrüglich. Der Richter, der ihn vor Augen hat, weiß: du hast dich den Willensentscheidungen (Wertungen, Interessenwägungen) des Gesetzes zu fügen, und es würde schwerlich gelingen, dem „Gesetz" die „Gerechtigkeit" unterzuschieben.

Wie hilft man sich? — Zunächst schafft man an die Stelle des Wortes Gesetz das Wort Recht: „der Richter ist nicht nur dem Gesetz, sondern dem Rechte schlechthin unterworfen." — Dagegen wäre nichts einzuwenden, wollte man unter „Recht" das geltende Recht verstehen, von dem „Gesetz" nur das mächtigste Symbol ist. Aber nicht, um dem Richter zu sagen, daß er dem geltenden Recht in allen Formen unterworfen sei, führt man das Wort „Recht" ein, sondern um bei seinem Klange jene Vertauschung von Recht und Gerechtigkeit, von geltendem Recht und Rechtsideal, von Recht und Rechtswunsch vornehmen zu können, durch welche die Wunschrechtsdoktrin aller Zeiten den Willen des Gesetzgebers zu brechen versucht. Unter der Deckung des dem Richter heiligen Rechtssymbols wird dem echten Recht der Wechselbalg des Wunschrechts untergeschoben, so daß der Richter, wenn er, dem Rechtswunsch folgend, das Gesetz zerbricht, nur dem Rechte zu dienen glaubt, dem er verfassungsmäßig unterworfen ist. So wird aus der Unterworfenheit des Richters unter das Gesetz die Unterworfenheit unter gesetzzerstörende Rechtswünsche, aus dem Rechtsstaat der Staat des Rechts in Gänsefüßchen — eins, zwei, drei, — das ist die ganze Hexerei[2]!

---

[1] Selbstverständlich ist in dem Bilde nur eine volkstümliche Auffassung der „Liebe" wiedergegeben. — Auch ist nicht gesagt, daß sich die Erforschung der Gerechtigkeit mit Gesetzestreue nicht vertrage, sondern nur: der wunschrechtliche Anspruch gefundener Gerechtigkeitsgrundsätze, als „Recht" zu gelten, schließt den Gehorsam gegen das geltende Recht aus.

[2] Die Beispiele sind zahllos, die Variationen unerschöpflich. — „Sicher ist es richtig", wortspielt LEIBHOLZ (71, Anm. 1), „daß eine Rechtsordnung, die den Rechtsbruch (— d. h. den Bruch des geltenden Rechts! —) sanktioniert, sich selber aufgibt. Hier würde es sich aber gar nicht um ein „Recht des Rechtsbruchs", sondern um das Recht handeln, dem offenbaren Rechtsbruch (— d. h. dem Bruch des LEIBHOLZschen Gänsefüßchenrechts durch das Gesetz —) ein besseres Recht (— Wunschrecht! —) entgegenzusetzen." S. auch S. 69: „Recht auf Revolution" gegen die „willkürliche" Rechtsordnung, die den Ehrennamen einer „Rechts"-ordnung (— den Gänsefüßchenadel —) zu führen nicht „berechtigt ist"! Selbstverständliche Folge (97), daß die vom „ungerechten" Gesetz abweichende „gerechte" Entscheidung des Richters keine Willkür, sondern „höheres" „Recht" ist (ähnlich Nachw. 18, 22, ferner SCHÖNFELD, AöR. NF. 12, 168, 174/75, 180). — Was an alledem empört, ist nicht das Brechen des Rechtes, sondern: daß in der Maske des stärksten menschlichen Symbols der Rechtszerstörer als Rechtsbewahrer aufzutreten sucht: es ist schlechthin kein Verbrechen denkbar, das nicht auf solche Weise zu „höherem" „Recht" gemacht werden könnte. — Doch höre man nur ein paar vergessene Stimmen: „weil Jedermann von einem berechtigten Widerstande spricht, wenn er glaubt, der Ungehorsam gegen die Gesetze des Staates sei sittlich gerechtfertigt, darum meinen Halbdenker, ein positives Recht des Widerstandes construieren zu können." So v. TREITSCHKE: Politik (Vorlesungen) 197. Freilich hat TREITSCHKE wohl kaum für möglich gehalten, daß jene „Halbdenker" es einmal wagen würden, ihr Wortspiel im Anschluß an den Satz auszuführen, daß keine Rechtsordnung den Rechtsbruch sanktionieren kann. Ferner vgl. vor allem BERGBOHM 43/44 und BELING: Rechtswissenschaft und Rechtsphilosophie 43. — Als Äußerungen von „Praktikern", die an der Vertauschung von „Gesetz" und „Recht" zu laborieren scheinen, seien hervorgehoben: SMOSCHEWER, DRZ. 24, 218f., mit aus der Neigung zur Gesetzestreue und Wunschrechtlerei notwendig folgenden Widersprüchen; MÜNCH, DRZ. 24, 337f., gekennzeichnet durch das redlichste Bemühen, dem Gesetz gerecht zu werden, das nach wunschrechtlichem Ableiten (Sp. 339/40) schließlich die Oberhand behält (Sp. 342); schließlich WEISS, DRZ., 24, 465f., der das Wunschrecht gar zum „echten" Recht befördert.

Doch die modernen Wunschrechts-Hexenmeister sind zu gute Psychologen, als daß sie es beim abstrakten Begriffskunststück bewenden ließen: „plastische Anschauung" wirkt stärker, — und so ruft man den Richtern zu: „seht doch auf Schweiz und Amerika und wie sich dort die politischen Entscheidungen des Richters mit Demokratie so schön vertragen![1]."

Damit steht man vor der letzten Quelle der Täuschungen, der schon aus Gründen der Methode als unhaltbar erkannten „Rechtsvergleichung". — Man erinnert sich ferner, daß der größte Teil jener als Früchte der „Gleichheitsidee" ausgegebenen Entscheidungen auf ganz andern Bestimmungen der ausländischen Verfassungen als „dem" Gleichheitssatze beruht. — Wodurch aber die echten „Beispiele" politischer Entscheidungen der ausländischen Gerichte bedingt sind, das zu erkennen, genügt ein Blick auf die ausländischen Gerichtsverfassungen, dessen Eröffnung nur die Tendenz der formalistischen Formelvergleichung nicht zugelassen hat.

In der Schweiz trifft alle Billigkeitsentscheidungen über Gesetze — wenn auch nur Kantonalgesetze vom Gewicht unserer Polizeiverordnungen (s. 56f.) — das Schweizer Bundesgericht. Dazu lese man Artikel 107 der schweizerischen Bundesverfassung: „Die Mitglieder des Bundesgerichts und die Ersatzmänner werden von der Bundesversammlung gewählt[2]" und Art. 71: „unter Vorbehalt der Rechte des Volks und der Kantone (Art. 89 u. 121) wird die oberste Gewalt des Bundes durch die Bundesversammlung ausgeübt..." Nach Art. 84/85 endlich ist die Bundesversammlung das ausschließliche Organ der Gesetzgebung des Bundes.

Schon danach sieht man, wie das oberste Gericht der Schweizer Demokratie zu den gesetzgeberischen Befugnissen der „Gerechtigkeits"-Aufsicht über die Rechtsschöpfungen der Kantone kommt: das Bundesgericht ist nur ein Funktionär der Volksgesetzgebung, ein vom Träger der Grundgewalt des Volkes organisch abhängiger Ausschuß, der die Arbeit der Volksvertretung fortsetzt. Das Analogon in unserem Staate wäre etwa ein Gericht, dessen Mitglieder durch Entschluß der Gesetzgebungsfaktoren, vor allem des Reichstags, bestellt würden, wobei es durchaus mit der Volksherrschaft verträglich scheint, wenn den so bestellten Funktionären des Reichsvolks-Gesetzgebers ein Veto gegen die Rechtserzeugnisse der Landesvölker eingeräumt würde. Welche Dosis Formalismus aber gehört dazu, die Befugnisse des Schweizer Bundesgerichts auf grundgesetzlich unabhängige, um der Unabhängigkeit willen aus der Monarchie in den Volksstaat übernommene Gerichte zu übertragen und gar auf die Selbstgesetzgebung des Reichsvolks auszudehnen? In der Schweiz jedenfalls ist Theorie und Praxis über die politische Rolle des Bundesgerichts im Klaren: so bescheiden die Befugnis zu Gerechtigkeitsentscheidungen über Kantonalgesetze anmutet, so unverletzlich die Gesetzentschlüsse des Schweizer Bundesvolkes für das oberste Gericht sind, so schätzt man es doch als Träger gesetzgebender Gewalt, als Teilhaber der Souveränität, die das politische System des Schweizer Bundes errichtet[3]. Das Volk, das die Bundesversammlung wählt, trifft seine Wahl mit Rücksicht auf die von der Bundesversammlung zu wählenden Mitglieder des Bundesgerichts, — womit gezeigt ist, daß der über die Gerechtigkeit der Gesetze entscheidende Richter von der Grundgewalt des Volkes abhängt.

---

[1] Das Rezept ist nicht neu: schon die Freirechtsschule machte mit dem englischen Richter oder gar den römischen Prätoren Reklame, deren staatsrechtliche Stellung (Vereinigung gesetzgeberischer und gesetzanwendender Funktionen unter Bindung an Präjudizien) mit der des deutschen Richters nicht zu vergleichen ist. Ähnlich: v. Savigny: „System" I, 239 u. 326; Windscheid, Pand. 102, Anm. 4; Bergbohm 77; Georg Jellinek: „System" 98; Beling, Rechtsw. u. Rechtsphil. 36; Bierling IV, 322, Anm. 17, 324, Anm. 18, und insb. Stoll, JherJahrb. 76 (1926), 187. — Mit dem englischen Richter vergleicht Fleiner (Schweiz. Bundesstaatsrecht, 1923, 284) die Stellung des Schweizer Bundesgerichts, — indes ist der englische Richter nicht befugt, über die Gültigkeit der Parlamentsakte zu entscheiden. Vgl. etwa Ehrlich, JherJahrb. 67, 47.

[2] Auf 6 Jahre, doch ist Wiederwahl üblich. [3] S. S. 58, Anm. 1.

In den Vereinigten Staaten liegen die politischen Entscheidungen[1] beim Oberbundesgericht und den Staatsobergerichten. Ihre Entscheidungen haben für die nachgeordneten Gerichte Gesetzeskraft[2].

Die Mitglieder des Oberbundesgerichts werden vom Präsidenten mit Zustimmung des Senats (auf Lebenszeit) ernannt. Der Präsident ist der Erwählte des amerikanischen Volkes[3], die Senatoren werden von den Volksvertretungen (gesetzgebenden Körperschaften) der einzelnen Staaten gewählt. — Der Kampf der Parteien um den Besitz der Präsidentschaft und der von ihr beherrschten Ämter ist bekannt. Nicht so bekannt dürfte sein, daß das Amt des Senators, wenn auch in kleinerem Maßstab, nicht weniger umstritten ist, daß nur zu oft die Parole für die Wahl der Volksvertretung durch die Aussicht auf die Wahl eines Senators beherrscht wird[4].

Schon danach ist erkennbar, in welcher Weise sich das gesetzgeberische Ermessen des Oberbundesgerichts von der Grundgewalt des Volkes ableitet: seine Mitglieder können zwar nur auf Klage des Repräsentantenhauses beim Senat (— wegen Verstoßes gegen den standard of good behaviour —) abgesetzt werden, doch hängt ihre Ernennung weit stärker von den Parteien ab als etwa — bis heute — die Zusammensetzung des deutschen Reichsgerichts (s. § 125 GVG.), insb. ist der Einfluß des Reichspräsidenten mit der Ämterpatronage des Präsidenten der Vereinigten Staaten so wenig vergleichbar wie das Gewicht des Reichsrats mit dem des Senats. Einem derart vom Volke abhängigen Körper kann die Volksherrschaft eine Willensentfaltung über oder neben dem Gesetze anvertrauen, weil seine Zusammensetzung, die Auswahl der Persönlichkeiten, nur das Ziel des allgemeinen Machtkampfes ist, aus dem die Entscheidung des Gesetzes selbst hervorgeht[5].

Die Staatenrichter werden in den meisten Staaten vom Volke unmittelbar, in wenigen von der Legislative gewählt, in einigen von der gewählten Exekutive ernannt. Die Abhängigkeit ist durch zeitliche Begrenzung des Amtes gesteigert, — bis zu einem Grade, bei dem der Richter zum Parteifunktionär wird, der, von der Partei mit dem Amte belohnt, ihre Politik im Amte fortsetzt. Was dem Richter an Gewalt über das Gesetz eingeräumt ist, fällt der Entscheidung der Mächte zu, von denen die Bestellung des Richters in gleicher Weise abhängt wie die Schöpfung des Gesetzes.

Der über die Gerechtigkeit der Volksgesetze entscheidende Richter ist also nur ein Faktor des allgemeinen Machtkampfes der Demokratie; dieser Kampf, geführt von Gruppen, setzt sich neben, über und unter dem Gesetze fort, der Richter wird zum Werkzeug der jeweils herrschenden Partei, bis herab zur verbrecherischen Interessenorganisation, die bei unmittelbarer Volkswahl die Nennung und Wahl ihrer Kreaturen durchsetzt.

Es ist nicht schwer zu erkennen, daß solche persönliche Abhängigkeit des Richters zugleich die notwendige Bedingung jener fälschlich beneideten allgemeinen Willensspielräume ist, die dem volksgewählten Richter der schweizerischen und amerikanischen Demokratie offen zu stehen scheinen. Wenn Gesetze ihm ein weiteres Ermessen einräumen, als bei uns üblich, wenn vage Sätze des Gewohnheitsrechts und gewisser Gewohnheiten, die erst Recht werden wollen, dem Richter größere „Freiheit“ gewähren, so fällt die Entscheidung in aller Regel nicht dem Rechtsbewußtsein königlicher Persönlichkeiten, sondern jenem täglichen Rechtsbewußtsein zu,

[1] — mit den bekannten Einschränkungen (s. insbes. 57, Anm. 1).

[2] Vgl. SCHIFFER a. a. O. 37.

[3] Das komplizierte Wahlverfahren ist hier nicht erheblich; Näheres etwa bei BRYCE II, 73 f.

[4] Ausführlich FREUND: Amerikanisches Staatsrecht 106.

[5] So macht man denn in den Vereinigten Staaten kein Hehl daraus, daß die Richter nach der jeweils herrschenden Parteirichtung berufen werden. Sucht man, infolge schlechter Erfahrungen, wenigstens die höheren Richterstellen von den Geschicken der Parteiherrschaft zu lösen, so entwickeln sich in den der wachsenden Unabhängigkeit noch nicht angepaßten Willensspielräumen jene oligarchischen und autokratischen Tendenzen, die der Hauptgegenstand der „rechtsvergleichenden“ Verehrung zu sein scheinen.

das in den Büros der Interessenverbände kodifiziert wird. Was dem Gesetz an Kraft genommen wird, das gewinnt nicht der Richter, sondern der ihn beherrschende Machtwille, — welcher nur zu oft nicht der einer Volksmehrheit, sondern einer mit allen erlaubten und unerlaubten Mitteln auftretenden Minderheit ist. Die Regelmäßigkeit aber, die nach der rechtsstaatlichen Technik unserer Verfassung in der richtigen Anwendung unantastbarer Gesetze verbürgt ist, wird durch weitgehende Bedingungen an die Machtsprüche der obersten Gerichte hergestellt.

Daß der Staat des Deutschen Volkes auf ganz anderen Grundlagen errichtet ist, bestreitet niemand. Wie schon die Entstehungsgeschichte des Art. 109 I gezeigt hat, haben die Schöpfer der Reichsverfassung mit vollem Bewußtsein das amerikanische und Schweizer System abgelehnt. Man ist davon ausgegangen, daß die Verhältnisse der Schweiz, in der die Wahl der Richter durch das Volk erträglich scheint, mit den deutschen nicht vergleichbar sind[1], daß die politische Zerrissenheit des Deutschen Volkes vielmehr zu jener bekannten Korruption führen müßte, die in den Vereinigten Staaten Folge der Richterwahl ist. „Ich weiß", erklärt der Abgeordnete KATZENSTEIN (Sten.Ber. 1470) als Sprecher der Sozialdemokratischen Partei, auf deren ursprünglichem Programm die Volkswahl der Richter stand, „daß der höchste Gerichtshof in Amerika eine Reihe von Urteilen gefällt hat, die von sachkundigen Leuten aus recht materiellen Interessen, daraus, daß die Herren vielleicht früher oder auch später Anwälte von Trusts und dergleichen großen Kapitalvereinigungen gewesen sind, erklärt wurden." Mit seltener Einmütigkeit wird die Unabhängigkeit des Richters als „das köstlichste Gut" der deutschen Gerichtsverfassung empfunden (s. insb. ABLASS, Sten.Ber. 1471), und mit Stolz wird festgestellt, daß „kaum ein Volk auf der Erde ist, das über so unparteiische Richter verfügen konnte und kann wie das deutsche Volk" (RIESSER, Sten.Ber. 1471 — dazu „lebhafte Zustimmung"!). — Das ist der Geist, in dem das Deutsche Volk sich seine Verfassung gegeben hat, und es besteht Grund zu der Annahme, daß es noch heute, wenn man es fragte, ob das Richteramt als Dienst am Gesetz aus aller Politik herausbleiben soll, ebenso entscheiden würde.

Aus solcher Begeisterung für das Ideal des Richters, der das „reine Gefäß" des Gesetzes ist, erklärt sich schließlich jene Erscheinung, die wie ein „soziologisches Wunder" anmutet: die Übernahme der Justiz des Königs auf den Staat des Volkes.

Damit steht man bei dem letzten und bedeutendsten Unterschied zwischen den ausländischen Demokratieen und der deutschen, welcher nur zu oft völlig übersehen wird[2]. — Die Herrschaft des Volkes in der Schweiz und in den Vereinigten Staaten ist Jahrhunderte alt, sie steht am Anfang des Staatslebens, und so wird sich trotz aller Parteiung schwerlich ein Richter finden lassen, der die Grundgewalt des Volkes, die Grundlage des Staates, ablehnt oder gar bekämpft. Von wem also immer die volksgewählten Richter abhängig sein mögen, — sie verdanken ihre Stellung und leiten ihre Macht ab von der Herrschaft des Volkes.

Das Deutsche Volk hat bei Gründung seiner Herrschaft den Beamtenstab übernommen, den sich der monarchische Staat erzogen hatte. Es ist selbstverständlich und bedarf keiner Belege, daß die Justiz der Monarchie von „monarchischer Staatsgesinnung" erfüllt war: dafür sorgte die Arbeit der Justizverwaltung, zumal bei Beförderung in jene Stellen, denen die Gerechtigkeitsentscheidungen aus Art. 109 I in letzter Instanz zufallen müßten, wie der Verwaltungs- und Disziplinargerichte, die in der Zugehörigkeit zu antimonarchischen Parteien einen Bruch des „Treubandes" zwischen Beamten und Staat erblickten[3]. Daß man von „Politisierung" der Justiz im allgemeinen nicht sprach, lag an der Einheitlichkeit der monarchischen Gewalt, welche die Personalpolitik beherrschte, — aber es war ein offenes Geheimnis, daß etwa die Angehörigen gewisser Religionsgesellschaften oder verfassungsmäßig

[1] Vgl. SCHIFFER 41f. [2] Typisch LEIBHOLZ, Nachw. 27.
[3] Vgl. etwa EYCK a. a. O. 6f. mit Angaben weiteren Schrifttums.

abgeschaffter Stände, selbst bei großer Begabung, wenig Aussicht auf Beförderung hatten, und daß auch im übrigen das Vorrücken zumeist mehr von der Zugehörigkeit zu gewissen politischen Verbänden als von der richterlichen Leistung abhängig war.

Wie ist es bei dieser Machtlage zu erklären, daß die Nationalversammlung dem genetisch von der Monarchie abhängigen Beamtenstab die Vollziehung der Volksgesetze anvertraut hat? — In der Geschichte findet sich kaum ein Beispiel für die Übernahme der Justiz einer besiegten Regierung durch die in der Revolution siegreiche Macht: entweder zerstört der Umsturz die Unabhängigkeit, oder er setzt sie, unter Beibehaltung der Institution, für eine Zeit „außer Kraft", in der die neue Gewalt ihre Funktionäre in die Richterstellen einsetzt: so bietet etwa die Geschichte der französischen Gerichtsverfassung eine Folge von Durchbrechungen der richterlichen Unabhängigkeit zum Zwecke, die Homogenität des Beamtenstabs mit der jeweils herrschenden Macht herzustellen.

War die revolutionäre Gewalt in der Nationalversammlung zu schwach, um einen solchen „Schub" durchzuführen? — Darauf gibt es nach den angeführten Äußerungen der Verfassunggeber nur eine Antwort: das Ideal des gesetzestreuen Richters war in der Nationalversammlung zu mächtig, als daß man sich hätte entschließen können, die richterliche Unabhängigkeit anzutasten: die erste Durchbrechung hätte einen Präzedenzfall geschaffen, der sich bei der nächsten Verschiebung der Machtlage — und zu solchen Verschiebungen bietet gerade die Demokratie den weitesten Spielraum — hätte wiederholen können; die fortgesetzte Durchbrechung aber vernichtet die Unabhängigkeit. — Freilich hatten die in der Revolution siegreichen Parteien, die den rechtsstaatlichen Faktor des unabhängigen, nur dem Gesetz ergebenen Richters über das eigene Interesse an der Besetzung der Justiz stellten, besondere positive Voraussetzungen: man hatte vor dem Umsturz — in der Opposition — vom Beamten keine bestimmte Gesinnung verlangt, und man blieb dem Ideal des liberalen Demokratismus treu, nach dem jeder Bürger für den Staat just so viel wert ist, wie er für ihn l e i s t e t, ob er den herrschenden Parteien angehört und die von ihnen vorgeschriebenen Tugenden aufweist oder nicht. „Freie Bahn dem Tüchtigen" war eine der ersten Parolen des Volksstaats, und die Tüchtigkeit des Richters bestand den Vätern der Verfassung in der Fähigkeit zur richtigen Anwendung der Gesetze, welche mit der monarchischen oder demokratischen Staatsgesinnung so wenig zu tun hat wie die diagnostische Begabung des Arztes mit der Zugehörigkeit zum Ärzteverein. Man nahm schließlich an, daß diejenigen, die es nicht über sich bringen könnten, das Gesetz des Volkes auszuführen, ihren Abschied nehmen würden, — wie etwa die katholischen Richter und Staatsanwälte, denen ihr „Gewissen" verboten hatte, den kirchenfeindlichen Gesetzen des Kulturkampfs Folge zu leisten, — daß aber die im Dienste Bleibenden die Verfassung und die Gesetze des neuen Staates nicht weniger getreu vollziehen würden als die des alten.

So hat die Nationalversammlung ein Richtertum der Monarchie auf den Volksstaat übernommen, um das rechtsstaatliche Gefüge zu festigen, das die richterliche Gewalt dem Spiel der politischen Kräfte zu entziehen sucht: in der Aufrichtung des Gesetzes sollte der in die Form verfassungsmäßiger Rechtsschöpfung gezwungene Machtkampf der Bürger einen Abschluß finden: dem Gesetze Alle ausnahmslos zu unterwerfen, Allen voran den gesetzvollziehenden Richter, das ist, wie dargelegt, der Sinn des Staatskompromisses von Weimar und die Absicht des Gleichheitssatzes, — den Richter aus dem allgemeinen Kampf herauszunehmen, daß er den Frieden des Gesetzes im Ansturm aller politischen Mächte bewahre, dem Volksstaat mit seinem unvermeidlichen Parteikampf das Ideal eines überparteilichen Richters in Reinheit zu überliefern, das ist der Sinn der durch das Grundgesetz erhaltenen und neu verbürgten Unabhängigkeit.

Nach alledem steht die conditio sine qua non der richterlichen Unabhängigkeit im allgemeinen wie unter den besonderen Verhältnissen unserer Demokratie fest:

ist Gesetzestreue die Voraussetzung jeder Verselbständigung richterlicher Gewalt, so ist der peinlichste Gehorsam gegen das Volksgesetz die Lebensbedingung einer in den Volksstaat übernommenen, dem monarchischen Staate entstammenden Justiz. Daher widerspricht der Gedanke, daß Art. 109 I dieser Justiz die gesetzgeberische Entscheidung über Ergebnisse der Volksgesetzgebung ermögliche, nicht nur dem System der Verfassung, sondern bedeutet den gegenrevolutionären Versuch, einer in die Demokratie hineinragenden Gruppe monarchischer Herkunft Anteil an der Souveränität zu erstreiten. Sieht man von allen andern Widersprüchen ab, welche die Einfügung des Satzes von der Gerechtigkeitsgleichheit in das deutsche Rechtssystem unmöglich erscheinen lassen, so ist offenbar, daß eine Volksherrschaft, auf welche Weise sie immer sich organisieren mag, die Vernichtung der Volksgesetze nur einer Justiz anvertrauen kann, die mit der gesetzgebenden Gewalt homogen, d. h. von der Grundgewalt des Volkes bestellt ist. Solange nicht die Gerichte, denen das Veto zufallen würde, aus dem Volksstaat organisch erwachsen sind, solange der letzte Geheimrat monarchischer Provenienz die Personalpolitik im Sinne seiner Tradition beherrscht und der letzte Richter Amt und Würden dieser Tradition verdankt, ist für ein Veto des Richters gegen das Volksgesetz kein Raum. Sobald eine Justiz, die aus dem monarchischen Staat übernommen wurde, damit der Dienst am Gesetze heilig bleibe, sich über das Volksgesetz erhöbe und den Namen der Verfassung mißbrauchte, um das Gesetz an einem Recht in Gänsefüßchen zu messen, würde sie — mit der Gewißheit des Naturgesetzes — beseitigt werden. Diener mögen ihrem Herrn Ratschläge geben, — wo sie seine Befehle durchkreuzen, werden sie entlassen; der Preis des richterlichen Vetos gegen das Volksgesetz ist die Unabhängigkeit des Richters.

Diese Erkenntnis wird durch die bekannte Entwicklung bestätigt, die sich infolge der sogenannten „Vertrauenskrise" vollzogen hat. Zwar ist noch kein Gesetz wegen Verstoßes gegen die Gerechtigkeitsgleichheit für ungültig erklärt worden, aber jene viel geringeren Verletzungen des Gesetzes, die als Unterfälle unrichtiger Gesetzesanwendung erkannt sind, haben hingereicht, die Angriffe auf die Unabhängigkeit des Richters in bedrohlichem Maße zu verstärken. Es erscheint hier nicht als nötig, Parteientschließungen und Äußerungen einflußreicher Politiker auszubreiten, um zu beweisen, daß jenes „höchste Gut der deutschen Gerichtsverfassung", das die Verfassunggeber als neutralisierte Zwingburg der Rechtlichkeit zu bewahren dachten, ernstlich erschüttert ist[1]; wer den Lauf der Dinge ohne Vorurteil verfolgt, muß sehen, daß in Staaten mit lebhaftem Machtkampf, zumal wo zwischen gesetzgebender Gewalt und Vollzugsstab Gegensätze bestehen, jeder kritische Prozeß den Anstoß zur politischen Besetzung der Justiz geben kann, daß die Unabhängigkeit des Richters mit dem Gehorsam gegen das Gesetz und der Unbeirrbarkeit von jeder anderen Gewalt im Staate steht und fällt. Hat der „im Namen des Königs" urteilende Richter gewöhnlich einen mächtigen Schutz an der einheitlichen Justizverwaltung der Monarchie[2], so droht in der Demokratie der Angriff von allen Seiten. Daher muß der „im Namen des Volkes" sprechende, dem Volksgesetz unterworfene Richter gegen die Zauberworte vom „Volksgeist" und „Volksrechtsbewußtsein" am unempfindlichsten sein, um nur die Stimme des Volkes wiederzugeben, die im Gesetz durchgedrungen ist. Wo er vom Gesetze abweicht, um jenen Stimmen „gerecht" zu werden, die von der Straße heraufdringen, ist seine Unabhängigkeit verloren: es beginnt mit der Besetzung der Richterstellen nach politischen Verbindungen[3] statt nach richterlicher Leistung und endet bei der wechselnden „Durchbrechung" oder der Wahl der Richter durch das Volk.

So läßt schon ein flüchtiger Vergleich der ausländischen Demokratien mit der deutschen das eherne Gesetz erkennen, nach dem sich die Grundgewalt des Volkes

---

[1] Näheres etwa bei SCHIFFER a. a. O. 60f. [2] Vgl. RÖSSNER, DRZ, 28, 201.
[3] Zuwider Art. 128 I wie dem Geist des Art. 130, I, II RV.

in der Vollziehung des Rechts auswirkt: entweder bemächtigt sich die Grundgewalt der gesamten Staatsverwaltung (einschließlich der Justiz) in der Weise, daß die jeweils herrschende Partei die Stellen der Vollziehung besetzt, — dann kann sie den von ihr abhängigen Richtern souveräne Befugnisse geben, weil die dem Richter über oder außer dem Gesetz verliehene Gewalt den Mächten zurückfällt, welche die gesetzgebende Gewalt ausüben, — oder sie nimmt die Besetzung des Richteramts vom allgemeinen Machtkampf aus, — dann muß sie die Vollziehung ihres Willens dadurch sichern, daß sie den Richter dem Gesetze unterwirft:

Die Bedingung der Freiheit des Richters vom Gesetz ist die Abhängigkeit von der gesetzgebenden Grundgewalt, — die Bedingung und der Sinn der Unabhängigkeit des Richters von der Grundgewalt ist der Gehorsam gegen das Gesetz —, oder: Unabhängigkeit der richterlichen Funktion vom Gesetz (funktionelle Freiheit) und persönliche Bindung an die gesetzgebende Gewalt (genetische oder organische Abhängigkeit) gehören zusammen, — persönliche Unabhängigkeit des Richters von der gesetzgebenden Macht wie jeder andern Macht im Staate und Unterwerfung unter das Gesetz gehören zusammen —, wie es die deutschen Verfassungen von jeher durch die Einheit des Satzes ausdrücken: „die Richter sind unabhängig und nur dem Gesetz unterworfen." (Art. 102 RV.)

Damit ist das System der Verfassung enthüllt, das die Übertragung gesetzgeberischer Gewalt durch Art. 109 I auf den Richter ausschließt: der deutsche Richter ist kein politischer Faktor zur Entscheidung über die „Gerechtigkeit" der Volksgesetze; vielmehr hat man ihn aus der Politik herausgenommen, damit er, unberührt von den Stürmen der Volksherrschaft, dem Gesetze diene. Was, soziologisch gesehen, als einzig dastehender Versuch erscheint, — die Übernahme der monarchischen Justiz —, ist dem Juristen ein Verfassungsmotiv von staatsgründender Bedeutung:

Der Richter ist kraft Verfassung nicht Priester „überpositiver" Ordnungen, sondern die neutrale Intelligenz, die in ihrem Amt den Rechtsstaat zelebriert, das lebende „Gewissen" der schlichten Vorsätze, die das Volk durch Verfassung und Gesetze aufstellt, stets bereit, die an ihn gelangenden Weisungen auf ihre Rechtmäßigkeit zu prüfen, aber ebenso bereit, dem als verfassungsmäßig erkannten Befehl zu gehorchen; Dienst am Gesetz ist sein Amt und nichts außerdem!: hat ihn die Verfassung aus der Politik herausgenommen, damit er dem Gesetze besser diene, so muß er sich auch aus der Politik heraushalten. Ist Unverbrüchlichkeit des Gesetzes das Ziel aller rechtsstaatlichen Technik der Verselbständigung richterlicher Gewalt, so muß der Richter stetig dieses Ziel vor Augen haben, wenn ihm an seiner Unabhängigkeit liegt. In der Demokratie wird der Richter, der sich zum Diener des Volksgesetzes zu gut dünkt, zum Sklaven der Straße, der Richter, der seine Gewalt, die er vom Volksstaat hat, gegen den Volksstaat gebraucht, verschwindet, — aber um so größeres Ansehen gewinnt im Streit der Parteien der Mann, der die Objektivität des Rechts verkörpert, der königliche Diener des Gesetzes, der, wie immer sein Fleisch und Blut verletzt sein mag, nur jenen Willen kündet und vollzieht, bei dem die Rechtsgemeinschaft ihren Frieden findet, der den Frieden seiner Unabhängigkeit erwirbt, indem er den Frieden des Rechts bewahrt.

So liegt die Mahnung, die der Gleichheitssatz der gesamten Vollziehung gibt, für den Richter schon in jenem Satze, der die Unabhängigkeit mit der Unterwerfung unter das Gesetz verbindet: Gehorche dem Gesetz, ruft der Gleichheitssatz, auf daß alle Deutschen vor ihrem Gesetze gleich seien! — hüte dich vor den Versuchungen des Wunschrechts, mahnt der Freibrief der Unabhängigkeit, denn vom Gesetz und für das Gesetz ist die rechtsstaatliche Deckung, aus der du gegen das Gesetz feuern würdest: der erste „scharfe Schuß"[1] des in den Gleichheitssatz ge-

[1] TRIEPEL: Staatsrl. 3, 50.

legten Rechtswunschs würde nicht die Demokratie, sondern die Stellung des Richters treffen[1]!

Ist damit gezeigt, daß jede Deutung des Gleichheitssatzes als Verbot „offenbar ungerechter" Gesetze nicht nur unrichtig, sondern im Zusammenhang der deutschen Verfassung schlechthin unmöglich ist, so darf unsere Aufgabe als erfüllt gelten.

Artikel 109 I wendet sich weder, wie die falsche, absichtsvolle Frage sagte, an den „Gesetzgeber" noch an den „Rechtsanwender" im engeren Sinn von Justiz und Verwaltung, — vielmehr an die gesamte Rechtsvollziehung. Der Gleichheitssatz ist das feierliche Versprechen der Verfassung in die Hand des Bürgers und die Mahnung der Staatsgrundgewalt an alle ihre Diener, daß die öffentliche Gewalt für keinen andern Willen eingesetzt werde als den, der aus dem friedlichen Machtkampf legitimer Rechtsschöpfung als Sieger hervorgeht, — daß der im Grundgesetz und den nach ihm erzeugten Gesetzen vereinbarte Staat (status) in der Praxis der Gewaltausübung unverbrüchlich bewahrt werde. Er ist nur das Symbol der Legitimität gegen jenen Mißbrauch der Gewalt, der so alt ist wie die Übung der Gewalt selbst und den zu hindern das Ziel aller rechtsstaatlichen Technik bleibt, — die Verheißung jener schlichten „Gerechtigkeit", mit der das Volk nur Rechtlichkeit verlangt, der Treue gegen die Ordnung, in deren Namen man das Schwert führt und deren Bruch den Einzelnen so verletzt, daß er den Staat in Frage stellt.

[1] Ob die Unabhängigkeit zerstört oder die Prüfung der Verfassungsmäßigkeit der Gesetze den ordentlichen Gerichten entzogen und einem politischen Gerichtshof übertragen würde (— dessen Abhängigkeit von den gesetzgebenden Mächten notwendig seinen gesetzgeberischen Befugnissen proportional wäre). Vgl. THOMA, Staatsrl. 3, 59, u. jetzt noch DESSAUER 74 u. REISS in DJZ. 28, 1580—82 (über die durch „scharfe Schüsse" im Miniaturstaat Danzig ausgelösten Verfassungskämpfe).

Schlußbetrachtung.

Es ist kein Zufall, daß jene Irrlehren, die an Stelle des Rechts das Gänsefüßchenrecht zu setzen trachten, das Symbol des Rechtsstaats ausgesucht haben, um ihre Rechtswünsche hineinzudeuten. Gleichheit vor dem Gesetz — und Gleichheit in Gänsefüßchen als gesetzbrechende Gerechtigkeit, welche die Gleichheit aufhebt, Willkür als Ungehorsam gegen das Gesetz — und Willkür in Gänsefüßchen als Verstoß des Gesetzgebers gegen die Rechtswünsche des Auslegers, Rechtsstaat als Staat der Rechtsvollziehung — und Staat des Rechts in Gänsefüßchen als die Rechtseinheit zerstörende Fronde gegen das Gesetz, — das alles hat eine die Auslegung des Gleichheitssatzes überragende Bedeutung. „Ein Vorspiel bin ich besserer Spieler, ein Beispiel", rufen die Wortspiele, mit denen der in den Gleichheitssatz gelegte Rechtswunsch gegen die Rechtsordnung kämpft, und wohin man blickt, wird bereits „nach diesem Beispiele getan". Von allen Seiten erhebt sich der Doppelgänger des Rechts, der nirgends ist, wo man ihn fassen will, und überall, wo man ihn nicht vermutet, — der große Krumme, der in undefinierbaren Begriffen vordringt und alle Zeichen und Lichter löscht, um, uneinig in seinen Stämmen, sein Reich zu errichten. — Nicht daß eine geltende Ordnung gegen ihre Feinde verteidigt werden soll: weder die Gesetze herauszustreichen, noch ihre Kritik hintanzuhalten, ist Aufgabe der Wissenschaft vom Recht. Der Kampf gilt nur den methodischen Künsten, die aus geltendem Recht Rechtsideale und aus Rechtsidealen geltendes Recht machen. Nicht die Gerechtigkeit ist dem Rechte feind, sondern der wunschrechtliche Anspruch der Ideale, als Recht zu gelten, d. h. Themis das Schwert zu führen. Hat dieser Anspruch sich, seit der Herrschaft des Rechtsrealismus, nur in gelegentlicher Konstruktion versucht, so ist er heute, in der Verwirrung aller Begriffe, mit ungeahnter Macht wieder erstanden: in der Besetzung des staatlichen Legitimitätsprinzips feiert er den denkbar letzten Triumph: der Rechtswunsch als „Recht" im Kampfe gegen die Gesetze, das Wunschrecht als Prinzip des „Rechtsstaats", die wunschrechtlerische Legitimität als die staatliche, die Feindin der Staatsordnung als Hüterin — weiter läßt sich das Spiel nicht treiben!

So wird der Kampf um den Gleichheitssatz zum Kampf um das Recht gegen die Rechtsfälschung. Nicht daß Einzelnen ein Vorwurf zu machen wäre! — Vielleicht gibt es für den Irrtum über das Wesen des Rechts ein, wenn auch schwaches, soziologisches Analogon: man suche sich vorzustellen, die Hälfte der umlaufenden Staatsgeldzeichen sei gefälscht, so gefälscht, daß die falschen von den echten selbst durch die Beamten der Notenbank nur schwer unterschieden werden können, — niemand weiß, woher die Fälschungen kommen, jedermann hat unechte Banknoten für echte angenommen und als echte wieder ausgegeben, — was geschieht? — Das ganze Geld wird, wenn der Kredit des Staates erhalten bleiben soll, nach und nach eingezogen und auf seine Echtheit geprüft werden müssen; daß es dabei nicht ohne Härten abgeht, daß viele, die ihre falschen Banknoten gutgläubig und in mühsamer Arbeit erworben haben, die Ablieferung bekämpfen oder gar die Beamten der Notenbank mit persönlichem Hasse verfolgen werden, ist unvermeidlich. — Nicht viel besser aber steht es heute um jenes Wertzeichen, das die Einheit der rechtswissenschaftlichen Währung ausmacht: den Rechtsbegriff, — und es ist kein Wunder, daß die Zeit der Währungsinflation der Rechtswissenschaft eine neue Inflation von Wunschrecht, eine Gänsefüßchenwährung des Rechtsbegriffs, gebracht hat. — Indes, das körperliche Geld, das von einer Notenbank erzeugt wird, ist schließlich durch sinnliche Merkmale von der Fälschung unterscheidbar, — nicht so der Begriff; auch gibt es auf dem Gebiete der Wissenschaft keine Münzstatt der richtigen Begriffe: jeder Jurist, der mit dem Grundbegriff arbeitet, muß die Rolle der Notenbank übernehmen, welche die vorgelegten Geldzeichen auf ihre Echtheit prüft. Denn die Folgen der schleichenden Inflation des Rechts sind zumindest ebenso gefährlich und unübersehbar wie die Folgen der Inflation des Staatsgeldes. Durch die Fälschung des Rechtsbegriffs wird die Einheit des Rechts und seiner Wissenschaft zerstört; wo das Recht nicht mehr „gut", d. h. seiner Geltung gewiß, wo die Gleichheit vor dem Gesetz nicht mehr zu finden ist, hört der Glaube an alle menschlichen Ordnungen auf, — das Volk, das vor dem Richter den mühsam errungenen Frieden seines Staates sucht, wird durch die Wunschrechtlerei in den anarchischen Machtkampf zurückgestoßen, und am Ende der revolutionären Rechtsfälschung steht der Bürgerkrieg.

So wird schließlich der Kampf der Gesetze gegen das Wunschrecht zur Lebensfrage einer Wissenschaft vom Recht; freilich einer Frage, die im Begriffe dieser Wissenschaft bereits entschieden ist, deren Entscheidung aber mit diesem Begriffe täglich wieder vergessen wird: der angeblich ewige Kampf zwischen Rechtswissenschaft und Naturrechtlerei ist nur die unvermeidliche Wiederholung einer Bewußtseinsschwäche, in der die Merkmale des gebildeten Begriffs verloren gehen, — der Kampf des Rechts gegen seine Doppelgänger ist ein Mythus, der vom Dunkel lebt und an der Aufklärung enden würde, der nur deshalb nicht sterben kann, weil die anhaltende Belehrung aller mit dem Begriffe des Rechts Handelnden wie die Selbstbeherrschung aller rechtlich Wünschenden unerreichbar ist. Der Mensch ist selten stark genug, die Spannung von Wirklichkeit und Wunsch zu ertragen: wo er wünscht, betrügt er sich um die Wirklichkeit, und wo er die Wirklichkeit gewahrt, erlahmt seine Kraft zu wünschen; wo vollends, wie beim Rechte, die Wirklichkeit selbst nur eine Funktion der menschlichen Seele ist und jede Rechtseinbildung rechtschaffende Kraft hat, wird immer wieder die Verwirklichung der Wünsche auf suggestivem Wege erschlichen. Wollen und Welt mit Strenge zu fassen und den Sieg des Willens im offenen Kampf um die Seele der Menschen zu suchen, das ist die Haltung des Mannes, der seiner selbst wie der Umwelt bewußt wird. Das Ideal der Realität ein-zu-bilden, ist die Art des vom „Zeitgeist" verehrten Kindes, das in aller Unschuld seine Wünsche der Umwelt unterstellt. Mit jeder neuen Generation wird das Pathos des Gerechtigkeitsgedankens auf den Wunschrechtsanspruch übertragen und der geltenden Ordnung nicht ein Wollen, für das man redlich kämpft, sondern ein „Recht", „das mit uns geboren" gegenübergestellt; erst durch die Entdeckung der Gänsefüßchen wird die Magie der Rechtstäuschung gebrochen: der Wahn aller Rechtswünsche, als Recht zu gelten, enthüllt sich als Begriffsverschiebung, — unvermeidliche Folge jener menschlichen Schwäche, welche im allgemeinen die Erkenntnis des Seienden durch die Begehrung dessen trüben läßt, was sein sollte —, an der die Einsicht im Strudel der Triebe untergeht, so daß man schließlich die Erkenntnis selbst in Frage stellt.

Wo Gefühle umtreiben, gehen die Grenzen verloren, die der menschliche Geist setzt: die Begriffe von Gerechtigkeit und Recht werden verwischt, so daß von keinem eine Wissenschaft zu halten ist, — ob die Gerechtigkeit als geltendes Recht oder das geltende Recht als Gerechtigkeit erscheint. Wo aber der Wille und die Kraft zur Erkenntnis stark genug sind, Begriffe festzuhalten, da können Gerechtigkeit und Recht einander nicht bedrohen, auch wenn sich der Erkenntnisdrang auf beide zugleich stürzt; wenn einmal alle Welt von jener Tarnkappe der unsichtbaren Gänsefüßchen weiß, wenn Jeder, der staatliche Gewalt übt, die Echtheit seines Rechtes prüft, wenn der Mensch als Diener fremden Willens seine Wünsche drosselt, als Künder eigenen Willens aber von keiner Wirklichkeit sich drosseln läßt, werden Gerechtigkeit und Recht zusammenwirken, ohne einander brechen zu müssen:

Gerechtigkeit als Vorbild für die Rechtsordnung, das Jeder nach seinem Wesen in Reinheit schaffen und dessen Gemeinsamkeit mit andern er wissenschaftlich erforschen mag, das Recht aber als Friedens-Ordnung der Gewalt, auf welche die Einzelnen ihr Leben gründen, — in der rechtsstaatlichen Volksherrschaft: als in Verfassung und Gesetz objektivierter unverbrüchlicher Entschluß der Rechtsgemeinschaft, den die gewaltunterworfenen Einzelnen als Träger der Gewalt gestalten, dem aber auch Alle gehorchen müssen, wenn Alle vor dem Gesetze gleich sein sollen.

Schrifttum.

ALDAG, HEINRICH: Die Gleichheit vor dem Gesetz in der Reichsverfassung. Berlin: Carl Heymanns 1925.

BAUMGARTEN, ARTHUR: Die Wissenschaft vom Recht und ihre Methode, I 1920, II u. III 1922. Tübingen: J. C. B. Mohr. — BELING, ERNST: Rechtswissenschaft und Rechtsphilosophie. Augsburg: Filser 1923. — BERGBOHM, KARL: Jurisprudenz und Rechtsphilosophie. Leipzig: Duncker & Humblot 1892. — BIERLING, ERNST RUDOLF: Juristische Prinzipienlehre IV. Tübingen: J. C. B. Mohr 1911. — BREIHOLDT, HERMANN: Das Grundrecht der Gleichheit vor dem Gesetz im Art. 109 I RV. In: PrVBl. 47, 110f. — BRYCE, JAMES: Moderne Demokratien, I 1923, II 1925, III 1926. München: Drei-Masken-Verlag. — BURCKHARDT, W.: Kommentar der schweizerischen Bundesverfassung vom 29. 5. 1874 (2). Bern: Stämpfli & Cie. 1914.

DESSAUER, FRIEDRICH: Recht, Richtertum und Ministerialbürokratie. Mannheim: J. Bensheimer 1928.

FREUND, ERNST: Das öffentliche Recht der Vereinigten Staaten von Nordamerika. Tübingen: J. C. B. Mohr 1911. — FRIEDRICHS, KARL: Gleichheit vor dem Gesetz, JW. 1927, 425f.

GIESE, FRIEDRICH: Die Grundrechte, in: „Abhandlungen aus dem Staats-, Verwaltungs- und Völkerrecht". Tübingen: J. C. B. Mohr 1905.

HECK, PHILIPP: Gesetzesauslegung und Interessenjurisprudenz. Tübingen: J. C. B. Mohr 1914. — HELLER, HERMANN: Der Begriff des Gesetzes in der Reichsverfassung. Staatsrl. H. 4. — v. HIPPEL, ERNST: Zur Auslegung des Art. 109 I der RV. in AöR. NF. 10, 124f. — HORVÁTH, BARNA: Die Idee der Gerechtigkeit. ZöR. 1928, 508f.

JELLINEK, WALTER: Gesetz, Gesetzesanwendung und Zweckmäßigkeitserwägung usw. Tübingen: J. C. B. Mohr 1913. — Ders.: Verwaltungsrecht. Berlin: Julius Springer 1928. (2) 1929. — v. JHERING, RUDOLF: Der Zweck im Recht, I 1877, II 1883. Leipzig: Breitkopf & Härtel.

KAUFMANN, ERICH: Die Gleichheit vor dem Gesetz im Sinne des Artikel 109 der Reichsverfassung. Staatsrl. H. 3. — KELSEN, HANS: Allgemeine Staatslehre. Berlin: Julius Springer 1925. — Ders.: Vom Wesen und Wert der Demokratie. Tübingen: J. C. B. Mohr 1920. — Ders.: Naturrecht und positives Recht in Internationale Zeitschr. f. Theorie d. Rechts, Bd. 2, Heft 2, Brünn 1928. — Ders.: Die Idee des Naturrechts in ZöR. 1928, 221f., Wien-Berlin. — Ders.: Die philosophischen Grundlagen der Naturrechtslehre und der Rechtspositivismus. Charlottenburg: Pan-Verlag, Rolf Heise 1928. — Ders.: Justiz und Verwaltung. Wien: Julius Springer 1929.

LEIBHOLZ, GERHARD: Die Gleichheit vor dem Gesetz in „öff.-rechtl. Abh." Berlin: O. Liebmann 1925 („LEIBHOLZ"). — Ders.: Die Gleichheit vor dem Gesetz. Ein Nachwort zur Auslegung des Art. 109 I RV. AöR. NF. 12 (1927), 1f. („LEIBHOLZ Nachwort").

MARSCHALL v. BIEBERSTEIN, Freiherr: Vom Kampf des Rechts gegen die Gesetze. Akad. Rede. Stuttgart: W. Kohlhammer 1927[1]. — MERKL, ADOLF: Allgemeines Verwaltungsrecht. Wien-Berlin: Julius Springer 1927. — MORSTEIN-MARX, FRITZ: Besprechung RÜMELINS(s. u.) in Zeitschr. f. d. ges. Staatswiss. Bd. 86, 544f. Tübingen: J. C. B. Mohr 1929.

NAWIASKY, HANS: Die Gleichheit vor dem Gesetz im Sinne des Art. 109 der Reichsverfassung. Staatsrl. H. 3.

RIEZLER, ERWIN: Das Rechtsgefühl. München-Berlin: J. Schweitzer 1921. — RÜMELIN, MAX: Die Gleichheit vor dem Gesetz. Tübingen: J. C. B. Mohr 1928.

SCHIFFER, EUGEN: Die deutsche Justiz. Berlin: O. Liebmann 1928. — SCHMITT, CARL: Verfassungslehre. München u. Leipzig: Duncker & Humblot 1928. — SMEND, RUDOLF: Verfassung und Verfassungsrecht. München u. Leipzig: Duncker & Humblot 1928. — STAMMLER, RUDOLF: Privilegien und Vorrechte. Halle 1903. — Ders.: Theorie der Rechtswissenschaft. Halle 1911. — STIER-SOMLO, FRITZ: Artikel 109 in „Die Grundrechte und Grundpflichten der Reichsverfassung", Komm. zum zweiten Teil der RV., herausg. von NIPPERDEY, 158f. Berlin: Reimar

---

[1] Das in mehrfacher Hinsicht bemerkenswerte Buch ist mir leider erst nach Korrektur der Fahnen zu Gesicht gekommen. Eine Polemik im Kleinen anzuhängen, schien des Gegners unwürdig; im Großen dürfte die Erwiderung sich aus meinen allgemeinen Ausführungen ergeben.

Hobbing 1929. — STOLL, HEINRICH: Rechtsstaatsidee und Privatrechtslehre. JherJahrb. 76, 134f. 1926.

THOMA, RICHARD: Rechtsstaatsidee und Verwaltungsrechtswissenschaft. JöR. IV, 196f. — Ders.: Der Begriff der modernen Demokratie in seinem Verhältnis zum Staatsbegriff. Erinnerungsgabe für MAX WEBER II (1923), 37f. — Ders.: Grundrechte und Polizeigewalt, in Festgabe f. OVG. 1925, 183f. Berlin: C. Heymanns. — Ders.: Die juristische Bedeutung der grundrechtlichen Sätze, in „Die Grundrechte und Grundpflichten der Reichsverfassung, Komm. zum zweiten Teil der RV., herausg. von NIPPERDEY, 1f. — TRIEPEL, HEINRICH: Goldbilanzenverordnung und Vorzugsaktien. Ein Rechtsgutachten. Berlin-Leipzig: W. de Gruyter & Co. 1924. — Ders.: Staatsrecht und Politik. Ebenda 1926.

WENZEL, MAX: Juristische Grundprobleme. Berlin: Ferd. Dümmler 1920. — Ders.: Der Begriff des Gesetzes in der Reichsverfassung. Staatsrl. H. 4.

GPSR Compliance

The European Union's (EU) General Product Safety Regulation (GPSR) is a set of rules that requires consumer products to be safe and our obligations to ensure this.

If you have any concerns about our products, you can contact us on ProductSafety@springernature.com

In case Publisher is established outside the EU, the EU authorized representative is:

Springer Nature Customer Service Center GmbH
Europaplatz 3
69115 Heidelberg, Germany

Batch number: 10845480

Printed by Printforce, the Netherlands